“十三五”国家重点图书出版规划项目

国家出版基金项目
NATIONAL PUBLICATION FOUNDATION

《中国经济地理》丛书

孙久文　总主编

天津经济地理

孟广文　等◎著

TIANJIN

经济管理出版社
ECONOMY & MANAGEMENT PUBLISHING HOUSE

图书在版编目（CIP）数据

天津经济地理/孟广文等著 . —北京：经济管理出版社，2024.1
ISBN 978-7-5096-9327-8

Ⅰ.①天…　Ⅱ.①孟…　Ⅲ.①区域经济地理—天津　Ⅳ.①F129.921

中国国家版本馆 CIP 数据核字（2023）第 189439 号

审图号：津 S（2023）016

组稿编辑：申桂萍
责任编辑：申桂萍　王虹茜
责任印制：黄章平
责任校对：王淑卿

出版发行：经济管理出版社
　　　　　（北京市海淀区北蜂窝 8 号中雅大厦 A 座 11 层　100038）
网　　址：www.E-mp.com.cn
电　　话：（010）51915602
印　　刷：唐山昊达印刷有限公司
经　　销：新华书店
开　　本：720mm×1000mm/16
印　　张：16.75
字　　数：292 千字
版　　次：2024 年 1 月第 1 版　　2024 年 1 月第 1 次印刷
书　　号：ISBN 978-7-5096-9327-8
定　　价：98.00 元

《中国经济地理》丛书

总　序

今天，我们正处在一个继往开来的伟大时代。受现代科技飞速发展的影响，人们的时空观念已经发生了巨大的变化：从深邃的远古到缥缈的未来，从极地的冰寒到赤道的骄阳，从地心游记到外太空的探索，人类正疾步从必然王国向自由王国迈进。

世界在变，人类在变，但我们脚下的土地没有变，土地是留在心里不变的根。我们是这块土地的子孙，我们祖祖辈辈生活在这里。我们的国土有960万平方千米之大，有种类繁多的地貌类型，地上和地下蕴藏了丰富多样的自然资源，14亿中国人民有五千年延绵不绝的文明历史，经过近40年的改革开放，中国经济实现了腾飞，中国社会发展日新月异。

早在抗日战争时期，毛泽东主席就明确指出："中国革命斗争的胜利，要靠中国同志了解中国的国情。"又说："认清中国的国情，乃是认清一切革命问题的基本根据。"习近平总书记在给地理测绘队员的信中指出："测绘队员不畏困苦、不怕牺牲，用汗水乃至生命默默丈量着祖国的壮美山河，为祖国发展、人民幸福作出了突出贡献。"李克强总理更具体地提出："地理国情是重要的基本国情，要围绕服务国计民生，推出更好的地理信息产品和服务。"

我们认识中国基本国情，离不开认识中国的经济地理。中国经济地理的基本条件，为国家发展开辟了广阔的前景，是经济腾飞的本底要素。当前，中国经济地理大势的变化呈现出区别于以往的新特点。第一，中国东部地区面向太平洋和西部地区深入欧亚大陆内陆深处的陆海分布的自然地理空间格局，迎合东亚区域发展和国际产业大尺度空间转移的趋势，使我们面向沿海、融入国际的改革开放战略得以顺利实施。第二，我国各区域自然资源丰裕程度和区域经济发达程度的相向分布,使经济地理主要标识的区内同一性和区际差异性异常突出,为发挥区域优势、实施开发战略、促进协调发展奠定了客观基础。第三,以经济地理格局为依据调整生产力布局,以改革开放促进区域经济发展,以经济发达程度和市场发育程度为导向制定区域经济政策和区域规划,使区域经济发展战略上升为国家重大战略。

因此,中国经济地理在我国人民的生产和生活中具有坚实的存在感,日益发挥出重要的基石性作用。正因为这样,编撰一套真实反映当前中国经济地理现实情况的丛书,就比以往任何时候都更加迫切。

在西方,自从亚历山大·洪堡和李特尔之后,编撰经济地理书籍的努力就一直没有停止过。在中国,《淮南子》可能是最早的经济地理书籍。近代以来,西方思潮激荡下的地理学,成为中国人"睁开眼睛看世界"所看到的最初的东西。然而对中国经济地理的研究却鲜有鸿篇巨制。中华人民共和国成立特别是改革开放之后,中国经济地理的书籍进入大爆发时期,各种力作如雨后春笋。1982年,在中国现代经济地理学的奠基人孙敬之教授和著名区域经济学家刘再兴教授的带领和推动下,全国经济地理研究会启动编撰《中国经济地理》丛书。然而,人事有代谢,往来成古今。自两位教授谢世之后,编撰工作也就停了下来。

《中国经济地理》丛书再次启动编撰工作是在2013年。全国经济地理研究会经过常务理事会的讨论,决定成立《中国经济地理》丛书编委会,重新开始编撰新时期的《中国经济地理》丛书。在全体同人的努力和经济管理出版社的大力协助下,一套全新的《中国经济地理》丛书计划在2018年全部完成。

《中国经济地理》丛书是一套大型系列丛书。该丛书共计40册:概论1册,思想史1册,"四大板块"共4册,34个省区市及特别行政区共34册。我们编撰这套丛书的目的,是为读者全面呈现中国分省份的经济地理和产业布局的状况。当前,中国经济发展伴随着人口资源环境的一系列重大问题,复杂而严峻。资源开发问题、国土整治问题、城镇化问题、产业转移问题等，无一不是与中国经济地理密切相连的；京津冀协同发展、长江经济带战略和"一带一路"倡议，都是以中国经济地理为基础依据而展开的。我们相信，《中国经济地理》丛书可以为一般读者了解中国各地区的情况提供手札，为从事经济工作和规划工作的读者提供参考资料。

我们深感丛书的编撰困难巨大，任重道远。正如宋朝张载所言"为往圣继绝学，为万世开太平"，我想这代表了全体编撰者的心声。

我们组织编撰这套丛书，提出一句口号：让读者认识中国，了解中国，从中国经济地理开始。

让我们共同努力奋斗。

孙久文

全国经济地理研究会会长

中国人民大学教授

2016 年 12 月 1 日于北京

前　言

　　在《中国经济地理》丛书编委会，特别是安虎森教授（两次审阅书稿）的指导下，《天津经济地理》编写组经过 4 次讨论以及多次参加全国经济地理研究会相关编写研讨会，最终确定了编写大纲与分工，并完成了第一稿。随后于2019 年修改完成了第二稿至第三稿，2020 年修改完成了第四稿与第五稿，2021年完成了第六稿和第七稿，2022 年完成了第八稿。

　　本书具有以下几个特点：

　　一是突出时空综合与系统分析的特点。本书不仅分析了天津经济、社会与城乡发展的过程与演变，同时也分析了天津经济、社会与城乡发展区域特征、空间差异以及成因，从多维度、多视角分析了天津区域资源禀赋以及天津经济、社会与城乡发展的过去、现状，并探讨了未来的可持续发展趋势。

　　二是突出学术探讨与工具书的特征。本书既有对天津经济地理诸要素的时空特征与机理的学术分析，也有大量基础资料、规划以及战略成果的汇集与综合分析；既有利于学者对天津资源与环境、经济与社会发展、区域与城乡一体化问题的学术研究，也对政府相关部门政策制定与管理，以及投资者了解天津营商环境与投资决策具有参考价值。

　　三是突出天津经济地理特征与研究特色。作为特大型国际港口城市、中国重要的现代制造业生产与研发基地、改革开放的先行试验区，天津社会经济与城市发展具有开放历史较长、航运物流与贸易发达、制造业基础好、自由贸易试验区等各类型自由经济区建设突出以及城乡一体化发展较为成功等特色。因此，本书集中反映了天津近代以来人文资源、工业与贸易、航运与物流、城乡融合以及自由经济区等突出经济地理现象，在整体上突出天津经济地理特征与研究特色。相应地，本书设置了天津开发历史、自然生态、文化与科技资源、经济发展模式与动力、主导产业与各类型自由经济区、区域合作与空间格局、城乡融合发展等特色章节。

四是突出图表等可视化表达方法。经济地理分析，既要有过程、机制和区域差异分析方法，也要有清晰的逻辑、生动的语言和适当的图表可视化表达方法。表格化的数据能够服务于分析论证的条理性，而地图则是表达区域空间关系的科学模型，是空间分析的有力工具。本书在分析过程中，重视数据图表等可视化语言，以突出过程、机制与空间差异分析的准确性和生动性。

在编写过程中得到了相关专家学者的帮助，原天津市环渤海经济研究会秘书长刘东涛，原天津开发区贸发局局长金刚，天津自由贸易试验区东疆港片区研究室主任刘庆良，天津师范大学地理与环境科学学院教师段岩燕、李丛伟、张辉、刘伟等为本书的撰写提供了大量资料与帮助。

天津师范大学地理与环境科学学院、欧洲文明研究院、经济学院、自由经济区研究所，天津师范大学学科融合团队，福建师范大学经济学院、台州学院商学院，天津市规划与自然资源管理局，天津理工大学等单位的师生参与了本书的编写。孟广文教授负责全书的组织分工、大纲框架、质量把控、总稿修改与完善，具体章节执笔人如下：

总稿修改，孟广文；第一章，汤津岑、孟广文；第二章，孟伟庆；第三章，汤津岑；第四章，周俊、胡源；第五章，刘竹青、董志勇、孟广文、王淑芳；第六章，王淑芳；第七章，王淑芳、孟广文；第八章，赵静嫒、王春智；第九章，赵美风、王宇宁、胡源；第十章，孟广文。

隋娜娜、工雪参与了第一章、第三章写作，王春智、王红梅、鲁笑男参与了第八章、第十章写作，杜晓叠、宫莉莉、程永鑫、朱学坤参与了第五章第一节、第二节写作，闫语欣参与了第六章、第七章的资料收集、整理、分析以及图表绘制等工作；罗雷、李淑敏、田家庆、邓哲浦参与了第五章第一节、第二节的数据更新与图表绘制工作；王春智、于淙阳、张宁月、马祥雪参与了初期书稿整理、格式修改等工作；王祖正负责本书地图绘制工作。在这里一并表示感谢。

作　者
2021 年 8 月

目　录

第一章　开发历史与城市发展

尽管天津成陆较晚，开发历史较短，但由于漕运枢纽、畿辅门户的优越地理位置以及近代通商开埠成为中国北方近代工业发源地和航运中心的经济战略地位，深刻影响了天津城市发展和空间布局。本章从城市开发与治理历史的视角，分析天津行政区划演变、经济发展与空间变化特征，以便能够更清晰地认识天津社会经济现状与未来发展前景。

第一节　行政区划演变

本节通过梳理天津行政区划规模、等级、范围等要素的演变过程，归纳与分析天津经济发展与治理特点。

天津是中国四大直辖市之一，截至 2019 年底，辖 16 个区，共有 124 个镇、3 个乡、118 个街道，3680 个村委会和 1645 个居委会。其中，市辖区包括滨海新区、和平区、河北区、河东区、河西区、南开区、红桥区、东丽区、西青区、津南区、北辰区、武清区、宝坻区、静海区、宁河区、蓟州区。

一、1949～1957 年行政区划演变

1949～1957 年，随着天津经济迅速恢复与发展，加之天津优越的地理位置，天津成为中央直辖市，行政区划地位的提升也提高了天津在全国的经济地位。这一时期，天津作为首都门户，在巩固红色政权、国民经济恢复、完成社会主义改造等过程中发挥着重要作用，同时也促进了天津经济发展。

中华人民共和国成立初期，天津市属原华北人民政府管辖，同时仍然沿用

中华人民共和国成立前的行政区划，在全市设 11 个区、1 个水上街，各区名称按序号排列（张利民，2003）。1949 年 1 月 17 日，塘沽、大沽、新河、新港解放，将其合并为塘大区并由天津管辖。同年 11 月 1 日，天津被定为中央直辖市。1949~1951 年，天津市辖 12 个区。1952 年天津市辖 9 个区，1 个县；1952 年 2 月将塘大区改为塘沽区，同年 4 月又将河北省天津专的天津县划归为天津市。1953 年，撤销天津县，设立津东郊区、津南郊区、津西郊区、津北郊区。1955 年 12 月，将以前的第一区至第八区分别改为和平区、城厢区、河北区、河东区、新华区、河西区、南开区、红桥。1956 年 9 月，河北省静海县的薛家庄村被划分到天津（见表 1-1）。

表 1-1　1949~1957 年天津行政区划变动

时期	辖区个数	辖区	变动
1949~1951 年	12 个区	第一区、第二区、第三区、第四区、第五区、第六区、第七区、第八区、第九区、第十区、第十一区、塘大区	1950 年，将河北省第八区的三义村、上和圈村划归天津市；将河北省汉沽镇的北塘车站以北至金钟河北岸以及天津县第七区大梁子等五个村庄划归天津市
1952 年	9 个区、1 个县	第一区、第二区、第三区、第四区、第五区、第六区、第七区、第八区、塘沽区、天津县	1952 年，塘大区被改名为塘沽区，将河北省天津专的天津县划归天津市，第一区至第十一区调整为 8 个区
1953~1954 年	13 个区	第一区、第二区、第三区、第四区、第五区、第六区、第七区、第八区、塘沽区、津东郊区、津南郊区、津西郊区、津北郊区	1953 年河北省宁河县第九区的北窑村、河头村、中心桥、五十间房村、义和庄五个行政村划归天津市塘大区。1953 年撤销天津县，设立津东郊区、津南郊区、津西郊区、津北郊区
1955~1957 年	13 个区	和平区、城厢区、河北区、河东区、新华区、河西区、南开区、红桥区、塘沽区、津东郊区、津南郊区、津西郊区、津北郊区	1955 年，第一区至第八区分别更名为和平区、城厢区、河北区、河东区、新华区、河西区、南开区、红桥区。1956 年将河北省静海县的薛家庄村划归天津市

资料来源：仲小敏，李兆江．天津地理［M］．北京：北京师范大学出版社，2011.

二、1958~1978 年行政区划演变

1958 年，第一届全国人民代表大会第五次会议决定将天津市划归河北省，

改中央直辖市为河北省省辖市（地级）。由于行政区划地位下降，"大跃进"与三年自然灾害以及国家重点发展北京等因素的影响，作为具有港口的工商业城市，天津市在此阶段经济发展较为缓慢。20世纪60年代末，由于知识青年"上山下乡"的政策，天津市区人口迅速下滑。

1967年，国家为了促进天津经济发展，恢复了天津直辖市的地位，即便这样，这一阶段天津的发展与基本建设也远逊于其他直辖市。1973年，中央将河北省蓟县、宝坻、武清、静海、宁河五县划归天津（见表1-2）。

表1-2 1958~1978年天津行政区划变动

时期	辖区个数	辖区	变动
1958~1959年	8个区、12个县	和平区、红桥区、河东区、河西区、河北区、南开区、塘沽区、汉沽区 沧县、河间县、献县、交河县、吴桥县、盐山县、黄骅县、霸县、任丘县、静海县、武清县、宁河县	1958年，天津由中央直辖市降为河北省的省会，成为一个地级市，辖8个区和12个县
1960年	7个区、14个县	和平区、红桥区、河东区、河西区、河北区、南开区、塘沽区 沧县、河间县、献县、交河县、吴桥县、盐山县、黄骅县、霸县、任丘县、静海县、武清县、宁河县、蓟县、宝坻县	依然是河北省的省会，所管辖的区和县有些变动
1961年	7个区	和平区、红桥区、河东区、河西区、河北区、南开区、塘沽区	天津市不再管县
1962~1966年	13个区	和平区、红桥区、河东区、河西区、河北区、南开区、塘沽区、汉沽区、东郊区、南郊区、西郊区、北郊区、北大港区	1962年新增6个区
1967~1968年	13个区	和平区、红桥区、河东区、河西区、河北区、南开区、塘沽区、汉沽区、东郊区、南郊区、西郊区、北郊区、北大港区	1967年，天津市由河北省省辖市改为由中央政府领导的直辖市
1969~1972年	12个区	和平区、红桥区、河东区、河西区、河北区、南开区、塘沽区、汉沽区、东郊区、南郊区、西郊区、北郊区	1969年撤销北大港区，并入南郊区
1973~1978年	12个区、5个县	和平区、红桥区、河东区、河西区、河北区、南开区、塘沽区、汉沽区、东郊区、南郊区、西郊区、北郊区 蓟县、宝坻县、武清县、静海县、宁河县	1973年，中央将河北省蓟县、宝坻、武清、静海、宁河五县划归天津

资料来源：仲小敏，李兆江. 天津地理［M］. 北京：北京师范大学出版社，2011.

三、1979 年至今的行政区划演变

改革开放以来，天津逐步完成了全面撤县设区的行政区划调整过程（见表
1-3）。1979 年设立大港区，2000 年设立武清区，2001 年设立宝坻区，2009 年
设立滨海新区，2015 年设立宁河区和静海区，2016 年设立蓟州区。至此，天津
成为中国第三个"无县"直辖市。撤县设区的行政区划调整过程，更加适应了
天津第二、第三产业快速发展的需要。特别是 2006 年 5 月，国务院颁布了《关
于推进天津滨海新区开发开放有关问题的意见》，批准滨海新区为国家综合配套
改革试验区。在国家各项先行先试的优惠政策扶持下，继中心城区之后，天津
滨海新区逐渐发展成为另一个新的城市经济核心区。

表 1-3 1979~2019 年天津行政区划变动

时期	辖区个数	辖区	变动
1979~1999 年	13 个区、5 个县	和平区、红桥区、河东区、河西区、河北区、南开区、塘沽区、汉沽区、东丽区、西青区、津南区、北辰区、大港区、宁河县、静海县、宝坻县、武清县、蓟县	1979 年，把河北省遵化县官场、出头岭、西龙虎峪 3 个公社及石门公社西梁各庄大队、小辛庄公社景各庄、赵各庄 2 个大队划归天津市，设立大港区。1992 年 4 月，郊区分别更名为东丽区、津南区、西青区、北辰区
2000~2001 年	14 个区、4 个县	和平区、红桥区、河东区、河西区、河北区、南开区、塘沽区、汉沽区、东丽区、西青区、津南区、北辰区、大港区、武清区、宁河县、静海县、宝坻县、蓟县	2000 年，撤销武清县，设立天津市武清区
2001~2009 年	15 个区、3 个县	和平区、红桥区、河东区、河西区、河北区、南开区、塘沽区、汉沽区、东丽区、西青区、津南区、北辰区、大港区、武清区、宝坻区、宁河县、静海县、蓟县	2001 年，撤销宝坻县，建立宝坻区
2009~2015 年	13 个区、3 个县	和平区、红桥区、河东区、河西区、河北区、南开区、东丽区、西青区、津南区、北辰区、武清区、宝坻区、滨海新区、宁河县、静海县、蓟县	2009 年，撤销塘沽区、汉沽区、大港区，设立滨海新区，以原塘沽区、汉沽区、大港区的行政区域为滨海新区

时期	辖区个数	辖区	变动
2015~2016 年	15 个区、1 个县	和平区、红桥区、河东区、河西区、河北区、南开区、东丽区、西青区、津南区、北辰区、武清区、宝坻区、宁河区、静海区、滨海新区、蓟县	2015 年，撤销宁河县、静海县，设立宁河区、静海区
2016~2019 年	16 个区	和平区、红桥区、河东区、河西区、河北区、南开区、东丽区、西青区、津南区、北辰区、武清区、宝坻区、宁河区、静海区、滨海新区、蓟州区	2016 年，撤销蓟县，设立蓟州区，天津成为中国第三个"无县"直辖市

资料来源：仲小敏，李兆江. 天津地理［M］. 北京：北京师范大学出版社，2011；历年《国务院关于同意天津市调整部分行政区划的批复》。

第二节　城市经济与空间格局变迁

天津城市经济与空间发展既受其漕运枢纽、畿辅门户的优越地理位置以及近代开埠的影响，也深受新中国社会主义制度建立以及改革开放以来国家与地方发展战略和城市规划的影响。每一次城市经济功能的转型都推动了城市空间结构的发展。同样，科学合理的城市空间发展与规划可以提高城市运行效率，促进区域间经济协调稳定繁荣发展。天津从建城之初，形成以军事功能为主的"算盘城"，并发展到以漕运枢纽功能为主的"一城一市"；鸦片战争后开辟为通商口岸成为工商业中心，并形成新—旧双中心的开放性空间结构；新中国成立后，天津为促进工业经济发展而形成同心圆式的圈层结构；20 世纪 80 年代在工业战略东移背景下的"一挑扁担挑两头"的双城结构；21 世纪以来，在京津冀协同发展背景下实施"双城双港、相向拓展、一轴两带、南北生态"的空间发展战略，并最终形成"津城—滨城"空间发展新格局。

一、中华人民共和国成立初期天津城市经济与空间演变

中华人民共和国成立初期天津注重发展城市中心区域，忽视了城郊与滨海地区的发展，加之工业主要集中于拥挤的城市中心区域，使发展空间受限、交通拥挤等问题越来越突出。为缓解中心城区居住与工业功能相互干扰，防止城

市蔓延，1958～1966 年，天津市进一步调整了城市建设布局，在天津市区周围陆续开辟了杨柳青、军粮城、咸水沽和大南河四个近郊卫星城以及大毕庄、引河北等 10 个工业区和 7 个新居住区。20 世纪 70 年代，由于大港油田开发还建设了大港新城镇。与此同时，塘沽和汉沽的海洋化工基地也都得到继续发展。同一时期，由于海河河道淤积，海河航道被弃用，天津新港成为天津港口的主要组成部分。天津城市空间沿海河，从城市中心到城市外围的放射性扩展已经被滨海地区快速的城市化进程所取代，即卫星城的建立和塘沽、大港和汉沽地区的发展。

20 世纪 70 年代末，天津经历了土地面积和人口的又一次扩展，城市呈放射状从中心向边缘扩张，形成了核心为商业和居住区，中间地带为居住和工业混合区，外围为工业和居住区的相对分散的组团式布局和同心圆式圈层结构（李华彬，1986）。1977 年，天津城市建成区占地 160.89 平方千米，比 1948 年增长了 300%[①]。1978 年，天津人口 724 万，与 1949 年相比增长了 150%。

二、改革开放以来天津城市经济与空间演变

1978 年中国实施改革开放政策既提升了天津开放港口城市的地位，也进一步促进了天津经济的发展和城市的转型。虽然第二产业继续扮演着主要角色，但第三产业的增长速度加快，第二、第三产业之比从 1978 年的 69.61%：24.31%转变为 1999 年的 49.10%：46.00%，金融、商业和股票交易所也已经开始恢复发展。此外，重工业变得比轻工业更为重要，轻重工业之比从 1979 年的 1.07、1981 年的 1.47 和 1994 年的 0.68 发展到 1999 年的 0.54。而且，天津在全国外贸中所占的比值也在上升。作为中国北方的重要经济中心之一，天津在全国的经济地位逐渐得到恢复，中心城区和滨海地区两个增长极都得到了增强。[②]

经济发展也促进了天津城市的发展。到 1990 年，天津城市面积已经增长了两倍，达到 326 平方千米，比 1977 年增长了 103%。城市中心区已经达到了 231 平方千米，滨海建成区已有 95.5 平方千米，其中，塘沽为 63 平方千米，汉沽为

---

① 天津市城市规划志编纂委员会．天津市城市规划志［M］．天津：天津科学技术出版社，1994.
② 参见天津市统计局发布的《1999 年天津国民经济和社会发展统计公告》。

12 平方千米，大港为 20.5 平方千米（王作昆、刘伟、王宝鸣，1993）。20 世纪
80 年代，居住区和工业区已经开始从中心城区转移到城市边缘，但天津城市中
心区仍然是商业和服务业中心。从 1991 年开始，滨海地区的空间扩展已经快于
中心城市。泰达和海河下游新型工业区的建立有助于城市外围和滨海地区的空
间扩展和产业提升。

为了解决上述问题并实现可持续发展，20 世纪 80 年代开始实施滨海导向的
发展战略（Guangwen Meng，2003）。1985 年《天津市城市总体规划》明确提出
以工业东移为先导，城市向东部塘沽地区跳跃式发展的战略，天津城市空间从
此开始演变为以中心城区和塘沽城区为核心、以海河为轴线的双城结构，俗称
"一根扁担挑两头"（李凤会，2007）。1986 年 8 月，国务院在对《天津市城市
总体规划方案》的批复中明确了天津城市的性质和发展方向，即"天津应当成
为拥有先进技术的综合性工业基地，开放型、多功能的经济中心和现代化的港
口城市"。①

其中，"扁担"是指沿海河和交通线形成的发展轴线，连接中心城区和塘沽
城区，具有产业发展的有利条件。"一头"是指中心城区，即在外环线内的建成
区。城市中心不仅是整个城市的政治和文化中心，还应集中发展高科技产业、
商业和服务业。市区中部逐渐将工业用地置换为居住、商业、文化等生活用地，
外围仍保留大量生产生活区（李凤会，2007）。"另一头"指的是塘沽城区（包
括天津港区、塘沽中心区、经济技术开发区、保税区）。滨海地区资源丰富、交
通便利，有利于布局从市中心转移的工业和重化工企业，而且也有利于吸引国
内外投资的新兴产业。依托工业区位东移和港口优势，塘沽中心区沿海河东西
两侧轴向式扩展，东部随港区向海岸推进，西部沿河上溯延伸，经济技术开发
区的建设使城区向北部地区扩展（见图 1-1）（李凤会，2007）。

随着改革开放的深入，1986 年版的总体规划方案逐渐不能满足城市经济、
社会发展和城市建设的需求，如方案中对市中心的经济功能体现不够突出，未
涉及中心商务区；工业企业与居住区、商业区混杂在一起；城市生态环境恶化；
城郊接合部等新的热点地区规划未涉及；滨海新区规划范围亟待拓展；工业、
仓储用地调整和城市大规模危改等问题凸显。1999 年，根据国务院对天津城市

---

① 天津市城市规划志编纂委员会．天津市城市规划志［M］．天津：天津科学技术出版社，1994.

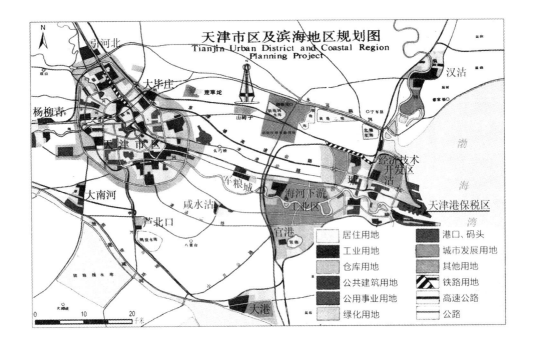

图 1-1　1986 年天津市区及滨海地区规划图

资料来源：天津市规划志编纂委员会．天津市城市规划志［M］．天津：天津科学技术出版社，1994．

性质的调整，即"天津是环渤海地区的经济中心，要建成全方位开放的现代化国际港口大都市和我国北方重要的经济中心"。在 1986 年版天津城市总体规划基础上，天津对城市空间结构与功能做了部分改进。1999 年规划方案更加注重增强区域的观念，突出强调"三港"（即海港、空港和信息港）、一心（即中心商务区），大力发展第三产业，努力改善城市功能与服务环境，充分发挥天津在环渤海乃至我国北方地区的作用，增强服务功能，加快与世界经济接轨，向世界展示天津良好的城市形象。

　　1999 年 8 月国务院批复《天津市城市总体规划方案（1996—2010 年）》，指出天津的城市功能为：现代化的港口城市和我国北方重要的经济中心。《天津市城市总体规划方案》确定继续深化和完善"一条扁担挑两头"的城市布局结构，形成以海河和京津塘高速公路为轴线，由中心城区和滨海城区及多个组团组成的中心城市（赵友华，2009）。

三、21世纪以来天津城市发展与空间规划

为适应天津滨海新区开发开放新格局，2006年7月国务院批复《天津市城市总体规划（2005—2020年）》时进一步明确天津城市性质、定位与发展重点，指出：天津市是中国直辖市之一，环渤海地区的经济中心；希望天津市以滨海新区的发展为重点，将天津市逐步建设成为经济繁荣、社会文明、科教发达、设施完善、环境优美的国际港口城市、北方经济中心和生态城市，与国务院1999年批复的《天津市城市总体规划方案（1996—2010年）》相比，《天津市城市总体规划（2005—2020年）》对天津的城市定位做了四项调整：一是明确以滨海新区的发展为重点；二是提升天津的国际地位，将"现代化港口城市"调整为"国际港口城市"；三是加强天津市在区域经济发展中的地位和作用，将"我国北方重要的经济中心"提升为"北方经济中心"；四是突出人与自然和谐发展，增加了建设"生态城市"的目标（霍兵，2005）。

此外，《天津市城市总体规划（2005—2020年）》在"一条扁担挑两头"布局结构的基础上，将京津塘高速公路作为城市主要发展方向，提出了"一轴两带三区"的市域空间布局结构，其中"一轴"是指由"武清新城—中心城区—滨海新区核心区"构成的城市发展主轴；"两带"是指由"宁河、汉沽新城—滨海新区核心区—大港新城"构成的东部滨海发展带和由"蓟州区新城—宝坻新城—中心城区—静海新城"构成的西部城镇发展带；"三区"是指北部蓟州区山地生态环境建设和保护区、中部"七里海—大黄堡洼"湿地生态环境建设和保护区、南部"团泊洼水库—北大港水库"湿地生态环境建设和保护区（见图1-2）。

2015年4月，国家发布了《京津冀协同发展规划纲要》，将"一基地三区"（"全国先进制造研发基地""北方国际航运核心区""金融创新运营示范区""改革开放先行区"）作为天津在京津冀协同发展中的定位。2018年8月，在京津冀协同发展、"一带一路"建设等国家重大战略机遇影响下，天津市启动了《天津市城市总体规划（2017—2035年）》编制工作。

该规划对标《北京城市总体规划（2016—2035年）》，超前谋划了天津市城乡发展思路，以全球链接、区域协同、共创共享的视野，谋划城市战略定位，统筹天津城市发展的目标时序、空间格局和要素配置，形成天津市2035年的城

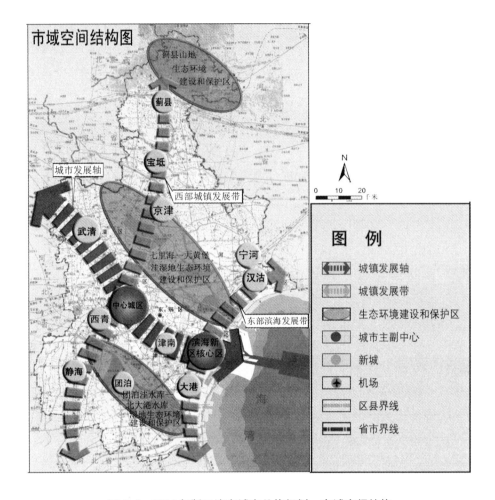

图1-2 2006年版天津市城市总体规划：市域空间结构

资料来源：天津市规划局. 天津市城市总体规划方案（2005—2020年）［M］. 天津：天津科学技术出版社，2006.

乡发展基本框架。编制重点主要包括：

第一，重塑城市空间格局。以资源环境承载力为硬约束，科学确定人口规模，严格控制建设用地规模，坚持陆海统筹，科学划定"三区三线"（城镇空间、生态空间、农业空间和城镇开发边界、永久基本农田、生态保护红线）空间格局，以底线约束倒逼城市发展转型，引导控制城市有序、集约发展，加强全域管控，明确市域空间主导功能空间分布，以城镇开发边界强化底线控制，推动外延扩张向内涵提升转变。

第二，构建生态空间体系。落实京津冀区域生态格局要求，构建城市生态保护空间体系，细化市域生态总体布局，加强山、水、田、林、湖、海生态保护和生态修复，实施绿色生态屏障，开展水环境、湿地、生态走廊建设，形成贯通市域的自然生态网络。加强大气、水、土壤、固体废弃物及噪声环境治理，完善污染防治措施，保障城乡环境质量。

第三，助推产业转型升级。推进区域经济新旧动能转换，探索城市产业发展目标和产业空间结构。强化科技创新优势，催生新产业、新业态，推动产业向中高端跃升。关注制造业转型，识别战略性产业发展路径，预留相应的空间，加快建设全国先进制造研发基地。关注生产性服务业升级，探索金融创新运营，优化服务业空间布局。

第四，加快两港转型升级。加强港口功能布局和疏港通道研究，提升港口发展水平和带动效应，突出港口的战略资源和竞争优势，推进天津港口由传统的货物装卸中心向现代化的综合物流枢纽转变，实现与京津冀地区港口群协调发展。谋划跨区域流通通道建设，推进区域基础设施互联互通，突出国际化职能发展，提升京津冀和"三北"地区的对外开放门户作用。构建以天津滨海机场为核心的综合交通枢纽，增强区域枢纽作用，建设我国国际航空物流中心，促进京津冀世界级机场群协调发展。加强自贸试验区研究，推进港口向自由贸易港区转变，建设北方国际航运核心区。

第五，建设宜居城市空间。关注国计民生，以制约城市可持续发展和群众关心的热点问题为导向，明确住房、交通、市政等方面的城市发展载体和公共服务产品的支撑、保障与服务水平，构建现代化城市治理体系。加强城市设计，突出城市特色，提升人文魅力，延续城市文脉，明确城乡历史文化遗产保护内容，创造宜居公共空间。

第六，加强城乡统筹。以乡村振兴为核心，明确新型城镇化发展目标与路径，深化市域各级居民点建设要求，完善新农村公共服务设施配套和出行条件，构建网络化、多元化、集约型的道路与基础设施网络，构建城乡一体、协同均衡的市域城乡发展格局。

第七，建立"多规合一"信息管理平台，精简行政审批事项，提高行政运行效率和公共服务水平。建立城市总体规划指标体系，明确各区考核重点。建立"一年一体检、五年一评估"的规划评估机制。①

2020年11月27日,天津市委十一届九次全会通过的《中共天津市委关于制定天津市国民经济和社会发展第十四个五年规划和二〇三五年远景目标的建议》中,提出了打造"津城"(天津中心城区)、"滨城"(天津滨海新区)双城发展格局。根据该建议,天津将"按照城市标准规划建设滨海新区";未来,"津城"现代服务功能明显提升,形成若干现代服务业标志区,"滨城"城市综合配套能力显著增强,生态、智慧、港产城融合的宜居宜业美丽滨海新城基本建成,合理分工、功能互补、协同高效的空间布局更加优化。"津城""滨城"双城发展格局,是优化天津市国土空间发展格局,进一步加快生态文明建设,促进天津高质量发展的战略性举措。

双城发展格局一方面有助于"津城""滨城"各自发挥比较优势,实现中央赋予天津"一基地三区"的战略定位,是更好地融入和促进京津冀协同发展战略、助力世界级城市群形成的必然选择。另一方面,打造双城发展格局,也是为了把"津城""滨城"双城之间736平方千米的"生态屏障",与京津冀的生态涵养区连接起来,形成整个区域生态廊道,为推进京津冀区域生态环境改善发挥更重要的作用。为加强双城联系,在现有的快速轨道交通和高速公路的基础上,天津将新建一系列快速交通网络,包括轨道交通Z1线、Z2线,还有正在建设的京滨城际等。

参考文献

[1] Guangwen Meng. The theory and practice of free economic zone, a case study of Tianjin China [M]. Frankfurt:Peter Lang Publishing, 2003.

[2] Yueman Yeung, Xuwei Hu. China's coastal cities [M]. Honolulu:University of Hawii Press, 1992.

[3] 傅韬,周祖昌. 天津工业35年 [M]. 天津:天津社会科学编辑部,1985.

[4] 霍兵. 规划之变:天津的2004—2020年 [J]. 北京规划建设,2005(5):20-22.

[5] 李凤会. 天津城市空间结构演化探析 [D]. 天津:天津大学硕士学位论文,2007.

[6] 李华彬. 天津港史古、近代部分 [M]. 北京:人民交通出版社,1986.

[7] 罗澍伟. 近代天津城市史 [M]. 北京:中国社会科学出版社,1993.

---

① 参见《天津市城市总体规划(2017—2035年)编制工作方案》。

［8］马枚．天津城市发展研究：产业·地域·人口［M］．天津：天津人民出版社，1997.

［9］沈大年．天津金融简史［M］．天津：南开大学出版社，1998.

［10］《天津经济年鉴》编辑部．天津经济年鉴1986［M］．天津：天津人民出版社，1986.

［11］天津市城市规划志编纂委员会．天津市城市规划志［M］．天津：天津科学技术出版社，1994.

［12］天津市地方志编修委员会．天津简志［M］．天津：天津人民出版社，1991.

［13］天津市地方志编修委员会．中国天津通鉴（上）［M］．北京：中国青年出版社，2005.

［14］天津市统计局．1999年天津国民经济和社会发展统计公告［R］．2000.

［15］（元）脱脱．金史［M］．阿图什：克孜勒苏柯尔克孜文出版社；乌鲁木齐：新疆青少年出版社，2006.

［16］王培利．天津行政区划的沿革［J］．中国方域：行政区划与地名，2004（1）：11-17.

［17］王作昆，刘伟，王宝鸣．土地·市场·经营［M］．天津：天津科学技术出版社，1993.

［18］于美霞．北京与天津城市发展中的分工与协作［D］．天津：天津师范大学硕士学位论文，2006.

［19］张利民．解读天津六百年［M］．天津：天津社会科学院出版社，2003.

［20］张龙斌．天津市城市规划志［M］．天津：天津科学技术出版社，1994.

［21］赵友华．天津通志规划志［M］．天津：天津科学技术出版社，2009.

［22］仲小敏．天津地理［M］．北京：北京师范大学出版社，2011.

第二章　自然资源与可持续发展

　　自然资源条件是社会经济发展的基础和保障，资源禀赋，尤其是水资源、土地资源、能源资源，是区域和城市实现自然、经济、社会可持续发展的限制性因素。天津自然资源既有优势条件，也有限制因素，因此本章首先分析了天津自然地理概况，然后对天津自然资源禀赋与生态环境进行了综合评价，并在此基础上分析论证了天津自然资源禀赋特征与可持续发展问题。

第一节　自然地理概况

　　天津北依燕山山脉，西邻太行山脉，绝大部分面积位于华北平原北部，海河流域下游，地形地貌、气候、水文、土壤、植被等自然地理要素较为简单。

　　天津全市总面积 11919.70 平方千米，其中平原面积占 93.90%，山区和丘陵占 6.10%，天津市的地形由北部山区向南部平原逐级下降。蓟州区北部属东西走向燕山山脉，一般海拔 100~200 米，最高峰九山顶海拔 1078.50 米。山区以南为华北平原的一部分，地势平坦，自西北向东南缓缓侧斜，海拔在 8 米以下，一般为 3~5 米。由于天津市地处海河尾闾、九河下梢、渤海之滨，地势低平，平原地区河流水渠纵横交错，洼淀星罗棋布。主要洼淀包括蓟州区境内的青甸洼、太合洼，宝坻区的黄庄洼、大钟庄洼、里子沽洼，宁河区的七里海，静海区的团泊洼、贾口洼以及大港水库等。这些洼淀除了改建成平原水库和保护区外，其余大都被开垦为农田或成为工业与城市化新区。

　　天津位于中纬度欧亚大陆东部太平洋西岸，主要受季风环流支配，冬季和夏季分别受蒙古高压和副热带高压交替影响，属于温带大陆性季风气候。气候特点是四季分明，冬冷夏热，降雨集中。春季多风，干旱少雨；夏季炎热，雨水集中，且高温高湿，雨热同季；秋季凉爽，冷暖适宜；冬季寒冷，干旱少雪。天津年平均气温12~15°C，市区平均气温最高。1月最冷，平均气温−5~−1°C；7月最热，平均气温26~29°C。天津年平均降水量550~600毫米，降水日数63~70天；在地区分布上，山地多于平原，沿海多于内地；在季节分布上，6月、7月、8月三个月的降水量占全年的75%左右。天津季风盛行，冬春季风速最大，夏秋季风速最小，年平均风速为2~4米/秒，多为西南风。天津平均无霜期为196~246天，最长无霜期为267天，最短无霜期为171天。在四季中，冬季最长，有120~160天；夏季次之，有90~140天；春季有55~60天；秋季最短，仅为50~55天。天津日照时间较长，年日照时数为2500~2700小时（李根等，2019）。

天津市地处华北最大水系——海河水系的入海口。境内有一级河道19条，二级河道109条，各河相通，没有明显的流域界线。海河纵贯市区，南运河、子牙河、大清河、永定河、北运河五大支流汇入海河，并经塘沽大沽口入渤海。天津市也是子牙新河、独流减河、永定新河、潮白新河、蓟运河等河流的入海地，可谓"河海之要冲"（孟伟庆等，2016）。

天津市的土壤在淋溶、淀积、黏化、草甸化、沼泽化、盐渍化、熟化等成土过程中，形成了多种土壤类型。山区地带性土壤为褐土，占总面积的6.47%，还有小部分棕壤，只占总面积的0.07%；平原形成的非地带性土壤多为潮土，占总面积的72%；滨海盐土占总面积的6.97%，还有少量沼泽土和水稻土（王祖伟等，2005）。

天津山地与平原具有不同的生态系统。除部分人工次生林外，北部蓟州区连续分布着天然次生暖温带落叶阔叶林。植物区系以华北成分为主，以菊科、禾本科、豆科和蔷薇科种类最多，其次是百合科、莎草科、伞形科、毛茛科、十字花科及石竹科等。区内主要森林植被类型有油松林、蒙古栎林、栓皮栎林、辽东栎林、榆木林、山杨林、核桃楸林、栾树林、枫树林、白蜡林、丁香林等。

天津中南部平原低洼地区主要分布平原地带性以及湿地和耐盐特征的非地带性植被类型。由于平原地区有大面积人工植被分布，自然植被具有斑块状、条带状零星分布的特点，典型优势种包括芦苇、地肤、盐地碱蓬、碱蓬、大刺儿菜、曼陀罗、苍耳、黄花蒿、猪毛蒿、翅果菊、羊草、狗尾草等。

湿地作为天津市的主要生态系统类型，植被组成比较丰富，优势种多，覆盖度大，且植物区系的温带性质明显。湿地共有高等植物 290 种，其中裸子植物 4 科 6 属 8 种，双子叶植物 55 科 157 属 224 种，单子叶植物 10 科 37 属 58 种；野生植物 36 科 104 属 163 种，栽培植物 51 科 105 属 127 种（郝翠等，2012）。天津市湿地中的野生脊椎动物共计 278 种，其中两栖类 7 种，占 2.52%，爬行类 11 种，占 3.96%，哺乳类 4 种，占 1.44%，鸟类 130 种，占 46.76%，鱼类 126 种，占 45.32%（郝翠等，2012）。

第二节 自然资源禀赋

自然资源是天津市社会经济可持续发展的基础，因此应该首先摸清天津自然资源禀赋条件。由于面积较小、地貌简单，天津自然资源丰度较低，但部分资源具有区域优势。本节将综合分析天津土地、水、矿产、气候、生物多样性、海洋与自然景观资源的规模与结构特征。

一、土地资源

土地资源是最宝贵的自然资源和最基本的生产资源。土地资源既具有自然属性，也具有社会属性，是人类生产资料和劳动对象。天津市土地资源具有以下特点：①土地绝对数量和人均数量较低。2020 年全市土地总面积 11919.70 平方千米，人均土地资源面积 0.09 公顷，远低于全国人均 0.77 公顷的水平。①②依山临海，以平原为主，湿地资源丰富，山地、丘陵、平原、洼淀、水库、海涂多种类型并存。山区在蓟州区北部，面积约占土地总面积的 5.00%；中南部地区为平原区，约占土地总面积的 95.00%，地势平坦，河渠纵横，洼淀众多，沿海滩涂广阔。根据 2013 年全国湿地普查数据，天津市湿地面积 29.56 万公顷（未包括水稻田的面积），占天津市国土面积的 17.10%（未包括浅海水域面积），远远高于全国的湿地占国土面积 5.56% 的平均比例（孟伟庆等，2015）。

---

① 天津统计局，国家统计局天津调查总队．天津统计年鉴 2020［M］．北京：中国统计出版社，2020.

③土地利用结构复杂，土地利用程度提高。2020年，耕地面积为6568.2平方千米，占土地总面积的55.10%；建设用地面积为3137.5平方千米，占土地总面积的26.32%；湿地面积为2659.29平方千米，占土地总面积的22.31%。①

二、水资源

水资源是指可供人类直接利用，能不断更新的地表水和地下水等天然淡水。天津市地表水资源主要来源于上游各河流、跨境调水和本区降水。受地理位置和大气环流等因素的影响，天津市降水量和径流量年际变化很大，年内分配与地区分布不均（李根等，2019）。

2019年，全市平均降水量436.2毫米，折合降水总量51.99亿立方米，比多年平均值偏少24.1%，属于偏枯水年，降水量时空分布不均匀；水资源总量8.09亿立方米，比多年平均值偏少48.4%；入境水量25.76亿立方米，其中引滦调水量7.02亿立方米，引江调水量11.83亿立方米，出境、入海水量17.42亿立方米。2019年末，全市14座大中型水库蓄水量6.93亿立方米，比年初蓄水量减少0.62亿立方米。浅层地下水水位平均下降0.29米，蓄水量减少0.68亿立方米。大力推进地下水超采综合治理，深层地下水开采量降至1.13亿立方米，比2018年降低0.37亿立方米。2019年，全市总供水量28.45亿立方米，其中地表水源占67.4%、地下水源占13.7%、其他水源占18.9%；非常规水利用量比2018年提高0.84亿立方米。全市总用水量28.45亿立方米，其中生活用水占26.4%、工业用水占19.2%、农业用水占32.5%、生态环境补水占21.9%。②

天津地处海河流域下游，历史上被称为"九河下梢""河海之要冲"，也是子牙新河、独流减河、永定新河、潮白新河、蓟运河等众多河流的入海地。天津市河流纵横，形成了水系相通的平原河网。同时，天津还分布着大小不同、深度不一的洼淀、水库60余座，因此被称为建在湿地上的城市。此外，天津市也是中国水资源匮乏最严重的城市，全市多年平均人均水资源量约为170立方米，大约是世界平均水平的6%~7%，而且远低于国际公认的人均1000立方米

---

① 天津统计局，国家统计局天津调查总队．天津统计年鉴2020［M］．北京：中国统计出版社，2020.

② 天津市水务局．2019年天津市水资源公报［R］．2020.

的水资源缺乏下限（王祖伟等，2005）。随着天津市经济社会的发展、快速的城镇化以及居民生活方式的改变，天津市面临着巨大的水资源和水环境污染压力。近些年来，为保障城市生活和工业用水，天津不得不多次启动引黄应急供水。虽然南水北调开始供水，但水资源紧张的局面一直存在，部分地区（武清、宝坻）还存在着不同程度的污水灌溉问题。

三、矿产资源

天津市矿产资源主要分布在蓟州区北部山区，多数矿产资源储量小，但平原与近海地区分布的石油与地热具有较大开采利用价值。具体而言，天津矿产资源具有能源矿产相对丰富、地下水资源贫乏、非金属矿产储量规模较小、金属矿产零星分散的特点，石油与天然气的开发在我国沿海大城市中具有比较优势，中低温地热资源总量及开发利用程度居全国前列。

从探明储量看，天津市重点矿产有石油、天然气、地热、煤炭、地下水、矿泉水、水泥用灰岩7种。石油和天然气资源主要分布在大港油田区。截至2017年，已探明油区面积651.30平方千米，气区面积152.40平方千米，石油探明储量为9.36亿吨，天然气探明储量为1378.41亿立方米。煤炭资源矿点主要为蓟玉煤田，截至2005年已探明煤炭资源量为3.81亿吨。建筑类灰岩矿产地9处，累计资源储量2.94亿吨。截至2017年底，地热资源探明可采量为7165.20立方米/年。① 天津滨海地区拥有盐田3万多公顷。渤海西岸河口处的海水盐度为26.00‰，在渤海湾湾口地区高达30‰以上，成盐质量好，氯化钠含量高达95%~96%，是远近闻名的"长芦盐"生产基地。2019年，塘沽、汉沽、八一等盐场原盐产量为188.31万吨（见表2-1）。②

表2-1 截至2015年天津矿产资源一览表

类别	矿产种类
能源（5种）	煤、石油、天然气、地热、煤层气
金属矿产（6种）	锰、铁、钨、钼、铜、金

①② 天津统计局，国家统计局天津调查总队．天津统计年鉴2020［M］．北京：中国统计出版社，2020．

续表

类别	矿产种类
非金属矿产（21种）	重晶石、硼、硫铁矿、磷、含钾岩石、泥炭、白云岩、天然石英砂、石灰岩、页岩、黏土、大理岩、花岗岩、砂岩、麦饭石、石英岩、陶瓷土、辉绿岩、天然油石、海泡石黏土、透辉石
水气矿产（3种）	地下水、矿泉水、二氧化碳气

资料来源：马振兴．中国自然资源通典·天津卷［M］．呼和浩特：内蒙古教育出版社，2015．

四、气候资源

天津市具有密集型气候资源，有较好的开发利用前景。从光、热、水、风四大气候能源分析来看，除水资源不足外，光、热、风三项都有巨大的潜力可供长期开发。同时，依托广阔的淤泥质潮滩和滨海优势，天津气候条件为发展盐业与养殖业提供了有利条件。

天津市光热资源可以满足多种农作物对光照的需求以及农作物一年一熟和两年三熟的需要。与纬度相近的北京相比，天津全年平均气温和生长期积温都是偏高的，无霜期和生长期都长达200天以上，日平均气温≥10℃的积温4200℃左右，年日照时数为2600~2800小时/年，近30年太阳总辐射为5966兆焦/平方米（马振兴，2015）。天津市多年平均降雨量只有550~600毫米，年蒸发量为1160毫米，而且降水量地区分布和季节分配不均匀，使天津市经常出现旱涝现象，因此除节约用水外亟待开发新水源。

天津风能资源地区性、季节性明显，有较好的利用前景。从地区分布看，海滨一带年平均风速达4.50米/秒以上，是全市风能最富有的地区，有效风时4800~6800小时，有效风能密度为70~110瓦/平方米，年风能总量为600~950瓦/平方米；而渤海湾风力比沿岸大1.5倍左右，这里的风能潜力更大（马振兴，2015）。

五、生物资源

生物资源是可以通过本身生长繁殖而可再生的资源，如能合理地开发利用，科学地经营管理，就能按照人类的需要永续利用。天津北部山区植被茂密，东部沿海植被稀少。总体来说，天津生物资源类型多样，部分资源较丰富。

天津的森林资源在全国占比相对较少，而且分布不均，北部蓟州山区植被茂密，东部沿海植被稀少。根据 2017 年第九次全国森林资源清查结果，天津市林地面积 20.39 万公顷，森林面积 13.64 万公顷，森林覆盖率 12.07%，森林蓄积量 460.27 万立方米。天津山区有林地 47556 公顷，其中森林面积 38634 公顷，山区森林覆盖率 67.31%（孟伟庆等，2015）。天津森林主要属于次生落叶阔叶林，2017 年次生林面积为 9.32 万公顷，只占全国森林总面积的 0.05%。① 林区主要分布在天津北部的蓟州山区，其他地区零散分布一些人工林。天津北部蓟州区森林覆盖率达到 41.80%，而东南部滨海平原地区森林覆盖率少于 10%。平原地区农田种植作物主要有小麦、玉米、高粱、谷子、水稻、棉花、花生、豆类、向日葵及各种蔬菜。

　　天津市已建立 3 个国家级和 5 个市级保护区，以挽救濒于灭绝的物种，维护自然界的生态平衡。同时，通过加强对"三废"的治理、营造山区水土保持林和平原农田防护林、沙地建造防风固沙林、削弱水产捕捞强度、发展水产养殖等措施，促进被破坏的生态环境恢复。因此，天津市生物资源保护和可持续利用空间较为广阔。

　　天津具有山地、丘陵、平原、洼淀和海岸等不同地貌条件和区域气候、水文、土壤等多种自然因素组合，为野生动植物的生长栖息和繁育提供了较丰富的生态环境。虽然地域较小，但生物资源多样性丰富，森林资源、草地资源、植物菌物资源、动物资源均有一定的分布。天津植被大致可分为针叶林、针阔叶混交林、落叶阔叶林、灌草丛、草甸、盐生植被、沼泽植被、水生植被、沙生植被、人工林、农田种植植物 11 种。截至 2017 年 9 月，天津市野生动物共有497 种，其中有国家重点保护动物 73 种。全市的野生动物中，有黄鼬、猪獾等兽类 41 种，家燕、麻雀、海鸥等鸟类 389 种，癞蛤蟆等两栖类 7 种，蛇、乌龟等爬行类 19 种，青鳉等鱼类 41 种。目前，一些种类的生物资源由于人类的过度开采和栖息环境的改变而日趋减少，有的濒于灭绝。为了永续利用，造福后代，天津正在采取有效措施保护生物资源的可持续发展（马振兴，2015）。2006 年 9月，天津市在历史上首次确定市级重点保护野生动物名录，癞蛤蟆、麻雀、黄

　　① 天津统计局，国家统计局天津调查总队．天津统计年鉴 2020 ［M］．北京：中国统计出版社，2020.

鼩等 369 种两栖类、部分鸟类、兽类以及鱼类、爬行类野生动物都被列入第一批《天津市重点保护野生动物名录》。

六、海洋资源

天津市所辖海洋与海岸带位于渤海西部海域，北起涧河，南至歧口河，地理坐标介于北纬 38°35′~39°20′和东经 117°20′~118°10′。海岸带地貌属于滨海冲积平原，成陆时间较短，主要为第四纪以来的河积海积物。该岸段是我国典型的泥质海岸，潮间带上界抵人工海堤，总体南宽北窄，宽度 2.50~7.0 千米（李建国等，2010）。该浅海水域和滩涂面积约 3000 平方千米（至水深 5 米），海洋生物繁盛，为我国大型洄游鱼类和多种地方性经济鱼虾、贝类产卵成长的良好场所。该区域海岸带河口密布，汇集了 9 个河口及渠口，河口岸线总长度 31.48 千米。渤海湾近岸海域营养盐丰富，有利于浮游植物的生长和繁殖。通过对渤海湾的调查和研究发现渤海有近 432 个浮游植物物种，其中主要以近海硅藻类为主（约有 400 余种）（李建国等，2010）。渤海湾海洋生物约 170 种以上，其中近海底栖动物 142 种，素有"天然鱼池"之称，盛产多种鱼、虾、贝类水产品。其中，天津海域已鉴明的渔业资源约有 80 多种，主要渔获种类有 30 多种，但是近年来受过度捕捞、污染物入海量增多、拦河大坝截流以及填海造路等影响，天津近海渔业资源已明显衰退。

由于特殊的地理区位，天津海域腹地广阔，有较好的岸线资源、港口资源等优势，是华北、西北广大地区最近的出海口。天津港是世界上等级最高的人工深水港之一，也是中国最大的人工海港，拥有 123 个万吨级以上泊位，是中国北方最大的综合性港口。据统计，2019 年天津港口货物吞吐量 49220 万吨，国际集装箱吞吐量达 1601 万 TEU。此外，天津既有以大沽炮台遗址为代表的海洋军事文化资源，潮音寺、北塘古镇、渔村等悠久的历史人文资源，也有天津港、造船基地等深厚的海洋工业资源，还有七里海湿地、贝壳堤古海岸等自然资源。总之，天津依托岸线、渔港、海港港湾、湿地等，形成了丰富且有特色的天津滨海旅游资源优势，人文积淀深厚。

七、自然旅游资源

依山傍海、平原广阔、河流与湿地综合交错、复杂多样的地理环境使天津市的旅游资源丰富多彩而特色鲜明。盘山、九山顶、八仙山、黄崖关、中上远古界标准地层剖面和地质遗迹，与海河及其下游平原、七里海古海岸与湿地保护区、滨海旅游区均在这里巧妙融汇，构成了特色自然景观。鱼盐之利、舟楫之便造就的六百多年建城历史和襟河枕海的地域优势促成中国近百年的历史发展缩影，留下了大量珍贵的人文资源，为天津旅游资源开发奠定了独特资源基础。

天津市生物旅游资源主要包括八仙山国家森林公园、九龙山国家森林公园、七里海国家湿地公园、团泊湖鸟类自然保护区等，其中自然保护区是生物旅游资源的主要集中区域之一。天津市已建成3个国家级和5个市级自然保护区，以及众多国家级风景名胜旅游景区。其中，自然保护区包括天津蓟州中上元古界国家自然保护区、天津古海岸与湿地国家级自然保护区、天津八仙山国家级自然保护区、盘山自然风景名胜市级自然保护区、团泊鸟类市级自然保护区、北大港湿地市级自然保护区、大黄堡湿地市级自然保护区、青龙湾固沙林市级自然保护区。著名风景旅游景区包括蓟州国家地质公园景区、九龙山国家森林公园景区、海河风光旅游景区、七里海国家湿地公园景区、滨海旅游景区等，这些保护区和著名风景旅游景区涉及地质、地貌、森林、河流、湿地、鸟类、海滨等多种类型，集中体现了天津市的自然景观特色。

第三节 自然资源与生态环境评价

作为直辖市，天津人口多，面积小，除能源、地热与湿地等资源外，自然资源人均占有量较低，环境压力较大，对未来社会经济发展带来严峻挑战。本节依据天津社会经济发展现状，分析与评价水资源、大气环境、能源、湿地与生物多样性、土壤与土地、海岸带等自然资源与生态环境等方面存在的问题。

一、水资源、水环境面临挑战

天津是水资源严重匮乏的城市。随着经济社会的快速发展和人口增长，水资源问题日益突出，并已成为天津市经济社会发展的制约因素。

1. 水资源短缺

作为中国北方最大的沿海开放城市，天津水资源供需矛盾突出。天津市既是资源性缺水城市，又是人口压力型缺水城市。2019 年，天津市人均综合用水量为 183 立方米，仅为全国平均水平的 1/17。天津市的淡水资源严重短缺，经天津地面流入渤海的水量，在 20 世纪 50 年代曾高达 44 亿立方米，80 年代减少至 9.6 亿立方米，到 2007 年只剩下 6.32 亿立方米。2019 年，天津市可开采水资源总量为 8.09 亿立方米，水资源人均占有量为 58.36 立方米。① 水资源短缺已经成为制约天津城市经济社会发展的首要问题，需要跨境调水才能解决。

2. 水环境恶化

天津市江河、湖泊和海域普遍受到污染，海河是全国三大污染河流之一，直接威胁着饮用水安全、工农业生产和粮食安全。2017 年，全市废污水的排放总量为 7.05 亿吨。其中，城镇居民生活废污水排放量 2.43 亿吨，占全市废污水排放量的 34.50%；工业和建筑业废污水排放量 3.55 亿吨，占全市废污水排放量的 50.3%；第三产业废污水排放量 1.07 亿吨，占全市废污水排放量的 15.2%。② 减少废污水排放以及污水资源化利用有待进一步加强。

2020 年，全市优良水体（Ⅰ～Ⅲ类）比例达 55%，同比增加 5 个百分点，劣 V 类比例下降至 0%，同比减少 5 个百分点，主要污染物高锰酸盐指数和化学需氧量年均浓度同比分别小幅上升 1.6% 和 2.8%，氨氮和总磷年均浓度同比分别下降 41.2% 和 12.7%。天津市地表水环境质量有所改善。③ 主要水库中，尔王庄水库、团泊洼水库为中营养，北大港水库为轻度富营养，七里海水库为中度富营养。

水系的污染不仅会对海洋渔业和近海养殖业造成巨大的损失，也会给居民的健康带来严重的威胁。天津市各大水系有机污染物和含氮无机污染物浓度较高，受污染的地表水排入海洋中，可能会导致海域水体的富营养化，为近海赤潮的发生提供了物质基础，从而给海洋渔业和近海养殖业带来严重的危害。而且，滨海湿地是候鸟的重要栖息地，水质和水域环境对鸟类的栖息、繁殖和生存具有重要的作用，因此加强对滨海新区水系水质的治理及水生环境的保护势

---

①②③ 天津市水务局.2019 年天津市水资源公报［R］.2020.

在必行。

3. 水资源过度开发利用

为满足不断增长的社会经济发展用水需求，天津对境内地下水和过境水开发利用的程度远远超出其水资源承载能力，造成地下水严重超采、入海水量减少、河道和其他地表水体的生态环境用水被挤占。1971~2000 年全市累计超采深层地下水 64 亿立方米，平均每年超采 2.10 亿立方米，造成发生地面沉降的面积达 8000 平方千米，占全市总面积的 61%，城区已有 8 平方千米低于海平面。1980~2000 年，平均年入海水量仅为 15.80 亿立方米，除少量汛期洪水以外，其余径流基本被拦蓄利用，水生态环境受到人类严重干扰。①

4. 农业和生态用水被挤占

由于水严重短缺，多年来不得不牺牲农业和生态，以保证城市生活和工业用水。由于生态用水被挤占，河道断流严重，湿地大幅度萎缩。20 世纪 70 年代，天津开始引用上游污水进行灌溉，到 2003 年以后才逐渐减少。尽管污灌节约了大量的新鲜水用量，污水中含有的营养物质促进了农作物产量的增长，但污水灌溉也造成了土壤污染。2017 年，天津的污水灌溉面积达到 11.91 万公顷，占全市农业有效灌溉面积的 40%（Meng et al.，2016）。

二、大气与环境污染较为严重

1. 雾霾天气出现频度较高

通常认为，雾霾天气是空气中的灰尘、硫酸、硝酸、有机碳氢化合物等颗粒大量集聚，特别是细颗粒物（PM2.5）、可吸入颗粒物（PM10）、SO_2、NO_2 等主要污染物含量剧增，在大气空间内造成能见度模糊的一种天气现象。区域性持续重污染、雾霾天气是由污染源、特殊的地形以及静稳气象条件共同作用的结果。

随着国家对环境保护工作的重视，各地方政府从空气污染治理的经费投入、立法、监管等方面取得了很大进步，但即使这样，2018 年下半年的空气质量报告显示，京津冀地区 13 个城市的空气质量平均超标天数比例高达 65.70%，是三大经济圈中空气质量最差的。另据 2017 年美国航空航天局绘制的全球 PM2.5

---

① 天津市水务局 . 2019 年天津市水资源公报［R］. 2020.

平均值地图显示，华北地区是全球大气污染最为严重的地区之一。

天津市生态环境局公布的颗粒物源解析结果显示，扬尘对当地大气颗粒物污染贡献最大，成为天津雾霾的最大"元凶"，另有约三成颗粒物来自区域传输。解析结果还显示，PM2.5 本地排放中，扬尘、燃煤、机动车、工业生产分别贡献 30%、27%、20%、17%；PM10 本地排放中，扬尘、燃煤、机动车、工业生产占比较高，分别贡献 42%、23%、14%、14%%；餐饮、汽车修理、畜禽养殖、建筑涂装及海盐粒子等也构成部分颗粒物源。值得注意的是，除了本地污染源之外，天津的 PM2.5 有 22%~34%源自区域传输。

2. 区域性复合型大气污染问题凸显

作为发达的工业城市，经过长期的发展与整合，天津市拥有 49 个国家级和市级工业园区。这些工业园区在生产过程中所产生的废气、废料是可悬浮颗粒物或浮尘的部分来源。除了工业持续发展之外，天津的车流量也随着人口的增加而增加。

全市环境空气质量无显著空间差异。位于北部山区和东南部沿海地区的颗粒物浓度略低于其他区域，细颗粒物在西南部和东北部区域污染较重，SO_2 在中心城区和东北部地区污染状况略重于其他区域，NO_2 在西部区域污染状况略重于其他区域。

尽管在大气污染防治方面取得了较大进展，但从污染指数排位看天津仍处于全国倒数第十位。与邻近的北京相比，PM10 与北京相近，但二氧化硫高于北京 1.25 倍。专家分析，从数值上看，恰与两市燃煤量比值相当。尽管年均值是达标的，但计算指数值高于北京 0.46。

以煤炭为主的工业能源消耗逐步增加，SO_2 年均浓度总体呈现上升趋势，以烟尘和 SO_2 为代表的煤烟型污染问题尚未得到根本解决。滨海新区中部地区 SO_2 污染相对较重，年均浓度超标，北部和南部地区 SO_2 年均浓度达标，但已接近标准限值，环境容量有限。可吸入颗粒物（PM10）为影响滨海新区全年环境空气质量的首要污染物，扬尘对环境空气中 PM10 浓度的贡献相对较大。NO_2 年均浓度达标，但随着滨海新区经济的快速发展，工业及机动车排放有所增加，NO_2 呈现污染加重态势。总体来说，以 SO_2、NO_x、烃类及其形成的二次污染物 O_3、细粒子等为特征的复合型污染已经出现。

3. 改变能源结构与区域协同治理

目前，从大气污染的特点上看，京津冀区域大气污染已由单一性的煤烟型或石油型污染转向以灰霾、氮氧化物、一氧化碳、光化学污染物、臭氧等氧化性污染为特征的复合型污染。由于污染物传输不受行政边界所限，因此会在更广阔的空气流域内自由混合流动。北京、天津与河北同处于环渤海核心地带，且互相接壤，这种地理位置决定了京津冀三地跨区域交叉污染现象比较严重。同时，京津冀区域人口密度集中，且集聚了大量水泥、钢铁、炼油石化等高耗能企业，因此，在特定地理和气象条件下，大气污染物排放会在一定的空间尺度上自由混合，并呈现带状分布的无界限扩散和累积，使京津冀区域的大气污染现象与污染特征趋同。在燃煤改气等基础上，只有通过区域联防联控措施，统一规划、监测、监管、评估和协调，才能改善区域空气质量。

三、能源安全和供应体系面临风险

作为一个老工业基地，天津能源资源相对贫乏，消耗量大且对外依赖度高。经济的快速发展必然带动能源需求的增加，也将对天津的能源供应体系提出更高的要求。在连续多年的经济增长中，第二产业是能源消费量最大的产业，占全市能源终端消费量的70%左右。从消费的煤、石油和天然气来看，煤炭消费一直占60%左右，近几年虽有所降低，但仍处于主导地位。① 总体来看，天津市的能源利用存在以下问题：

1. 能源消耗总量持续增加，供需缺口扩大

天津市工业发展规模不断扩张，对于能源的需求和消费也处在一个快速上升的阶段。2000～2019年，能源消耗总量年均增长10.10%，大大超过了"十五"期间年均7.60%的增长速度。从供需角度看，能源消费量的增长远远超过了供应量的增长，能源供需缺口逐年扩大。2019年天津市能源生产量只有5106.83万吨标准煤，能源消耗量却高达8261.29万吨标准煤，供需缺口约为3155万吨标准煤，占消费量的38.19%，这一指标在2005年为35.30%，今后能

---

① 天津统计局，国家统计局天津调查总队．天津统计年鉴2020 ［M］．北京：中国统计出版社，2020.

源供需矛盾将进一步加剧。①

天津基础能源以煤炭和石油为主，石油供给主要依靠中海石油和大港油田所产原油，而煤炭完全依靠从外省市调入。尽管天津开展了煤改气等多种限制煤炭用量的措施，煤炭比重减少，但用煤绝对数量还是增加。2019年仍从外省市调入15055.72万吨标准煤，比2016年的14747.86万吨增加了2.09%。

在电力和天然气方面，由于建设投资相对缓慢，投资主要用于更新改造项目，新的基建项目很少，导致电力供应缺口增加，燃气供应也日趋紧张。由此可见，天津市能源供给的对外依赖性较强，易受外部能源供应环境变化的影响，整体抗风险能力不足，供应体系的安全保障还有待提高。

2. 能源消费品种结构需优化，三次产业结构有待调整

虽然天津市终端消费品结构得到进一步改善，但煤炭仍占较高的比例，2017年煤炭和焦炭的使用量占总能源消费量的48.40%，2019年占总能源消费量的57.69%，天然气、电力等优质能源消费比重仍偏低，这必然会影响企业生产效率的提高。因此，能源品种结构调整的重点是大力发展优质能源，这是提高能源利用效率、降低能源使用成本、控制环境污染的有效途径。

开展节能降耗的途径主要有两种：一是直接节能，二是结构节能。直接节能是指从行业角度看，由于技术创新、技术改造、新技术代替旧技术，使该行业单位产品产出的能耗降低。结构节能是指通过优化整体国民经济产业结构，降低高耗能行业比重，实现整体降低能耗。"十二五"和"十三五"期间，天津单位GDP能耗下降主要是通过第二产业和第三产业能源利用效率的提高，即直接节能方式来实现的，结构节能没有发挥显著作用。因此，今后要提高总体能效水平，降低单位GDP能耗，应该更多地从产业结构调整入手，通过调整三次产业结构，促进产业结构的优化升级来提高能源利用效率，实现全社会节能降耗。

四、湿地退化与生物多样性减少

天津地处"九河下梢"，境内河流湖泊众多，湿地生态系统为天津发展提供

---

① 天津统计局，国家统计局天津调查总队．天津统计年鉴2020［M］．北京：中国统计出版社，2020.

了多种生态服务功能。随着城镇化快速发展以及人类活动干扰强度的增加，湿地大量减少，景观破碎化严重。具有较高生态系统服务功能的湿地破碎化和天然景观减少将导致区域多种生态功能消失，生物多样性受到威胁，部分鱼类产卵场遭到破坏。

湿地植被作为湿地生态系统的主要生产者，在维持整个生态系统的结构和功能、实现湿地的物质供给、水质净化以及为其他生物提供栖息地等重要生态系统服务功能方面都具有举足轻重的作用。综合各个湿地动物类群的相关数据，结合生境理化环境数据，目前天津几个主要湿地的动物现状可以概括为：动物区系由适应性强的种类组成，整个区系物种多样性不高，种类组成相对单一。生物现存量偏低，生产力低下，从整体上看整个生态系统结构不尽合理，应进一步加大保护力度。

未来天津应改变目前较为粗放的经济增长方式，升级产业结构；改变土地财政，实施城市精明发展和新型城镇化，集约利用土地与湿地资源；恢复与修复湿地，改善生态环境，实现天津社会经济的可持续发展。

五、海岸带破碎化与生态功能退化

海岸带及岸线是天津市最宝贵的资源之一，但随着城市建设拓展，天然滩涂湿地被大量占用，其面积逐年减少，岸线向海推移，对海洋生态产生严重影响和损害。随着滨海新区大规模工业化、城市化建设、各种海洋设施建设等围海工程大量侵占海岸和海域，岸线已经高度破碎化，原来的海域—滩涂—沼泽连续的生态廊道失去了连续性，自然岸线仅存在于北部和南部两端，不足 20 千米，不能构成完整的生态网络。沿海工农业、生活废水、农业废水、固体废弃物和入海河流携带的大量污水造成了比较严重的海洋环境污染问题，海域富营养化严重，赤潮频发。

渤海湾海岸带是世界典型的三大脆弱海岸带之一。通常采用健康指数表征生态系统健康状况，该指数为一综合指标，其值越低，表明系统健康状况越差。海岸带生态系统健康指标评价体系包括滩涂景观子系统、水环境子系统以及社会经济子系统。近几十年来，天津市海岸带生态系统健康指数呈显著下降趋势，生物群落结构状况恶化，生物多样性下降（孟广文，2005）。由于大规模围填海，天津近海的渔业资源和总渔获量呈下降趋势。近几年来，生态系统健康指数变化不大，海洋生态系统处于亚健康状态。

　　总的来说，近年来渤海湾海域严重污染面积呈扩大趋势，主要污染物类型为无机氮，海洋生态系统处于亚健康状态。海洋生态环境健康状况的下降不仅影响了其与陆域生态系统的连通性，还影响了临海居民的生活水平，这对天津市实现"宜居生态"功能、建设生态城市的目标都是巨大的挑战。因此，严格控制填海造陆和保护自然岸线是目前保护天津海岸线及生态系统的当务之急。随着国家对填海造地的严格控制，目前天津的填海造地已经被禁止，并且在加快滨海湿地的生态修复。

六、土地资源储备相对不足

　　土地资源短缺是天津经济社会发展中面临的挑战，关系到天津市经济社会的可持续发展问题。天津市人均耕地仅有 0.72 亩，不足全国的一半，同时地力衰退，土壤盐渍化严重，天然湿地功能下降，生态环境保护压力较为突出。随着天津城市建设用地的急剧扩张，城市发展与土地资源配置的矛盾日益突出，原有规划确定的城市建设范围不断被突破，挤占非建设用地的现象时有发生。滨海新区虽有一定的土地资源可供利用，但存在着工业用地与农业用地、生态用地之间的矛盾。2005~2019 年的 14 年间，建设用地和未利用地面积呈上升趋势，建设用地面积增加了 14786 公顷，未利用地面积增加了 7234 公顷，而盐田和植被面积呈下降趋势，植被面积减少了 9218 公顷，盐田面积减少了 7238 公顷，水域呈先下降后上升的趋势（孟伟庆，2005）。[①]

　　相对于深圳等多山多丘陵地区，天津滨海新区土地开发价值较高，直接可供开发建设的土地资源总量相对丰富。新区现有约 1200 平方千米的盐碱荒地，其含盐量高，农业利用与治理难度较大。从开发建设的适宜性角度来看，这种现状却为滨海新区落实国家战略要求、实现经济快速腾飞提供了较好的土地资源支撑。盐碱荒地面积约为上海浦东新区土地总面积的两倍、深圳特区土地总面积的 3 倍。与深圳特区、浦东新区相比，滨海新区的土地资源总量相对丰富。

　　然而，滨海新区盐碱地的土壤含盐量大，环境容量自我调节能力差，大面

---

　　① 天津统计局，国家统计局天津调查总队．天津统计年鉴 2020［M］．北京：中国统计出版社，2020.

积的湿地对区域的生态系统结构稳定性有重要意义，从环境保护的角度来看不宜进行大规模的开发建设，因此滨海新区可供进一步开发的土地资源存量有限。天津滨海新区需要注重利用潜在的土地资源，挖掘已利用土地资源的开发潜力，同时提高土地利用效率，减少土地资源浪费。

七、土壤盐渍化依然严重

天津市土壤盐碱重、面积大、治理困难，加之近年来重金属污染加剧，使土壤资源质量下降。高矿化地下水和浅层咸水是土壤盐渍化的主要原因，这是因为在这类地区，即使是已经改造好了的盐渍土，甚至是非盐渍土，都会因为高矿化地下水和浅层咸水的存在而容易引起其心土或底土中所含的盐分随毛管作用上升，一旦遇到涝年或是灌溉不当，都会引起地下水位抬高，产生返盐，造成土壤次生盐化。

天津土壤大多质地黏重，土壤质地类型可分为黏土、黏壤土、粉壤土和壤土四大类。土壤的透气透水性差，但是土壤养分较充足，pH 值多在 7.50 以上，有机质和全氮含量分别在 0.39% ~ 1.84% 和 0.03% ~ 0.10%。土壤含水量在 0.14% ~ 0.40%，土壤含盐量一般在 0.60% ~ 4%，盐分组成以氯化物为主。

土壤盐渍化及整体的土壤质量下降，已经成为影响天津市海岸带地区生态环境建设的重要制约因子。尽管天津泰达开发区在盐碱地绿化技术方面进行了深入的研究，并取得了成功建设经验，但目前的技术需要较高成本，不适宜大面积推广，因此天津滨海新区大量未利用地和湿地等应该部分保留作为生态用地。

参考文献

[1] Weiqing Meng, Zuwei Wang, Beibei Hu, Zhongliang Wang, Hongyuan Li, Robbin Cole Goodman. Heavy metals in soil and plants after long-term sewage irrigation at Tianjin China：A case study assessment [J]. Agricultural Water Management，2016（171）：153-161.

[2] 郝翠，李洪远. 天津滨海新区湿地植物群落特征及植被演替过程 [J]. 南水北调与水利科技，2012（3）：77-81.

[3] 李根，刘淑梅，郭晶，等. 天津市 2017/2018 年冬季农业气象条件分析 [J]. 天津农业科学，2019，25（6）：88-90.

［4］李建国，韩春花，康慧，等.滨海新区海岸线时空变化特征及成因分析［J］.地质调查与研究，2010，33（1）：63-70.

［5］马振兴.中国自然资源通典·天津卷［M］.呼和浩特：内蒙古教育出版社，2015.

［6］孟广文.作为生态和环境保护手段的空间规划：联邦德国的经验及对中国的启示［J］.地理科学进展，2005，24（6）：21-30.

［7］孟伟庆，莫训强，高鑫，等.中国湿地资源·天津卷［M］.北京：中国林业出版社，2015.

［8］孟伟庆，莫训强，李洪远，等.天津地区湿地退化特征与驱动因素的多变量相关分析［J］.水土保持通报，2016，36（4）：326-332.

［9］天津统计局，国家统计局天津调查总队.天津统计年鉴2020［M］.北京：中国统计出版社，2020.

［10］王祖伟，张辉，张文具.天津地区土壤环境中有效态重金属的分布特征与生态意义［J］.土壤通报，2005，36（1）：101-103.

［11］徐玉山，刘宪斌，张秋丰.渤海湾近岸海域浮游植物多样性研究［J］.盐业与化工，2009，38（6）：11-14.

［12］严定中，宋兵魁，温娟，甄明泽，李思倩，李泽利.天津市水资源水环境可持续发展策略研究［J］.环境保护，2019，47（14）：47-51.

［13］尤阿辛·福格特，孟广文.城市生态学导向下的空间发展规划及存在问题［J］.城市环境与城市生态，1998，10（2）：23-26.

第三章　区位与人文资源禀赋

除了自然资源和整体生态环境外，天津的地理位置、人口、科技与文化资源也是天津经济发展与布局的重要因素，而且随着社会经济的发展发挥着越来越重要的作用。本章将通过分析与评价天津自然与经济地理区位、人口资源规模、结构、分布与质量以及天津科技资源投入与产出、天津文化资源类型与特征等，来探讨天津社会经济发展的区位与人文条件。

第一节　地理位置

地理位置一般是用来描述地理事物的时间和空间关系，在现实中，地理位置对一个城市的发展具有重要意义。按照地理位置的相对性和绝对性，地理位置可分为绝对地理位置和相对地理位置。绝对地理位置以整个地球为参考系，以经纬度为度量标准，而相对地理位置是以其参考点的周围事物进行确定的。按照地理位置的功能性质，地理位置可划分为自然地理位置、经济地理位置、政治地理位置等。天津依山傍海、据海河要冲、畿辅门户以及贸易通道的战略地位直接影响了天津的社会经济发展和城市空间布局。

一、自然地理位置

天津市坐落于北半球欧亚大陆东端，华北平原东北部，地理坐标介于北纬38°34′~40°15′和东经116°43′~118°04′，处于东八区。天津市域范围北起蓟州区黄崖关长城，南至大港区翟庄子沧浪渠；东起滨海新区汉沽洒金坨以东的陡河西干渠，西至静海区子牙河王进庄以西的滩德干渠。天津南北长约189千米，东西宽为 117 千米，市域周长为 1290.81 千米，陆界长为 1137.48 千米；天津陆地总面积为 11916.85 平方千米，中心市区面积约为 177.04 平方千米；海岸线长为 153.33 千米，海域面积为 3000 平方千米。①

天津北依燕山，东临渤海，地势总趋势为西北高、东南低，具有平原辽阔、河流纵横、海岸线明显等特征。② 天津地处海河流域下游地区、渤海湾西岸，是海河水系大清河、子牙河、南运河、北运河、永定河五大河支流的汇合处。因此，天津有"九河下梢"和"海河要冲"之说③。

二、经济区位与战略地位

天津与朝鲜半岛及日本隔渤海相望，同时也和俄罗斯远东地区和蒙古国相距较近，因此天津处于东北亚经济圈的节点位置。作为中国北方重要经济中心和最大国际港口城市，天津处于欧亚大陆和北太平洋海陆联运枢纽的有利区位，因此和东北亚经济圈各国具有密切的经济与文化联系。

天津位于京津冀城市群和环渤海经济圈的中心地带，拥有中国北方最大港口和国家级新区——天津滨海新区，是三北地区对外经贸联系的重要通道与口岸。天津既有商业文化传统，又有雄厚的工业基础和开放包容的城市文化，在国家"一带一路"倡议、京津冀协同发展、自由贸易区发展、滨海新区开发开放、国家自主创新示范区以及双循环战略中扮演着越来越重要的角色。

天津与北京市及河北省相邻。从天津中心花园到北京天安门相距只有 111 千米，坐京津城际列车只需要 33 分钟。河北省主要城市唐山、廊坊、保定、沧州从东西南三个方向环抱天津，直线距离也在 100 千米左右。京津冀协同发展战略的实施有助于京津冀区域经济一体化发展与世界级城市群的建设。

总之，天津是中蒙俄经济走廊主要节点、海上丝绸之路的战略支点、"一带一路"交汇点、亚欧大陆桥最近的东部起点，凭借优越的地理位置和交通条件，天津成为连接国内外、联系南北方、沟通东西部的重要枢纽，是邻近内陆国家的重要出海口。天津背靠华北、西北、东北地区，经济腹地辽阔，是中国北方

① 天津统计局，国家统计局天津调查总队. 天津统计年鉴 2020［M］. 北京：中国统计出版社，2020.
② 国家统计局. 中国统计年鉴 2020［M］. 北京：中国统计出版社，2020.
③ 中国社会科学院经济研究所. 现代经济词典［M］. 南京：凤凰出版社，江苏人民出版社，2005.

十几个省市对外交往的重要通道，也是中国北方最大的港口城市。天津距北京120 千米，是拱卫京畿的要地和门户。

第二节　人口资源条件

人口资源是指在一定空间范围内的具有数量、质量和结构的人口总体，是进行社会生产不可缺少的基本物质条件。因此，充分认识人口的数量、质量和结构等特征，才能合理开发和利用。本节比较分析了天津人口结构、密度、质量以及老龄化特征。

一、人口规模与增长概况

根据最新数据统计，2019 年天津常住人口为 1561. 83 万人，户籍人口数为 11081. 63 万人，户籍户数为 406. 25 万，人口密度为 1328 人/平方千米，人口出生率为 6. 73‰，人口死亡率为 5. 30‰，人口自然增长率为 1. 43‰[1]。2019 年全国人口出生率为 10. 48‰，人口死亡率为 7. 14‰，人口自然增长率为 3. 34‰。与全国相比，天津人口出生率、人口死亡率和自然增长率都低于全国水平[2]。值得关注的是，常住人口从 2010 年的 1299 万人上升到了 2016 年的 1562 万人，增长率达 16. 8%，而 2017 年常住人口为 1557 万人，首次出现了小幅度负增长，2019 年后逐渐有所回升。

二、人口年龄与性别结构变化与特征

人口年龄结构是反映一个地区人口状况的重要指标之一。现在国际上通常把人口划分为三组：0~14 岁少年儿童组，15~64 岁成年组和 65 岁及以上老年组。一般把 65 岁及以上人口达到 7% 视为进入老龄化社会[3]。

由表 3-1 可知，天津 0~14 岁这个年龄段的人口比例由 2010 年的 9. 80% 上

---

① 天津统计局. 国家统计局天津调查总队. 天津统计年鉴 2020 ［M］. 北京：中国统计出版社，2020.

② 国家统计局. 中国统计年鉴 2020 ［M］. 北京：中国统计出版社，2020.

③ 中国社会科学院经济研究所. 现代经济词典 ［M］. 南京：凤凰出版社，江苏人民出版社，2005.

升到 2019 年的 10.31%，始终维持在 10% 左右；15~64 岁年龄段的人口比例从 2010 年的 81.68% 下降至 2019 年的 78.08%，十年间一直维持在 80% 左右；65 岁及以上人口比例 2010 年为 8.52%，后在 10% 左右徘徊，但始终远超 7%，早已进入了老龄化社会，特别是 2017 年以来的统计数据表明天津人口老龄化的趋势更加明显。

表 3-1　2010~2019 年天津人口年龄结构　　　　　单位：%

年份	0~14 岁	15~64 岁	65 岁及以上	总负担系数	负担少儿系数	负担老年系数
2010	9.80	81.68	8.52	22.43	12.00	10.43
2011	9.82	80.83	9.35	23.72	12.15	11.57
2012	10.01	80.08	9.91	24.88	12.50	12.37
2013	9.88	79.28	10.84	26.14	12.46	13.68
2014	9.79	79.05	11.16	26.50	12.39	14.11
2015	9.81	80.58	9.61	24.10	12.17	11.93
2016	9.92	80.09	9.99	24.87	12.39	12.48
2017	10.19	79.68	10.13	25.50	12.79	12.71
2018	10.22	78.91	10.87	26.72	12.95	13.77
2019	10.31	78.08	11.61	28.08	13.21	14.87

注：人口负担系数也称抚养系数，抚养比。负担少儿系数为小于等于 14 岁人口/15~64 岁人口的百分比；负担老年系数为大于等于 65 岁人口/15~64 岁人口的百分比。总负担系数为负担少儿系数与负担老年系数两者之和。人口负担系数表明每百名劳动年龄人口负担多少非劳动年龄人口。

资料来源：历年《天津统计年鉴》。

2010~2019 年，天津负担少儿系数 2010 年为 12%，后呈上升趋势，到 2019 年增长到 13.21%；负担老年系数在 2010 年为 10.43%，此后呈现上升趋势，到 2014 年上升到 14.11%，后下降到 2015 年的 11.93%，2019 年又上升到 14.87%；总负担系数 2010 年为 22.43%，后逐年上升到 2014 年的 26.50%，2015 年又下降到 24.10%，到 2019 年又达到 28.08% 的十年最高值。2019 年，全国总负担系数为 41.56%，负担少儿系数为 23.76%，负担老年系数为 17.80%。[1]

① 国家统计局. 中国统计年鉴 2020［M］. 北京：中国统计出版社，2020.

与全国相比，天津总负担系数、负担少儿系数和负担老年系数均低于全国水平。

总人口的性别比例反映了一个国家或地区的全体人口的男女比例，通常以男女的人数之比（女性人口为 100）表示。性别结构一旦形成，就会对社会经济的发展和人们的生活特别是婚姻家庭产生重大影响。

2000~2019 年，天津男性比重多数情况下略高于女性，且处于逐年下降的趋势。2017 年男性比例首次降到 49.89%，低于女性比例的 50.11%。2019 年全国的男性比重占 51.09%，女性比重占 48.91%。总体来说，男女性别比从 2000 年的 102.05 下降至 2019 年的 98.77%。由此可见，天津男女性别比情况较为均衡（见图 3-1）。

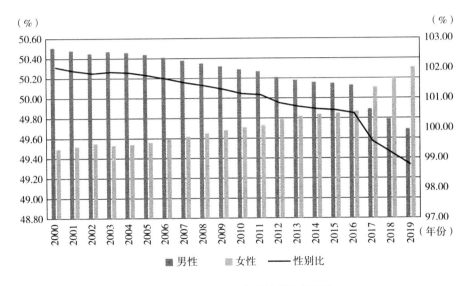

图 3-1 2000~2019 年天津男女性别比

资料来源：天津统计局，国家统计局天津调查总队．天津统计年鉴 2020 ［M］．北京：中国统计出版社，2020.

三、人口产业结构变化与特征

人口产业结构指的是经济活动人口在不同产业部门的人数分配比重，是衡量一个国家或地区经济发展水平的重要标志。一般认为，产业结构呈现出"倒金字塔"结构是现代人口产业结构发展规律，即第三产业从业人口比重最高，第二产业比重次之，第一产业比重最低。1998~2019 年天津人口产业结构如表 3-2 所示。

表 3-2　1998~2019 年天津人口产业结构

年份	社会从业人员合计	人数（万人）			构成（%）		
		第一产业	第二产业	第三产业	第一产业	第二产业	第三产业
1998	508.10	80.88	233.21	194.01	15.9	45.9	38.2
1999	508.14	79.57	230.33	198.24	15.7	45.3	39.0
2000	486.89	81.29	222.15	183.45	16.7	45.6	37.7
2001	488.34	82.70	212.65	192.99	16.9	43.6	39.5
2002	492.61	82.25	205.38	204.98	16.7	41.7	41.6
2003	510.90	83.19	219.44	208.27	16.3	42.9	40.8
2004	527.78	82.83	223.89	221.06	15.7	42.4	41.9
2005	542.52	81.79	227.38	233.35	15.1	41.9	43.0
2006	562.92	81.11	234.85	246.96	14.4	41.7	43.9
2007	613.93	76.98	261.35	275.60	12.5	42.6	44.9
2008	647.32	76.30	271.90	299.12	11.8	42.0	46.2
2009	677.13	75.70	281.01	320.42	11.2	41.5	47.3
2010	728.70	73.85	302.33	352.52	10.1	41.5	48.4
2011	763.16	73.18	315.99	373.99	9.6	41.4	49.0
2012	803.14	71.23	330.89	401.02	8.9	41.2	49.9
2013	847.46	68.99	353.85	424.62	8.1	41.8	50.1
2014	877.21	67.98	341.51	467.72	7.7	38.9	53.4
2015	896.80	66.17	320.16	510.47	7.4	35.7	56.9
2016	902.42	65.10	306.41	530.91	7.2	34.0	58.8
2017	894.83	62.71	290.90	541.22	7.0	32.5	60.5
2018	896.56	60.07	285.02	551.47	6.7	31.8	61.5
2019	896.56	58.28	272.55	565.73	6.5	30.4	63.1

资料来源：天津统计局，国家统计局天津调查总队. 天津统计年鉴 2020 ［M］. 北京：中国统计出版社，2020.

作为发达的现代化城市，天津人口产业结构符合现代人口产业结构发展规律。1998~2019 年，第一产业的从业人口总量始终低于第二、第三产业，并呈现逐年下降的趋势。到 2005 年，第三产业从业人口开始超过第二产业。2013 年，第三产业从业人口比例开始超过 50%。自此，天津人口产业结构呈现"三二一"的特征。2019 年人口产业结构之比为 63.1%：30.4%：6.5%（见表 3-3），而与之相对应的 2019 年全国人口产业结构之比为 47.4%：27.5%：25.1%。① 与全国相比，天津人口产业结构优于全国的平均发展水平。随着工业化与城市化加速推进，天津第三产业从业人口比重上升将成为未来发展的必然趋势（见表 3-4 和图 3-2）。

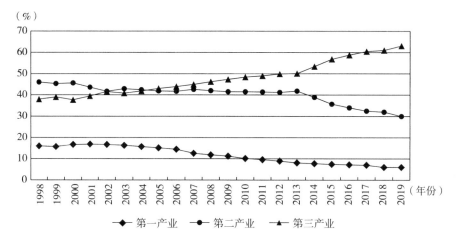

图 3-2　1998~2019 年天津人口产业结构

资料来源：天津统计局，国家统计局天津调查总队. 天津统计年鉴 2020 ［M］. 北京：中国统计出版社，2020.

四、人口城乡结构变化与特征

随着经济增长和产业结构不断优化，从事农业生产活动的人口比重不断下降，而非农业生产活动比重逐渐上升。与这种经济结构变动相适应，出现了乡村人口比重逐渐降低，城镇人口比重稳步上升，这一过程被称为"城镇化"过

---

① 国家统计局. 中国统计年鉴 2020 ［M］. 北京：中国统计出版社，2020.

程（周一星，1995）。根据美国地理学家 Northam（1979）的城市化阶段理论，城镇化可划分为初级阶段（人口城镇化率小于 30%）、中级阶段（人口城镇化率在 30%到 70%之间）和高级阶段（人口城镇化率大于 70%）。

近年来，随着工业化与城镇化水平不断提高，天津人口城乡结构不断发生变化，乡村人口数量变化基本平稳，城镇人口增长迅速，城镇化率处于高级阶段。天津地区城镇人口由 2008 年的 908 万人增加到 2019 年的 1304 万人，增长率达 43.61%；乡村人口变化程度不大，始终保持在 265 万人左右，2019 年首次低于 260 万人（见表 3-3 和图 3-3）。2019 年，天津城镇人口所占比重为 83.48%（见表 3-3），远高于全国 60.60%的水平，在上海、北京之后，居全国第三位。①

表 3-3　2008~2019 年天津城镇与乡村人口变化

年份	常住人口（万人）	城镇人口（万人）	乡村人口（万人）	城镇化率（%）
2008	1176	908	268	77.23
2009	1228	958	270	78.01
2010	1299	1034	266	79.55
2011	1355	1090	264	80.50
2012	1413	1152	261	81.55
2013	1472	1207	265	82.01
2014	1517	1248	269	82.27
2015	1547	1278	269	82.64
2016	1562	1295	267	82.91
2017	1557	1291	266	82.92
2018	1560	1297	263	83.14
2019	1562	1304	258	83.48

资料来源：天津统计局，国家统计局天津调查总队.天津统计年鉴 2020［M］.北京：中国统计出版社，2020.

---

① 国家统计局.中国统计年鉴 2020［M］.北京：中国统计出版社，2020.

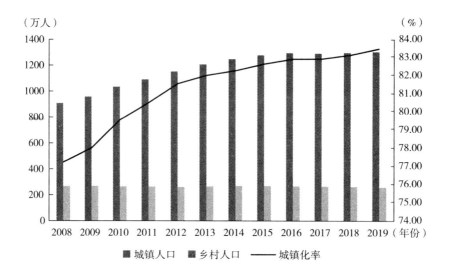

图 3-3　2008~2019 年天津城乡人口变化

资料来源：天津统计局，国家统计局天津调查总队. 天津统计年鉴 2020 ［M］. 北京：中国统计出版社，2020.

五、人口受教育程度变化及特征

人口受教育程度是一个国家或地区人口文化素质的基本反映，也是衡量某一国家或地区社会经济发展情况的重要指标之一。2008~2019 年，天津人口受教育比重呈现出小学和高中比重减少，初中比重总量最大且总体上相对稳定，大学专科及以上人口比重逐年递增的特征。2008~2019 年，6 岁及以上受小学教育人口比重下降了 10.31%，受高中教育人口比重下降了 8.7%，大学专科及以上受教育人口比重上升到 26.68%，比 1999 年的 7.9% 高出了 3 倍以上（见表 3-4 和图 3-4）。其中，研究生数量增长最为迅速。根据 2019 年全国人口变动情况抽样调查样本数据计算，全国 6 岁及以上人口受小学教育人口比重为 25.29%，受初中教育人口比重为 37.29%，受高中教育人口比重为 13.01%，大专及以上教育人口比重为 14.58%。[①] 总体来看，天津人口受教育程度整体上高于全国水平。

---

① 国家统计局. 中国统计年鉴 2020 ［M］. 北京：中国统计出版社，2020.

表 3-4 1999～2019 年天津 6 岁及以上人口受教育比重   单位：%

年份	小学	初中	高中	大学专科	大学本科	研究生
1999	27.08	36.32	21.28		7.9	
2004	21.37	36.69	22.96	7.71	5.66	0.37
2009	18.27	40.65	22.11	7.86	6.92	0.42
2014	17.62	37.06	22.40	9.32	9.62	0.75
2019	16.77	32.84	12.58	11.15	13.94	1.59

资料来源：天津统计局，国家统计局天津调查总队．天津统计年鉴 2018［M］．北京：中国统计出版社，2018.

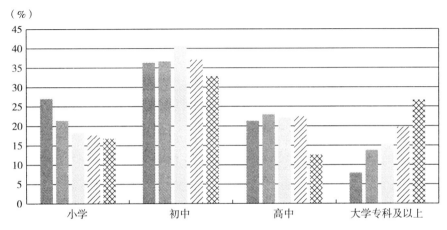

图 3-4 1999～2019 年天津受教育情况比较

资料来源：天津统计局，国家统计局天津调查总队．天津统计年鉴 2020［M］．北京：中国统计出版社，2020.

六、人口密度变化及特征

人口密度能从数量上反映人口分布的地区差异，是反映某一区域内居住人口疏密程度及社会经济活跃程度的指标。截至 2019 年底，天津总人口密度为 1328 人/平方千米，而北京人口密度为 1312 人/平方千米①、上海人口密度为

① 北京市统计局，国家统计局北京调查总队．北京统计年鉴 2020［M］．北京：中国统计出版社，2020.

3830 人/平方千米①、重庆人口密度为 370.4 人/平方千米②。与其他直辖市相比，天津人口密度与北京基本持平，高于重庆，低于上海。

2000~2019 年，天津市内六区人口平均密度始终保持在 22000 人/平方千米左右，其他远近郊区的人口密度由大到小依次是：东丽区、西青区、津南区、北辰区、武清区、蓟州区、宁河区、滨海新区、静海区、宝坻区（见表 3-5）。值得注意的是，滨海新区人口增长最为迅速，2000 年曾排在宝坻区之后，到 2019 年时人口密度比 2000 年增长了 45.67%。

表 3-5　2000~2019 年天津分区人口密度　　单位：人/平方千米

年份	2000	2004	2009	2014	2019
市内六区	22305	22868	22112	22489	23044
东丽区	942	964	1061	1106	1271
西青区	661	675	769	818	911
津南区	635	654	721	754	850
北辰区	544	548	624	674	777
武清区	508	515	536	563	627
蓟州区	427	635	686	540	622
宁河区	499	505	526	538	545
滨海新区	430	432	444	460	481
静海区	339	349	376	399	409
宝坻区	249	253	293	305	310

资料来源：天津统计局，国家统计局天津调查总队．天津统计年鉴 2020 ［M］．北京：中国统计出版社，2020.

第三节　研发投入与产出

科学技术是第一生产力，而人才与智力资源是科技进步与创新的核心动力。研究与试验发展（R&D）指在科学技术领域为增加知识总量以及运用这些知识

---

① 上海市统计局，国家统计局上海调查总队．上海统计年鉴 2020 ［M］．北京：中国统计出版社，2020.

② 重庆市统计局，国家统计局重庆调查总队．重庆统计年鉴 2020 ［M］．北京：中国统计出版社，2020.

去创造新的应用进行的系统性与创造性活动，包括基础研究、应用研究、试验发展三类活动。国际上通常采用 R&D 活动的规模和强度指标反映一国的科技实力和核心竞争力。本节分析了天津研发人员与经费规模、结构以及科技产出。总体上看，天津科技自主创新能力不断增强，科技人才队伍进一步壮大，科研投入与产出持续增加。

一、研发人员和经费支出总体规模

2017 年，天津市研发人员（研究与试验发展人员）折合全时当量达 10.3087 万人年，比 2008 年增长了 113.22%，经费支出达 458.72 亿元，比 2008 年增长了 194.58%（见表 3-6）。总体来看，天津 R&D 经费投入强度较高，占全市生产总值的近 3%。与全国其他城市相比，2008 年以来仅次于北京和上海，排名第 3 位，到 2017 年强度有所下降，占比仅 2.47%，排名第 6 位。

表 3-6　2008~2017 年天津研发人员和经费支出情况

年份	人员折合全时当量 （人年）	经费支出 （亿元）	经费支出占全市生产总值比重（%）	经费支出全国排名
2008	48348	155.72	2.45	3
2009	52038	178.47	2.37	3
2010	58771	229.56	2.49	3
2011	74293	297.76	2.63	3
2012	89609	360.49	2.80	3
2013	100219	428.09	2.98	3
2014	113335	464.69	2.96	3
2015	124321	510.18	3.08	3
2016	119384	537.32	3.00	3
2017	103087	458.72	2.47	6

注：①R&D 人员全时当量指全时人员数加非全时人员按工作量折算为全时人员数的总和，为国际上比较科技人力投入而制定的可比指标。例如有两个全时人员和三个非全时人员（工作时间分别为 20%、30% 和 70%），则全时当量为 2+0.2+0.3+0.7 = 3.2 人年。②R&D 经费支出合计指调查单位用于内部开展 R&D 活动（基础研究、应用研究和试验发展）的实际支出，包括用于 R&D 项目（课题）活动的直接支出，以及间接用于 R&D 活动的管理费、服务费、与 R&D 有关的基本建设支出以及外协加工费等，但不包括生产性活动支出、归还贷款支出以及与外单位合作或委托外单位进行 R&D 活动而转拨给对方的经费支出。

资料来源：天津统计局，国家统计局天津调查总队 . 天津统计年鉴 2018 [M]. 北京：中国统计出版社，2018.

二、研发人员和经费支出部门结构

从执行部门分布占比情况来看，2008~2017 年，天津研发机构部门人员折合全时当量和经费支出占比始终保持在 10% 左右，其中，工业企业部门人员折合全时当量占比呈现出先增后减的趋势，经费支出占比下降了近 20 个百分点；高等学校人员折合全时当量占比逐年减少，2017 年有所增加，达 10.34%，经费支出占比始终保持在 12% 左右，2017 年最高，达 13.98%；其他部门人员折合全时当量占比先减后增，经费支出占比逐年递增，2017 年达到最高的 22.23%。从各部门人员和经费支出整体发展形势来看，工业企业的占比在逐年下降，研发机构和高等学校占比基本持平，其他部门占比增长迅速（见表 3-7）。

表 3-7　2008~2017 年天津研发人员与经费支出部门结构　　　单位：%

年份	研究与开发机构		工业企业		高等学校		其他	
	人员折合全时当量占比	经费支出占比	人员折合全时当量占比	经费支出占比	人员折合全时当量占比	经费支出占比	人员折合全时当量占比	经费支出占比
2008	9.93	12.11	59.25	70.15	17.28	12.52	13.54	5.23
2009	11.80	10.16	57.79	69.39	16.73	12.09	13.68	8.36
2010	10.84	10.66	61.18	69.82	15.12	10.97	12.86	8.54
2011	9.77	8.66	64.38	70.79	12.16	10.67	13.69	9.88
2012	8.81	8.04	67.72	70.98	10.65	11.18	12.82	9.80
2013	8.55	9.72	68.03	70.09	10.81	11.87	12.61	8.32
2014	8.70	8.30	69.72	69.47	9.85	12.30	11.74	9.94
2015	8.09	8.67	67.80	69.13	9.14	11.99	14.96	10.22
2016	8.81	8.68	65.62	65.13	8.67	11.86	16.90	14.33
2017	11.96	11.22	56.15	52.57	10.34	13.98	21.54	22.23

资料来源：历年《天津科技统计年鉴》。

三、研发经费支出来源结构

从研发经费支出来源分布看，天津以企业资金为主，以政府资金为辅，国外资金增长较快。2008~2017 年，天津研发经费支出中政府资金和企业资金都增长了近 2 倍，2017 年分别达 104.36 亿元和 320.80 亿元，占 22.75% 和 69.93%；国外资金增长较快，达 19.64 亿元，在全国排名第 2 位，仅次于北京（见表 3-8 和表 3-9）。2017 年，全国 R&D 经费内部支出 76.48% 来源于企业，19.81% 来源于政府，0.64% 来源于国外[①]。总体来看，2008~2017 年尽管天津研发经费总支出增长迅速，但截至 2017 年，天津与全国其他省市相比排名中等，经费总额与北京相比差距较大，与河北省相当。其中，天津企业资金与政府资金来源占比较高，而国外资金来源占比较低。

表 3-8　2008~2017 年天津研发经费支出来源结构　　　　　单位：亿元

年份	研发经费支出	政府资金	企业资金	国外资金	其他资金
2008	155.72	30.11	113.71	3.46	8.44
2009	178.47	32.37	137.66	3.41	5.03
2010	229.56	44.14	170.20	8.24	6.98
2011	297.76	47.60	231.47	5.98	12.71
2012	360.49	58.10	284.09	6.60	11.70
2013	428.09	72.63	329.35	10.06	16.05
2014	464.69	74.58	365.89	9.84	14.38
2015	510.18	104.75	375.58	15.02	14.83
2016	537.31	94.02	413.06	17.61	12.62
2017	458.72	104.36	320.80	19.64	13.92

资料来源：历年《天津科技统计年鉴》。

表 3-9　2017 年京津冀地区研发经费支出来源结构

	北京			天津			河北		
	总额（亿元）	占比（%）	全国排名	总额（亿元）	占比（%）	全国排名	总额（亿元）	占比（%）	全国排名
R&D 经费内部支出	1579.65	100.00	4	458.72	100.00	14	452.03	100.00	15
政府资金	822.41	52.06	1	104.36	22.75	10	67.99	15.04	14

---

① 国家统计局社会科技和文化产业统计司，科学技术部战略规划司. 中国科技统计年鉴 2020 [M]. 北京：中国统计出版社，2020.

续表

	北京			天津			河北		
	总额（亿元）	占比（%）	全国排名	总额（亿元）	占比（%）	全国排名	总额（亿元）	占比（%）	全国排名
企业资金	619.64	39.23	6	320.80	69.93	14	374.68	82.89	12
国外资金	49.05	3.11	1	19.64	4.28	2	0.16	0.03	18
其他资金	88.55	5.61	2	13.92	3.03	13	9.20	2.04	16

资料来源：国家统计局社会科技和文化产业统计司，科学技术部战略规划司.中国科技统计年鉴2018［M］.北京：中国统计出版社，2018.

四、研发经费支出类型结构

按类型分布情况看，2008～2017年用于基础研究、应用研究及试验发展三方面的经费都在不断增加，其中试验发展占有较大比重。2017年天津科学研究和技术服务业机构基础研究经费支出33.65亿元，占7.34%，比2008年增长了近4倍，在全国排名第8位；应用研究经费支出68.96亿元，占15.03%，比2008年增长了3倍多，在全国排名第9位；试验发展经费支出356.11亿元，占77.63%，比2008年增长了1倍多，在全国排名第14位（见表3-10和表3-11）。2017年，全国研发经费支出有5.54%用于基础研究，10.50%用于应用研究，83.96%用于试验发展。由此可见，天津较全国其他地区在基础研究和应用研究方面经费支出占比较多，而在试验发展方面经费支出占比较少。从京津冀比较结果看，北京在基础研究和应用研究方面经费支出占比最多，试验发展经费支出占比最少。

表3-10　2008～2017年天津研发经费支出类型结构　　单位：亿元

年份	研发经费支出	基础研究	应用研究	试验发展
2008	155.72	6.80	16.78	132.14
2009	178.47	7.29	28.15	143.03
2010	229.56	9.42	37.82	182.32
2011	297.76	13.00	37.30	247.46
2012	360.49	14.20	43.90	302.39

续表

年份	研发经费支出	基础研究	应用研究	试验发展
2013	428.09	18.03	53.50	356.56
2014	464.69	16.08	61.26	387.35
2015	510.18	20.77	75.36	414.05
2016	537.32	30.27	59.44	447.61
2017	458.72	33.65	68.96	356.11

资料来源：历年《天津科技统计年鉴》。

表 3-11　　2017 年京津冀地区研发经费支出类型结构比较

	北京			天津			河北		
	总额（亿元）	占比（%）	全国排名	总额（亿元）	占比（%）	全国排名	总额（亿元）	占比（%）	全国排名
R&D 经费内部支出	1579.65	100.00	4	458.72	100.00	14	452.03	100.00	15
基础研究	232.36	14.71	1	33.65	7.34	8	10.51	2.32	22
应用研究	361.67	22.90	1	68.96	15.03	9	37.97	8.40	16
试验发展	985.62	62.39	5	356.11	77.63	14	403.55	89.28	13

资料来源：《天津科技统计年鉴 2018》。

五、科技论文和三种专利授权

　　一个地区的科技活动产出可以反映出该地区的未来发展潜力。2007 年以来，天津科技论文与专利总量都呈快速增长趋势。2007～2016 年，除 CPCI-S（ISTP）检索论文呈波动性增长外，国内发表科技论文数、SCI 与 EI 收录的科技论文数都呈现逐年上升的趋势。2016 年，天津三系统收录科技论文数共计 17440 篇，其中，SCI 收录 8510 篇，占 48.80%；EI 收录 7100 篇，占 40.71%；CPCI-S 收录 1830 篇，占 10.49%（见表 3-12）。从发表论文数量来看，与全国排名第一的北京相比具有较大差距，但整体情况优于河北省。由此可见，京津冀三地科技论文的产量差距较大，反映出了三地科技产出不均衡（见表 3-13）。

表3-12 2007~2016年天津科技论文发表状况统计　　　　单位：篇

年份	国内发表科技论文	SCI	EI	CPCI-S
2007	12332	2497	2536	976
2008	11509	2880	2766	1455
2009	12472	3006	2753	1540
2010	12822	3428	2924	2919
2011	12879	3634	3286	1525
2012	13679	4520	3520	2140
2013	13775	5646	4704	1543
2014	13546	6745	4958	1400
2015	13612	8107	6523	927
2016	暂无统计数据	8510	7100	1830

资料来源：历年《天津科技统计年鉴》。

表3-13 2016年京津冀地区科技论文情况统计

	北京			天津			河北		
	总额（篇）	占比（%）	全国排名	总额（篇）	占比（%）	全国排名	总额（篇）	占比（%）	全国排名
SCI	48578	48.02	1	8510	48.80	12	3723	41.47	20
EI	37223	36.79	1	7100	40.71	13	3618	40.30	19
CPCI-S	15369	15.19	1	1830	10.49	13	1636	18.22	16
合计	101170	100	1	17440	100	12	8977	100	19

资料来源：《天津科技统计年鉴2017》。

2008~2017年，天津专利申请授权量整体呈现上升趋势。总量上以实用新型专利为主，其中：2017年授权发明专利5844件，比2008年增长了262.98%；授权实用新型专利32353件，比2008年增长了7倍；授权外观设计专利3478件，比2008年增长了近2倍（见表3-14）。总体来看，2017年天津和河北三种专利授权情况与北京相比差距明显，天津在发明专利和外观设计专利方面授权数量在全国排名靠后，而实用新型专利数量在全国排名较靠前，河北在外观设计专利数量方面优于天津（见表3-15）。

表 3-14　2008~2017 年天津三种专利申请授权数　　　单位：件

年份	合计	发明	实用新型	外观设计
2008	6790	1610	4016	1164
2009	7404	1889	3988	1527
2010	11006	1930	6718	2358
2011	13982	2528	8961	2493
2012	19782	3326	13677	2779
2013	24856	3141	18759	2956
2014	26351	3279	20122	2950
2015	37342	4624	28486	4232
2016	39734	5185	31046	3503
2017	41675	5844	32353	3478

资料来源：历年《中国科技统计年鉴》。

表 3-15　2017 年京津冀三种专利申请授权比较

	北京			天津			河北		
	总数（件）	占比（%）	全国排名	总数（件）	占比（%）	全国排名	总数（件）	占比（%）	全国排名
发明	46091	43.10	1	5844	14.02	17	4927	13.94	19
实用新型	46011	43.02	5	32353	77.63	11	21841	61.79	14
外观设计	14846	13.88	6	3478	8.30	17	8580	24.27	13
合计	106948	100	4	41675	100	12	35348	100	14

资料来源：国家统计局社会科技和文化产业统计司，科学技术部战略规划司 . 中国科技统计年鉴 2018〔M〕. 北京：中国统计出版社，2018.

第四节　文化资源与特色

文化资源是一个城市与区域可持续发展的结果，同时其丰富程度和质量高低直接对当地社会经济的发展产生影响。自明代设卫以来，天津逐渐成为中国北方工商业城市，形成了漕运商业地域文化类型。自 1860 年开埠之后，近代工商业繁荣发展，近代商业海派文化以及官宦文化类型也逐渐形成。此外，历史上拱卫北京的地位，也使天津文化发展一直以来深受独特的地理位置的影响。天津文化既海纳百川，又相对保守，既朴实平民，又不失文雅，只不过由于天津老城与租界并立，天津各类型文化各自相对独立，具有拼图文化特色。天津的这些地域文化特征深刻地影响了天津社会经济的发展与行为观念的形成。

作为一座近代历史文化名城，天津具有独特的地域文化。天津文化始于元明时期，成型于近代，繁盛于今天。虽然建城历史只有 600 多年，但天津却有海纳百川、兼容并蓄的文化特点。特别是开埠通商以后，天津城市经济逐渐繁荣，多元文化开始汇集、互相碰撞融合，逐渐形成了独具特色的天津文化（王丽，2014）。

天津经济发展为其文化的繁荣奠定了深厚的基础。1949 年中华人民共和国成立以后，尤其是改革开放后，天津成为中国北方经济发展的重要引擎，是京津冀发展战略的重要节点，在漕运文化等主流文化影响下，天津文化在传承自身历史文化的基础上，又呈现出许多新的特点。实业救国、抵御外辱、救亡图存的爱国情怀鼓舞着天津人民团结奋进求发展；尊重实际、崇尚实干、讲究实效的务实作风开创了天津发展新局面；对朋友讲义、重视规则、遵守契约、言必信、行必果的诚信精神保障了商业的繁荣稳定；尊重差异、和谐共生、开放包容的文化基因让天津始终对标更高水平的发展。要推动新时期天津经济高效高质量的发展，天津人仍需不断破除小富即安、小进即满、故步自封、因循守旧的文化局限性，坚持与时俱进、勇于开拓创新，继续弘扬脚踏实地、稳中求进、实事求是的天津精神，实现又好又快发展。

一、文化地域类型

（一）漕运文化

漕运文化是主导型文化和文脉源头，对天津文化形成产生了广泛而深刻的影响。天津漕运历史悠久，可以追溯至东汉曹魏时期，在金朝时期，天津成为我国的漕运枢纽和首都门户，隋唐时期，海运漕粮逐渐兴盛。无论是海运漕粮还是河运漕粮，天津都是必经之地，天津在此期间成为漕粮北运的咽喉重地。在漕运发展过程中，形成了漕运文化。漕运文化对天津的饮食和市民行为方式等产生了深刻影响。

天津的渔盐业较发达，河海两鲜品种繁多，但因季节性强，不易保存，导致天津人吃河海产品十分讲究，春夏秋冬四季各有所偏。漕运使大批胶东人从海路来到天津，使以"河海两鲜"固有特色的"津菜"技艺大为提高。在天津，名人名居对饮食的推动格外强劲。名人来自不同地区，常会客摆宴，进而推动厨艺在比拼和吸纳中不断提高。

（二）移民与市民文化

历史上的天津具有"五方杂处"的特点，全国各地区的风俗集中于此，天津成为一个多元文化交融荟萃的城市。作为一座移民城市，天津民俗既有醇厚古朴的旧俗，又有中西荟萃的新文化；既有商业民俗的敬业精神，又有农民、渔民民俗的遗迹；既有老天津人的习俗，又有其他移民所带来的文化；既有渤海湾奇特的渔业习俗，又有天津人独特的节日习俗。

天津文化的主体和核心为市民文化，即天津文化是以市民文化为基础的多种文化组成的城市文化。津门的卫派文化则是地地道道的市井文化，此地人气旺足，人情厚重，热爱平常和现实的生活，而且有一种现代大城市少有的朴实（冯骥才，2004）。在这种民俗文化中，相声、曲艺、戏剧以及年画、砖雕、泥塑、风筝、剪纸等"津味艺术"兴盛繁荣。

（三）开放文化

天津市是中国近代接受西方文化较早的地区。在近代，随着封建文化日益衰退，西方文化逐渐渗透到中国北方。天津以开放的姿态，将中西文化很好地融合在一起，体现了天津文化的开放性与包容性。在这一时期，天津率先接受了西方优秀的科学技术知识以及先进的西方思想与理念。洋务派在天津建立试验区效仿西方以促进中国的发展，其中有著名的天津机器局、北洋大沽船坞、津沽铁路等。戊戌变法之后，天津较早接触了西方的思想和教育，当时天津的城市管理、新式教育等方面在全国都位居前列。

二、文化特征

（一）南北交融

天津文化吸纳并涵盖了南北各方的优秀文化。一方面得益于开放、交流的社会环境，另一方面也源于天津人"有容乃大"的包容性特征。漕运文化使天津文化吸收了南方文化。就清代文学创作来说，津人作品常与江浙文化、齐鲁文化相通且具河海特色，有时还显现出三晋文化、运河文化诸长，北方的粗犷、南方的细腻兼而有之。来自齐鲁大地的赵执信，其诗文深沉峭拔，反映现实，而江浙地区的袁枚，诗主性灵，逸致灵巧。两人都曾与津沽结缘。对于他们的诗论主张，津人概不排斥，而是取其所长，熔铸于自己的诗歌创作中。

（二）兼容并蓄

天津是我国较早接纳西方文化的城市。作为距离北京最近的政治避风港，许多军阀、政客、清朝遗老遗少和文人墨客常年定居在天津，在此著书立说，对社会变革等问题发表见解。许多近代著名的思想家、教育家都与天津有着不解之缘，他们一生的名望和声誉都是在天津奠定的。他们吸收了东西方文化的精华，借船出海，为我所用，由此而创出新的文化思想和学术体系。中国伟大的启蒙思想家、翻译家和学贯中西的大学问家、教育家严复与梁启超殚精竭虑地翻译西方人文社会科学的经典名著，撰写文章，以启迪国人奋起救亡图存，并汲取西方思想文化精华，提出鼓民力、开民智、新民德的变革方案，对近代中国先进文化的发展产生了极其深刻的影响。

（三）不拘一格

天津文化是充满活力与创新的文化。近代天津大胆借鉴西方文明成果而创立自身的先进文化。一百多年来，天津在中国北方得风气之先，在中国近代史上占有非常重要的地位。中国的许多"第一"，如第一条铁路、第一条电报线、第一所大学、第一列城市有轨电车等，都出现在天津。在天津还产生了中国最早的邮票和邮局、最早的自来水公司等。此外，活跃在天津的南开大学、北洋大学等名牌大学和一批具有全国影响力的中学和专科学校，以及具有海内外广泛影响力的报纸杂志，如《大公报》《益世报》等，均堪称近代天津文化的创举。天津还是中国海洋化工的诞生地。由于大胆借鉴西方文明的成果，世界上最先进的制碱方法，率先在天津研究成功并由天津走向世界。这一切产生于天津，无不是天津人义无反顾的创新观念、创新意识和创新精神所结成的硕果（章用秀，2004）。

（四）保守恋家

由于邻近北京的地理位置以及受近代开埠的影响，天津文化具有开放、包容与创新的一面，同时现代天津也存在保守恋家的"大天津情怀"，开拓冒险的商业精神有待发扬。总体上看，天津由老城区的码头商业文化与租界区的近代商业文化组成，但两者相互隔离，具有拼图文化特征。由于近代天津是中国北方重要的工商业城市，城市基础设施完善，公共服务发达，现代教育文化兴盛，加之邻近首都北京的特殊地理位置，形成了天津人保守恋家而开拓冒险商业精神不足的特征，这些特征在改革开放以来与南方沿海发达地区相比尤其突出（孟广文，2009）。

三、文化资源

天津在中国近代史上具有重要的地位，是近代许多历史事件的发生地，因此有"近代中国看天津"之说。天津人文旅游资源可以划分为纪念地、名人故居、街景、古建筑等，例如经历了多次反侵略战争的大沽口炮台、1870 年天津教案的发生地望海楼教堂、纪念抵抗八国联军入侵的义和团吕祖堂坛口遗址以及平津战役纪念馆、周恩来邓颖超纪念馆等。中国近代史上的许多著名历史人物都与天津结下了不解之缘，他们或在津从事政治、经济、文化、军事活动，或在津居住，其故居成为天津人文旅游景点的丰富资源，例如溥仪曾居住过的张园、静园以及清末清宫太监小德张和庆亲王居住过的庆王府、梁启超居住过的饮冰室、李叔同（弘一法师）故居、霍元甲故居等。这些故居是天津市人文景观中颇具吸引力的景点。

天津是近代迅速发展起来的大都市，中西文化交汇，城市风光多种风格共存，城市建设打上了浓重的历史烙印。天津有"万国建筑博览会"之称。自改革开放以来，天津社会经济与文化发展迅速，各类型产业园区不断涌现，新业态和新的生活方式日新月异，创新环境与创新力不断完善与提高，滨海新区成为新的经济与文化中心，以海河为轴线的城市建设凸显出传统与现代相融合的现代大城市的文化景观，天津已经成为中国北方重要的现代化港口城市与创新中心。

参考文献

［1］Ray M. Northam. Urban geography［M］. New York：John Wiley & Sons，1979.

［2］北京市统计局，国家统计局北京调查总队. 北京统计年鉴 2020［M］. 北京：中国统计出版社，2020.

［3］冯骥才，等. 记忆天津：2004 天津建城 600 年［M］. 杭州：浙江摄影出版

社，2004.

　　［4］国家统计局．中国统计年鉴 2020［M］．北京：中国统计出版社，2020.

　　［5］国家统计局社会科技和文化产业统计司，科学技术部战略规划司．中国科技统计年鉴 2020［M］．北京：中国统计出版社，2020.

　　［6］李凤会．天津城市空间结构演化探析［D］．天津：天津大学硕士学位论文，2007.

　　［7］孟广文，王卓，柳海岩，秦楠．东丽湖民俗公园规划建设研究［J］．城市，2009（3）：30-36.

　　［8］上海市统计局，国家统计局上海调查总队．上海统计年鉴 2020［M］．北京：中国统计出版社，2020.

　　［9］谭汝为．天津漕运文化概说［J］．天津市社会主义学院学报，2014（4）：53-57.

　　［10］天津统计局，国家统计局天津调查总队．天津统计年鉴 2020［M］．北京：中国统计出版社，2020.

　　［11］王丽．天津文化研究综述［J］．理论界，2014（5）：38-40.

　　［12］章用秀．天津文化及其思想精华［J］．天津行政学院学报，2004（4）：66-70.

　　［13］中国社会科学院经济研究所．现代经济词典［M］．南京：凤凰出版社，江苏人民出版社，2005.

　　［14］重庆市统计局，国家统计局重庆调查总队．重庆统计年鉴 2020［M］．北京：中国统计出版社，2020.

　　［15］周一星．城市地理学［M］．北京：商务印书馆，1995.

第四章 基础与公共服务设施

　　城市基础设施是城市赖以生存和发展的基础，是产生城市集聚效应的决定性因素。从城市建设的角度看，城市基础设施主要包括交通、供排水、能源、邮电、环保、园林、防灾等设施，而公共服务设施主要包括行政办公、教育科研、医疗卫生、体育、文化娱乐、商业金融、社会福利等各类为城市生活服务的设施。天津市的基础设施与公共服务设施建设是在天津社会、经济和城市发展建设过程中逐步建设完善起来的。由于不同时期城市基础设施和公共服务设施建设的外部环境、内部指导思想以及需求的侧重点有所不同，基础设施、公共服务设施在不同时期的建设重点、完善程度也不尽相同。

　　中华人民共和国成立后，特别是改革开放后，天津从城市全局出发，统一进行城市总体规划和基础设施建设，城市基础设施和公共服务设施随着城市的发展规划得到了大规模建设、完善和优化。基础设施方面主要体现在高速铁路和地铁通车里程迅速增加，高速公路四通八达，4G、5G 网络逐渐全覆盖，供水、供气、给排水日益完善；公共服务方面主要体现在政府服务效率提高，中小学与大学教育水平与设施日益提高，医疗卫生规模与服务水平日益完善，文化与体育事业也得到了较快发展。天津日益成为一座宜居的现代化国际港口城市。

　　天津铁路规划将铁路丁字形枢纽改变为环形枢纽。修建南仓至北塘的北环复线、南仓至曹庄的西北环线，同时自北塘西经二道闸西侧跨海河与李港地方铁路相连建东南环线；此线由官港经歧口、黄骅至沧州冯口与津浦线接通，形成了天津地区的铁路枢纽环线。站场方面，新建北塘西编组站并修建进港联络线，扩建南仓编组站；东站为天津客运总站，废除下九股编组站；西站主要承担津浦客运，北站为辅助客运站；开设大毕庄、汉沟、芦北口等大型综合性货场，南仓站设中转零担货场，预留张贵庄、陈塘庄、军粮城、万家码头等货场发展用地。在山岭子、汉沟、芦北口设危险品货场，逐步迁出位于市区的东货场、西货场、南货场、西沽货场、西站南货场，以及中山门、张贵庄危险品货场。规划修建津蓟复线，远期延伸至兴隆与京通（辽）线接通；修建津保线并延伸至大同；大秦（大同至秦皇岛）线从蓟县北部经过；预留北京至天津的京津客车线用地。①

中华人民共和国成立以来，经过多次规划与历年建设，已形成咸阳路、纪庄子、双林、张贵庄、赵沽里、北仓六大排水系统，城市污水分别流经大沽排水河、北塘排水河和永定新河排入渤海。六大排水系统总面积 171.46 平方千米，其中雨污分流地区 133.46 平方千米，雨污合流地区 38 平方千米。到 1984 年底，市区共有下水道 1162.80 千米，其中污水管道 354.60 千米，雨水管道 325.50 千米，合流管道 471.90 千米。排水泵站 87 座，其中污水泵站 21 座，雨水泵站 39 座，合流泵站 27 座。设备排水总能力 364.3 立方米/秒。

第一节　基础设施建设与布局

一、城市道路交通系统建设

经过多年的交通设施规划建设，天津的交通已形成铁路、公路、水路、航空、管道五种运输方式，构成对外四通八达，城区内出行方式多样，便捷舒适，主城区与各区县有交通相通的运输网络。

天津位于京沪铁路、津山铁路两大传统铁路干线的交汇处，是京沪高速铁路、京津城际铁路、津秦客运专线、津保客运专线等高速铁路交汇处，是北京通往东北和上海方向的铁路枢纽。根据 2017 年发布的《天津市第一次全国地理国情普查公报》可知，全市铁路总长度 1036.57 千米。从地区分布看，外围五区铁路累计长度最长，达 375.44 千米；市内六区铁路密度最大，达 3695.66 千米/万平方千米。②

---

① 天津城市规划志编委会. 天津城市规划志 [M]. 天津：天津科学技术出版社，1994.
② 天津市第一次全国地理国情普查领导小组办公室. 天津市第一次全国地理国情普查公报 [R]. 2017.

2020 年，全市公路里程 16411.02 千米，其中高速公路 1324.79 千米。[①] 天津公路网已形成以国道和部分市级干线为骨架，以放射状公路为主的网络系统，并以外环线沟通各条放射公路之间的联系。通过天津的国道主干线有京津塘高速公路、京福公路、拉丹高速公路和拉丹高速公路津唐支线；国道有京哈、京塘、津同、津榆、山广等公路；市级干线有津围、津北、津沽、津岐、津汉、津静、金钟津霸、津永、津扬、津涞、津港等公路；此外，还有津滨、海滨大道、津蓟、津晋、津仓等高速。

天津市共有四个机场，分别是天津滨海国际机场、天津塘沽机场、武清杨村机场和天津滨海东方通用航空机场。其中，天津滨海国际机场是天津市最大的民用航空机场，前身为天津张贵庄机场，2007 年完成一期扩建工程，2014 年 8 月完成二期扩建工程，拥有 T1 和 T2 航站楼。2019 年，天津机场旅客吞吐量达 2381.4 万人次；在津运营客货运航班的中外航空公司 59 家，运营航线 281 条，通航城市 167 个。目前，天津机场正在加紧推进三期改扩建工程，三期建设工程将按照满足 2030 年旅客吞吐量 5500 万人次、货邮吞吐量 100 万吨的目标，新建 40 万平方米的 3 号航站楼，并在现有停车场基础上新建一座停车楼，延长东跑道及平行滑行道等。届时，京滨铁路、京津城际机场线及地铁 Z2 线、M2 线东延、Z1 支线等 5 条轨道交通将在天津机场汇集，机场和轨道交通可实现无缝接驳（见图 4-1 和图 4-2）。[②]

天津港既是我国最大的人工港，也是中国北方第一个亿吨大港，坐落于天津滨海新区，是京津冀的海上门户，是中蒙俄经济走廊东部起点、新亚欧大陆桥重要节点、21 世纪海上丝绸之路战略支点。2018 年，天津港完成货物吞吐量 42866 万吨，完成散杂货吞吐量 25558 万吨，完成集装箱吞吐量 1597 万 TEU。[③] 2018 年，天津港集装箱吞吐量列全球第 9 位。[④] 2020 年，天津港集装箱吞吐量完成 1835 万标准箱，同比增长 6.1%，创出年度集装箱吞吐量历史新高。

① 天津市统计局.2020 年天津市国民经济和社会发展统计公报［R］.2020.
② 5 条轨道交通汇集 2030 年天津机场可满足旅客吞吐量 5500 万人次目标［EB/OL］.（2020-08-02）［2020-12-20］.http：//city.zgswcn.com/24xiaoshi/23141.html.
③ 天津港股份有限公司.天津港 2018 年年度报告［R］.2018.
④ 2018 年全球港口集装箱吞吐量 120 强排名［EB/OL］.（2019-04-15）［2020-12-20］.http：//www.ship.sh/news_detail.php？nid=34671.

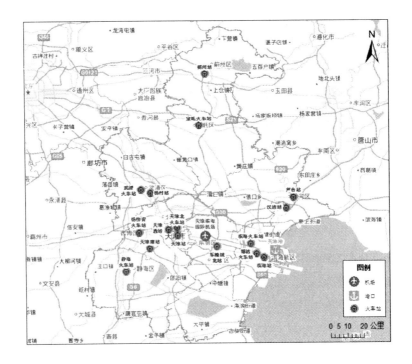

图 4-1　天津市对外交通设施分布示意图

资料来源：参考天地图 https：//www.tianditu.gov.cn/，审图号：GS（2023）336 号。

2018 年，天津市公共交通客运总量为 15.05 亿人次，轨道交通运营线路长度为 226.9 千米，其中地铁 166.7 千米，轻轨 52.3 千米，现代有轨电车 7.9 千米。自 1984 年天津市第一条地铁通车，天津市已经通车的地铁共计 6 条，分别为 1 号线、2 号线、3 号线、5 号线、6 号线以及轻轨 9 号线，日均客运量约 146.2 万人次。2020 年，全市公交线路达到 1002 条，公交运营车辆 12409 辆（见图 4-3）。①

二、城市给排水系统建设

改革开放以后，天津的供水水源保障和供水能力得到了进一步的改善和提高。城镇供水水源以本地水源为基础，以引滦、引黄、引江等外调水为补充，积极推进中水回用和海水综合利用，限制高耗水工业，严格控制地下水开采，

---

① 天津市统计局.2020 年天津市国民经济和社会发展统计公报［R］.2020.

实现了水资源利用先生活再生产和生态保护的优化配置。新建、扩建、改建了一批自来水厂，到 2020 年中心城区水厂供水能力将达到 569.30 万立方米/日。

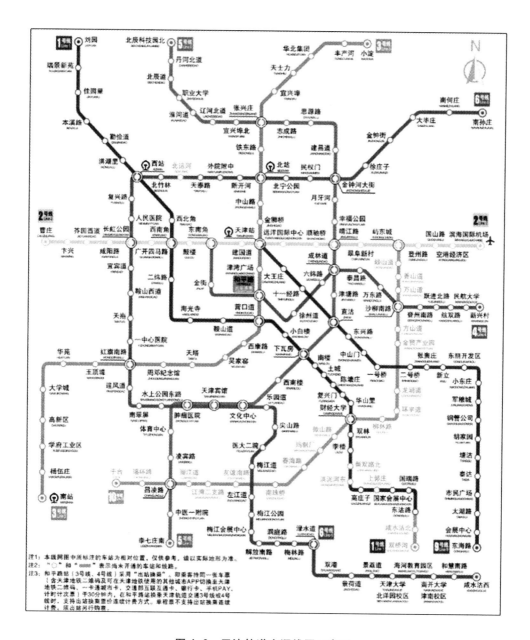

图 4-2 天津轨道交通线网示意图

资料来源：http://www.tjgdjt.com/yunying/content_2237.htm.

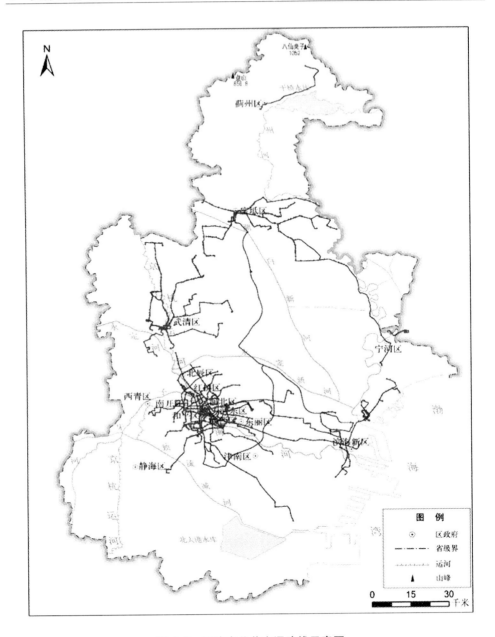

图 4-3 天津市公共交通路线示意图

资料来源：参考自然资源部标准地图，审图号：GS（2019）3333 号。

1983 年引滦入津工程通水后（见图 4-4），天津有了稳定的外调水源，可基本解决近期城市用水。到 2000 年，市区和塘沽区生活用水标准按 300 升/（人·日）计，其他城镇按 200 升/（人·日）计，生活用水量约为 6.63 亿立方米；工业用水量按万元产值用水量 160 立方米计，约为 15.20 亿立方米（不包括商品菜田用水和农业用水）。①

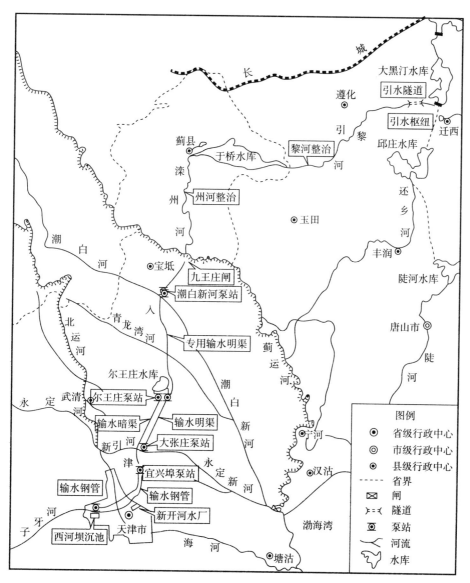

图 4-4　引滦入津工程示意图

资料来源：天津水务集团. 原水业务［EB/OL］.［2020-03-18］. http://www.tjwatergroup.com/pages/qt/ysyw.html? mid = 221&fmid = 22&ymid = 2.

①　天津城市规划志编委会. 天津城市规划志［M］. 天津：天津科学技术出版社，1994.

1984 年底市区有水厂 3 座,日产水能力 84.50 吨,其中芥园水厂 50 万吨/日,凌庄子水厂 33 万吨/日,马庄水厂 1.50 万吨/日。实际售水中,工业用水占 53.50%,生活用水占 46.50%。市区管网总长 2446.70 千米,供水面积 284 平方千米。① 根据《天津市城市供水规划(2011—2020)》,城镇供水普及率达到 100%。

排水体制采用雨污分流制,逐步改造现有合流制排水设施。规划建设高标准的城市雨污收集、排放、处理系统,建设污水处理回用工程,建设生态城市。2017 年,全市已运行城镇污水处理厂 71 座,总处理规模为 309.03 万立方米/日,全年污水处理量 10.097 亿立方米,城镇污水集中处理率达到 93.5%。②

三、城市电力系统建设

保障城市有充足电力供应和布局合理供电电网是城镇电力基础设施建设的努力方向。改革开放以后,天津的经济发展进入了快速增长期,人口也不断增加,对供电能力和供电稳定性都提出了更高的要求。为保障电力供应,天津在数次规划中都编制了电源规划和电网专项规划。为保障电源供给,确定了必须坚持本地建电厂为主,外网受电为主要外充的方针。目标是完善电网主网结构,建成多端受电、多电源支撑、结构科学合理、安全可靠、自动化程度较高的现代化城市电网。各级电网协调发展,确保电力受得进、送得出、落得下。保证经济发展对用电的需求,满足城市建设可持续发展的总体要求。城市供电可靠率 99.99%,达到国际一流供电标准。

天津市电厂建设的总体格局是:东、南、西、北、中全方位合理布局,大型骨干电厂和热电厂联产的中小型热电厂同时并举建设。中心城区新建、扩建热电厂考虑采用燃气、蒸汽联合循环机组。中心城区正扩建大港电厂、陈唐庄热电厂、杨柳青热电厂、军粮城热电厂、北疆电厂、大港电厂、东北郊热电厂、南疆热电厂、西南郊热电厂等,新增装机容量 9260 兆瓦。区县地区将新建桃花寺电厂,改造盘山电厂,新增装机容量 1800 兆瓦。2020 年,天津本地供电装机规模达到 17573.5 兆瓦。

---

① 天津城市规划志编委会.天津城市规划志 [M].天津:天津科学技术出版社,1994.
② 天津市水务局.2017 年天津市水资源公报 [R].2018.

天津电网建设重点是尽早建成 500 千伏电网，规划新建、扩建、改建一批 500 千伏变电站，同时将西北电力通过直流引入天津，新建 500 千伏西北直流换流站。在中心城区和滨海新区供电范围内形成 500 千伏双环网，并在北部地区形成 500 千伏双环网。提高天津电网整体的受电能力和整体安全稳定水平。2020 年，以后规划建设 3 座 500 千伏变电站和 1 座 1000 千伏特高压变电站，以满足远景年售电需求。

四、城市燃气系统建设

天津市 20 世纪 60 年代开始供应液化石油气，70 年代开始供应天然气，80 年代实施了三年（1985~1987 年）煤气化工程，相继建成了第一煤制气厂和第二煤制气厂，产气规模达 62.21 万立方米/日。改革开放以后，天津的燃气事业得到了相对快速、市场化的发展。天津市是目前全国唯一拥有四个天然气源（渤海天然气、大港天然气、华北天然气、陕甘宁天然气）的城市，实现了多气源、多种供气渠道的格局，形成了充足的气源储备。另外，天津市还是华北地区液化石油气资源的供应基地和气源集散地。

天津市已形成以煤制气、天然气、液化石油气为气源的城市燃气供应系统。其中总供气量分别为煤制气 2.27 亿立方米/年，天然气 1.71 亿立方米/年，液化石油气 8.50 万吨/年。中心城区民用气化率达 87.07%，滨海新区达 40.17%。1995 年，以后由于天津市的天然气气源供应得到了保证，天然气逐渐成为居民用气的主要气源，煤制气逐渐转为工业用气，石油液化气供应逐渐转向农村。2015 年，全市天然气年用气量达 50 亿立方米，其中居民用气量 4.80 亿立方米，商业用气量 4.70 亿立方米，工业用气量 14.80 亿立方米，天然气汽车用气量 2.20 亿立方米，采暖用气量 7.90 亿立方米，发电用气量 15.60 亿立方米，天然气占一次能源消费总量的比例约为 10.10%。天然气用户达到 371 万户，其中居民用户总数为 367 万户，工商业用户总数为 4.30 万户。[①]

五、城市供热系统建设

天津市集中供热的发展始于 1980 年。供热范围包括中心城区、滨海新区、

---

① 天津市发展和改革委员会. 天津市燃气发展"十三五"规划［R］. 2017.

外围组团、区县新城四个区域。供热热源形式为热电厂、锅炉房、地热工业余热等。截至 2015 年底,全市集中供热面积 3.73 亿平方米,集中供热普及率 91.00%。①

中心城区热源发展以热电联产为主,集中锅炉房为补充,同时注意开发地热、低温核供热,并大力发展清洁能源供热。滨海新区热源以热电联产为主,集中锅炉房、工业余热、地热、天然气供热热源为补充。

六、城镇信息基础设施建设

改革开放以后,天津市的城镇信息基础设施建设(包括邮政工程、电信设施、广播电视设施等)进入了快速发展时期。到 2017 年底,全市邮政业拥有各类营业场所 2084 处,设在农村的有 411 处。全市拥有邮政邮筒(箱)3214 个,比上年末减少 264 个。全市拥有邮政报刊亭 286 处,比上年末减少 85 处。全市邮政业拥有各类汽车 5340 辆,其中快递服务汽车 3733 辆,比上年末增长 2.95%。快递服务企业拥有计算机 7455 台,比上年末增长 23.67%;拥有手持终端 22274 台,比上年末增长 56.88%。②

2020 年,全市已实现光纤到户全覆盖,宽带互联网家庭普及率达 95% 以上,其中城市家庭光纤宽带普及率达 90% 以上,农村家庭光纤宽带普及率达 80% 以上。移动宽带上网用户普及率达 85% 以上,其中 4G 移动宽带通信用户普及率达 80% 以上,三网融合业务家庭普及率达 50% 以上。城乡家庭固定宽带网络接入能力达 1000Mbps,宽带用户平均接入速率超 100Mbps,重点企事业单位宽带接入能力最高达 100Gbps 以上;4G 移动宽带下载速率达 28.30Mbit/s,固定宽带下载速率达 42.76Mbit/s,4G 移动宽带、固定宽带下载速率双双跃居全国第三位。③

七、城市环卫系统建设

天津市环境卫生设施建设一直受到各方面的重视。截至 2016 年,天津市建成并投入运行的生活垃圾无害化处理设施共计 10 座,设计总处理能力 10900 吨/日,城市生活垃圾无害化处理率达 92.95%,实现了全市垃圾处理设施全覆盖。

① 天津市发展和改革委员会.天津市供热发展"十三五"规划［R］.2017.
② 天津市邮政管理局.2017 年天津市邮政业发展统计公报［R］.2017.
③ 天津市工业和信息化局.天津市智慧城市建设"十三五"规划［R］.2016.

天津中新生态城拥有目前国内最大的垃圾气力输送系统，居民将垃圾通过垃圾投放端口进行投放，经过气力输送管道进入处理端，可以有效地避免传统垃圾收集以及运输过程中造成的二次污染等问题。中新生态城采用的垃圾处理系统主要有垃圾智能分类系统、垃圾气力回收系统等。在中新生态城，所有的居民垃圾按照属性被分成可回收垃圾、厨余垃圾、大件垃圾等五类，可回收垃圾又被粗分成塑料、瓶罐、玻璃、纸张等。可回收和大件垃圾采用的是垃圾智能分类系统；不可回收垃圾和厨余垃圾，通过管道化的方式输入垃圾收集站，厨余垃圾就地做一些肥料或者沼气，不可回收垃圾通过卡车直接送到垃圾焚烧厂（曹璐茜，2019）。

第二节　公共服务设施规划建设与布局

公共服务设施直接影响着城市居民的生活质量，改革开放以来，随着社会经济的快速发展，政府职能的转变，对公共服务设施规划的重要性认识不断加深，天津市的公共服务设施建设水平和布局科学性都在逐步提升。

一、公共管理与商业服务设施建设

随着市场经济的发展，各级政府将适宜发展商服区的行政办公设施置换出来发展商服业，优化城市整体布局。例如，曾位于和平区解放路金融商业中心的天津市委和市政府搬迁到河西区友谊路旁的天津宾馆，为和平区商业金融业发展提供了新空间。未来在中心城区和滨海新区核心区之间预留市级行政办公中心用地。

1978 年以后为大力发展第三产业，1982 年和 1983 年两年建立商业网点2000 个，并于 1984 年建成食品街，1985 年建成古文化街和国际商场，1986 年建成旅游街，1987 年建成服装街（服装展销中心）。此外，结合全市整体布局将和平路、劝业场一带建设为全市性商业服务中心，地区性商业中心主要有小白楼、黄家花园、河北大街、郭庄子、佟楼、中山路等。

天津市的商业金融设施逐步得到了发展和提升，形成了解放路金融一条街，滨海新区形成了塘沽解放路商业中心。目前中心城区重点建设海河两岸地区，提升城市商业、金融等功能，规划近期建设中心商务区，建设五处区级商业中心。滨海新区核心区建设滨海中心商务商业区。

二、文化服务设施建设

改革开放以来，天津逐步扩大公共文化设施覆盖范围，完善文化设施层级结构，提升城乡公共文化设施标准和水平，加强公共文化设施服务能力，为提高区域文化影响力和满足群众文化需求提供载体。截至 2017 年，天津共有各类文化娱乐机构 744 个，其中艺术机构 72 个、电影院 285 个、公共图书馆 32 个、档案机构 266 个、群众文化活动中心 19 个、文物保护单位 8 个、博物馆 62 个。①

根据《天津市文化设施布局规划（2015—2030 年）》，天津市将构建涵盖两大系列、九大类别、五个层次的文化设施服务新体系。市域范围内规划国家级公共文化设施 2 处，分别为国家海洋博物馆和国家职业教育发展博物馆，总建筑面积 16.70 万平方米；市域范围内规划市级公共文化服务设施 55 处，总建筑面积 81.50 万平方米，主要分布在中心城市和滨海新区；市域范围内规划区县公共文化设施 188 处。到规划期末，天津市文化设施用地千人指标达到 800 平方米/千人，跻身国内主要城市文化发展领先水平。

三、体育服务设施建设

天津市各区县都设有大型体育设施，各大专院校、中学、大型企业都设有一定数量的体育场馆，社区也建设了一定数量的体育、健身设施，各大公园也已免费开放，为市民提供了越来越多的健身场所。近年来，天津建成了奥林匹克体育中心，在滨海新区建设了大型体育文化中心，完善和扩建了原有运动场、体育馆、游泳馆、网球场等体育场所。

结合天津市社会经济发展水平，《天津市公共体育设施布局规划（2016—2030 年）》对天津市公共体育设施布局规划目标定位为：优化调整公共体育设施空间布局，健全城乡体育设施服务体系，整体提升体育服务能力和水平，形成以区域、城市级体育中心为龙头、以城区级、社区、市镇级体育中心为主体、以小区级、教育系统和商业经营性体育设施为基础的体育设施服务体系，满足

---

① 天津市统计局，国家统计局天津调查总队．天津统计年鉴［M］．北京：中国统计出版社，2018.

城乡居民多样化、多层次的需求，使天津市具备举办大型国际性综合赛事的能力和服务于全民健身，为全面建立健全覆盖城乡的基本公共体育服务制度奠定基础。到 2030 年，基本建成覆盖城乡、方便快捷、层次分明、布局合理的全市公共体育设施布局体系；充实、完善、提升区域级、城市级、城区级、社区、市镇级、小区级五级公共体育设施网络；全市公共体育设施覆盖率达到 100%，人均公共体育用地面积达到 0.55~0.79 平方米；形成居民市区 10 分钟体育生活圈和农村 30 分钟体育生活圈。

四、医疗卫生服务设施建设

经过长期发展，天津市已经建立了覆盖城乡、比较完善的医疗卫生服务体系。截至 2017 年底，全市共有医疗卫生机构 5538 个，其中医院 426 个，基层医疗卫生机构 4959 个，专业公共卫生机构 97 个；全市床位总量达 6.8 万张，其中医院床位 6.01 万张；全市共有卫生技术人员 10.09 万人；全市每千人口拥有医院床位 3.86 张、卫生技术人员 6.47 人；全市医疗卫生机构总诊疗人次为 2.21 亿人次，住院人数为 158 万人，医院病床使用率为 73%。

根据《天津市医疗卫生机构布局规划（2015—2030 年）》，在医疗设施布局上，全市医疗卫生机构空间布局在总体上规划为"双聚、双拓、多中心"格局，即保持中心城区和滨海新区核心区医疗卫生资源的优势，成为全市医疗卫生资源聚集区；在静海团泊湖、滨海新区北部旅游区分别建设健康产业园和国际医学城，作为全市医疗卫生资源的拓展区；在外围区县城区和新城分别建立医疗卫生服务区县域中心，辐射带动本区县域医疗卫生服务机构，形成外围多中心服务网络。规划建设 5 个市级医学中心，9 个市级区域医疗中心，9 个市级专科诊疗中心；明确医疗卫生机构资源总量规模，到 2020 年、2030 年全市病床总规模分别约为 9.4 万张和 12 万张，全市每千常住人口拥有床位数分别为 5.2 张和 5.8 张。规划 8 个市级专科特色的优势医院。把天津市建设成为北方医疗中心和卫生健康城市。

五、教育服务设施建设

天津市的教育科研设施围绕着天津市教育科研事业发展目标开展建设和调整布局，努力形成高等教育、职业教育、普通教育相结合的教育体系。截至

2017 年底，天津市共有 1518 所学校，其中高等学校 57 所，中等学校 604 所，小学 857 所，毕业生数 410 万，教职工数 156.79 万，其中专任教师 124.84 万。改革开放 40 多年来，天津民办教育从无到有，从小到大，办学行为不断规范，办学质量不断提高，逐步成为教育事业的重要组成部分，满足了人民群众对不同层次教育的需求，现有民办学校 1306 所，其中民办高校 12 所。

此外，以天津大学、南开大学为基础，形成全市的高教科研中心。结合高新技术产业园区和经济技术开发区建设，安排引进高端的科研机构。在卫南洼风景区东和大南河安排中专、技校用地。在市中心区规划建设大型图书馆、展览馆、博物馆、艺术馆、科学宫、大剧院、新闻中心等市级文化设施。各区、县也相应地安排文化馆、地区性图书馆、俱乐部、青少年宫等文化设施。配套建设了一批市、区、县综合性医院，建设了一批设备完善、技术先进的专科医院、卫生防疫医院、为社区服务的街卫生院。全市规划建设了一批大型体育场、馆以及游泳馆等，建设了韩家墅航空俱乐部，在塘沽开辟了航海俱乐部。各区县也逐渐配套了必要的体育设施。①

根据《天津市教育设施布局规划（2018—2035 年）》，到 2035 年，全市基础教育学位达到约 279 万个，满足全市常住人口适龄儿童少年的入学需求；重点在滨海新区、宁河京津合作示范区、武清区西北部等地区预留高等教育办学空间，引进国内外优质教育资源，形成多个高等教育聚集区；优化职业院校布局，形成"一园"（海河教育园区）、"两区"（中心城区职业教育聚集区和滨海新区职业教育聚集区）、"多点"（依托多个辅城规划建设的职业教育设施）的职业教育空间布局总体结构；整合继续教育资源，提升特殊教育学校办学条件，完善其他类型教育设施布局。

参考文献

［1］曹璐茜，段翌晨. 关于天津中新生态城垃圾处理方式的分析——以垃圾处理模式为例［J］. 产业创新研究，2019（12）：24+268.

［2］程强. 清末民初天津公共图书馆的创办与发展研究［D］. 天津：天津师范大学硕士学位论文，2016.

---

① 天津城市规划志编委会. 天津城市规划志［M］. 天津：天津科学技术出版社，1994.

［3］韩冬．租界与近代天津基础设施建设的特点与社会影响（1860—1937）［J］．历史教学（下半月刊），2015（1）：67-72.

［4］天津城市规划志编委会．天津城市规划志［M］．天津：天津科学技术出版社，1994.

［5］天津港股份有限公司．天津港2018年年度报告［R］．2018.

［6］天津市发展和改革委员会．天津市供热发展"十三五"规划［R］．2017.

［7］天津市工业和信息化局．天津市智慧城市建设"十三五"规划［R］．2016.

［8］天津市水务局．2017年天津市水资源公报［R］．2018.

［9］天津市统计局，国家统计局天津调查总队．天津统计年鉴2018［M］．北京：中国统计出版社，2018.

［10］天津市统计局．2020年天津市国民经济和社会发展统计公报［R］．2020.

［11］天津市邮政管理局．2017年天津市邮政业发展统计公报［R］．2017.

［12］张艳玲．民国天津公共卫生宣传教育研究（1928—1949）［D］．保定：河北大学硕士学位论文，2018.

第五章　经济发展与布局

作为中国近代工业发祥地之一和国际港口城市，天津曾经是中国的北方经济中心和重要的工商业城市，在中国近代经济发展历史中占据着重要历史地位。自1949年中华人民共和国成立以来，特别是改革开放以来，天津经济发展经历了不同的发展阶段，在中国经济发展格局中的地位几经变化，呈现出不同的特征。本章将重点讨论天津不同经济发展阶段，特别是"十一五"以来的经济规模与发展速度、投资、消费与进出口、产业结构、空间差异与布局特征。

第一节　经济发展基本特征

天津经济发展特征分析需追溯天津经济发展历史过程以及影响因素，并按照内外部主导因素划分天津经济发展阶段，分析各阶段天津经济发展速度、规模、效益、结构、空间布局以及影响因素。本节将重点分析天津经济发展规模、速度以及投资、消费与出口要素对天津经济发展的推动作用，并进一步探讨新形势下推动天津经济增长的新动力。

一、经济发展阶段与特征

依据1949~2019年天津GDP和GDP增速变化曲线可知，天津国民经济发展规模、速度与效率经历了一个长时间波动性缓慢增长到快速增长，最后又归于平稳增长的历程（见图5-1和图5-2）。考虑到这一时段国内外政治经济发展背景以及天津自身政治经济发展政策变化，天津经济发展历程可以划分为四个阶段，即1949~1977年经济波动性起步增长阶段，1978~1994年经济波动性中速增长阶段，1995~2008年经济高速增长阶段以及2009年至今经济降速增长阶段。

（1）1949~1977年，天津经济发展剧烈波动，但增长缓慢。天津GDP由1949年的4.07亿元增长到1977年的65.25亿元，年增长率由1953年的12.2%下降至1977年的-5.90%，期间增长率变化巨大，1962年年增长率最低达-35.90%。人均GDP由1950年的188元增长到1977年的938元，但GDP和人均GDP占全国比重波动性下降，分别由1953年的2.13倍和2.77倍下降到1977年的2.01倍和2.73倍。

（2）1978~1994年，天津经济发展表现为波动性中速增长。这一阶段，天津现代化基础设施建设开始起步，各类型经济技术开发区和保税区得以建立（1984~1992年），经济规模由停滞不前开始中速增长。GDP由1978年的67.73亿元增长到1994年的538.94亿元，年增长率由1978年的3.60%增长到1994年的12.10%，最高的1979年达20.90%。人均GDP也由1978年的1133元增长到1994年的7751元，但GDP和人均GDP占全国比重快速下降，分别由1978年的2.25倍和2.94倍下降到1994年的1.51倍和1.90倍。这表明改革开放以来，天津经济发展速度快、效益高。

（3）1995~2008年，天津经济发展进入高速发展阶段。这一阶段，天津滨海新区开发开放纳入国家战略，各类型产业园区进入快速发展时期。GDP由1995年的732.89亿元增长到2008年的6354.38亿元，年增长率由14.3%增长到15.5%，维持着较高的发展速度。人均GDP也由1995年的9769元增长到2007年的46122元，而且GDP和人均GDP占全国比重也开始平缓提高，分别由1995年的1.52倍和1.92倍上升到2007年的1.87倍和2.25倍。

（4）2009年至今，天津经济进入降速发展阶段，经济增长下行压力初现。这一阶段，结合滨海新区深化与扩大开发开放，天津综合实施五大战略，制定空间发展战略，建立自由贸易试验区，经济规模得以继续稳定增长，但增长速度开始放缓。2009~2019年，天津GDP由6354.38亿元增长到14104.28亿元，但年增长率却由16.5%下降至4.8%；人均GDP也由2009年的62574元增长到2019年的90306元，但GDP和人均GDP占全国比重重新开始下降，分别由2009年的2.16倍和2.39倍下降到2019年的1.42倍和1.27倍（见图5-1和图5-2）。天津经济发展进入新常态，未来面临着加大创新驱动、实现经济增长转型的压力。

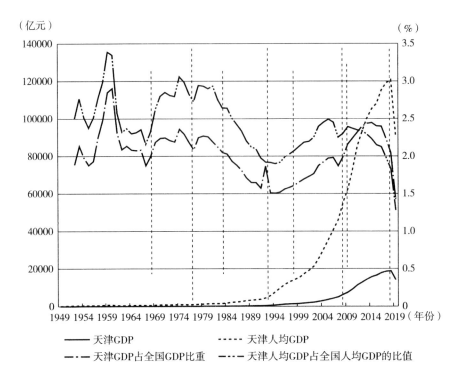

（亿元）　　　　　　　　　　　　　　　　　　　　　　　　　　　　（%）

1949 1954 1959 1964 1969 1974 1979 1984 1989 1994 1999 2004 2009 2014 2019（年份）

—— 天津GDP　　　　　　　　　　　······· 天津人均GDP

—·—· 天津GDP占全国GDP比重　　　---- 天津人均GDP占全国人均GDP的比值

图5-1　1949～2019年天津国民经济发展趋势与阶段

注：本图4项指标，其中两项绝对数据，两项相对数据，共用右侧无量纲绝对数字纵轴和左侧无量纲
相对数字纵轴。图例中4个指标由于带有量纲可以一一对应两个纵坐标刻度。

资料来源：历年《天津统计年鉴》。

二、经济发展规模与速度

天津 GDP 由 1949 年的 4.07 亿元增加到 2008 年的 6354.38 亿元，按可比价
格计算，增长了将近 400 倍，年均递增 12.46%。自 1949 年开始，天津经济增速
总体上高于全国平均水平，特别是改革开放以来，天津落实滨海新区开发开放
国家重大战略决策，开拓创新，逐步形成了一条符合天津国际港口大都市特点
的发展新路。

天津人均 GDP 一直领先于全国 GDP，2008 年约达全国 GDP 的 2.36 倍，居
全国各省（自治区、直辖市）第三位，这说明天津经济在全国占领先水平。
1993 年天津人均 GDP 突破 1000 美元，根据世界银行划分标准，已达到中下等

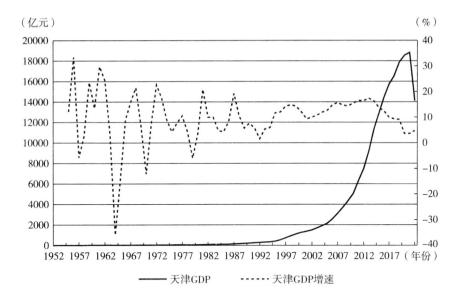

图 5-2 1952~2019 年天津 GDP 与 GDP 增速

资料来源: 历年《天津统计年鉴》。

收入国家（地区）发展水平；2003 年超过 3000 美元，相当于上中等收入国家（地区）发展水平；2008 年达到 7987 美元，成为全国继北京、上海之后第三个人均 GDP 突破 7000 美元的国家。

从 GDP 的增速上来看，天津经济在 1952~2008 年平均增速为 12.46%，基本保持两位数的增长，与全国 GDP 增速趋势保持一致。具体而言，1949~1977年，天津 GDP 增长速度和全国大体一致，有增有涨。1978~1994 年，天津 GDP 增速总体上滞后于全国增速，主要是因为东南沿海地区经济特区、开发区、区域开发开放走在了天津的前面，而天津是改革开放才刚刚起步。1995~2008 年，天津 GDP 增速总体上高于全国，这主要是因为天津市加大了对外开放水平，尤其是天津滨海新区开发开放为天津经济发展注入了新的活力（见图 5-3）。

随着改革开放和市场化进程不断推进，天津滨海新区被纳入国家经济发展战略，"十一五"时期以来天津市的经济增长及产业结构升级都取得了瞩目的发展成就。截至 2016 年，天津 GDP 增长速度远远超过了全国的平均水平，以年均 13.76% 的速度快速增长，高出全国（9.34%）4.42 个百分点，成为拉动京津冀地区乃至全国经济增长的重要力量。具体来看，2006 年天津 GDP 总额达到

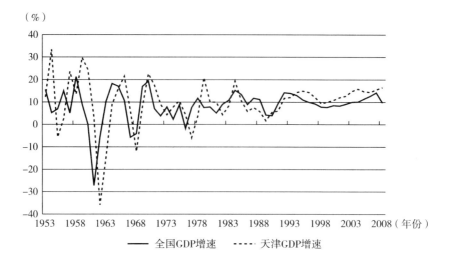

图 5-3 天津和全国生产总值增速比较

资料来源：历年《天津统计年鉴》、国家统计局官方网站。

4462.74 亿元，同期全国 GDP 总额为 219438.50 亿元，天津在全国排名第 21 位。而且，值得注意的是，2007 年底全球爆发金融危机之后，天津经济增长似乎并未遭遇明显冲击，2008 年、2009 年和 2010 年连续三年天津 GDP 增长率不断提高，分别达到 16.50%、16.50% 和 17.40%，而同期全国的 GDP 增长率从 2007 年的 14.00% 突然下跌到 2008 年、2009 年和 2010 年的 9.70%、9.40% 和 10.60%。由于滨海新区开发开放，在全球金融危机之后天津经济呈现出了不俗的增长态势。

然而，由于国际经济持续低迷，天津这种高速增长的发展态势并未持续。2010 年以后，天津经济增长速度开始放缓。尽管 2013 年的"一带一路"倡议和 2015 年天津自贸区的建设明显拉动了天津市对外贸易的发展和市场化改革，但 2016 年以后天津经济增长疲软显现。天津 GDP 增长率由 2016 年的 9% 下滑至 2017 年的 3.60%（见图 5-4）。

三、经济增长三要素

根据国民经济核算基本理论，一个地区的经济增长是"三驾马车"共同作用的结果，即最终消费、投资和净出口（王坤岩，2008；Guangwen Meng，2003；

图5-4 "十一五"以来天津市GDP及增长率

资料来源:历年《天津统计年鉴》、历年《中国统计年鉴》。

许宪春和吕峰,2018)。显然,"十一五"时期以来,资本形成对天津GDP增长的拉动作用最强,对天津GDP增长的贡献作用一直维持在50%以上,2010~2014年高居70%以上。相比较而言,最终消费和净出口对天津GDP增长的拉动作用明显较小,持续维持在40%左右。受全球金融危机影响,2009年货物和服务净出口对天津经济增长的贡献率从2008年的2.67%下滑到-10.87%,并且这种负的经济贡献率持续至今(见图5-5)。

　　首先,与北京市和河北省相比,天津经济增长过度依赖投资拉动。2011年以来,北京市投资对经济增长的贡献率维持在40%左右,并呈现出不断下降的趋势,河北省的投资贡献率虽逐渐提升,但从未超过60%,而天津市的投资贡献率在2010~2014年持续高达75%以上。天津这种过度依赖投资拉动经济增长的发展模式存在不可持续风险。其次,天津最终消费和净出口贡献率都远低于北京市和河北省。"十一五"时期以来,北京最终消费对GDP增长的贡献率呈现出明显上升趋势,2017年达到60.12%,远高于天津的54.42%。从净出口来看,北京市和河北省净出口对经济增长几乎都是正面的拉动作用,但是全球金融危机爆发后,天津净出口对其经济增长的负面作用非常突出,在一定程度上严重阻碍了当地经济的发展(见表5-1)。

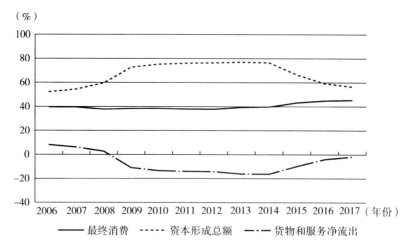

图 5-5 2006~2017 年天津"三驾马车"对经济增长的贡献率

资料来源：历年《天津统计年鉴》。

表 5-1 2006~2017 年京津冀地区"三驾马车"对经济增长的贡献率比较

单位：%

年份	北京			天津			河北		
	消费	投资	净出口	消费	投资	净出口	消费	投资	净出口
2006	50.98	48.50	0.52	39.62	52.24	8.14	43.31	47.81	8.88
2007	51.88	45.39	2.73	39.46	54.43	6.10	43.15	49.32	7.54
2008	54.22	42.49	3.29	37.71	59.62	2.67	41.81	51.70	6.49
2009	57.03	41.55	1.42	38.28	72.59	-10.87	41.90	53.75	4.35
2010	56.92	42.94	0.15	38.36	75.09	-13.44	40.83	54.12	5.05
2011	58.38	41.13	0.49	37.91	76.01	-13.92	39.30	56.66	4.04
2012	59.59	41.44	-1.04	37.84	76.38	-14.22	41.70	57.36	0.94
2013	61.26	40.35	-1.61	39.21	76.87	-16.08	42.00	57.90	0.10
2014	62.49	38.96	-1.44	39.76	76.46	-16.22	42.62	59.01	-1.63
2015	63.02	36.89	0.09	43.27	66.51	-9.77	44.28	58.22	-2.49
2016	60.02	39.25	0.73	44.80	59.18	-3.97	45.33	58.11	-3.44
2017	60.12	39.07	0.81	45.42	56.43	-1.84	47.20	56.10	-3.30

注：与统计局的统计口径一致，表中消费指最终消费，投资指资本形成总额，净出口指服务和贸易的净流出。

资料来源：历年《天津统计年鉴》。

四、固定资产投资结构

1949~2008 年，天津全社会固定资产投资由 1949 年的 0.04 亿元增长到 2008 年的 3404 亿元，年均递增 21%，占地区生产总值比例也由 0.98% 迅速上升到 53%。投资结构不断优化，改革开放前 30 年以生产性投资为主，重点支持了工业尤其是重工业发展；20 世纪 80 年代，以地震灾后重建和轻工行业为投资重点，全社会固定资产投资年均规模不足百亿元；20 世纪 90 年代，投资向汽车、冶金等重工业化工业倾斜；进入 21 世纪以来，重点加快了基础设施建设，对交通邮电、市政公用事业等服务业投资力度逐步加大。

2008 年以前，天津全社会固定资产投资主要用于城市建设，投资比基本保持在 80%~94%。随着城市基础设施投入不断加大，以公路、铁路、快速路、轨道立体化交通为骨架，多种交通方式紧密衔接、转换便捷的现代综合交通体系正快速形成。1956 年才开始投资于农村建设，但投资比例较低，1992 年最高，占比为 17.47%，但之后不断下降，到 2008 年占比仅为 6.31%，这进一步导致了城乡二元结构的形成，不利于城乡协调发展（见图 5-6）。

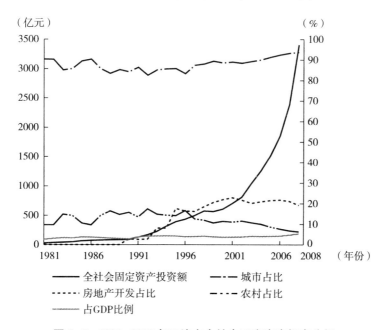

图 5-6　1981~2008 年天津市全社会固定资产投资分析

资料来源：历年《天津统计年鉴》。

改革开放以来，房地产业作为国民经济新的增长点，为中国经济快速增长做出了贡献。天津房地产开发占固定资产投资比例不断增长，由 1990 年的 2.84% 上升至 2008 年的 19.20%。1990~1994 年天津房地产投资占比小于全国平均水平，但自 1995 年起，天津市房地产投资占比明显高于全国平均水平（见图 5-7）。

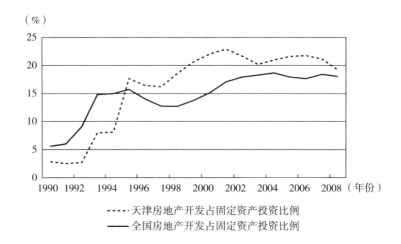

图 5-7　1990~2008 年天津市及全国房地产开发占固定资产投资比例

资料来源：历年《天津统计年鉴》、历年《中国统计年鉴》。

"十一五"时期以来，投资是拉动天津经济增长最关键的力量。接下来，本书将利用固定资产投资的数据分析投资发挥作用的主要特点。从投资来源来看，天津投资主体绝大部分都是内资企业，外资企业固定资产投资占比相对较小。2006 年以来，内资企业固定资产投资占比持续上涨，2019 年达到 94.40%。受国有企业改制等因素的影响，"十一五"时期以来，天津国有企业固定资产投资占比稍微下滑，私营企业投资占比有所上升，但天津国有企业投资占比远高于私营企业。2019 年，国有企业投资占比仍高达 57.06%，超过天津固定资产投资的一半还多，而私营企业投资占比只有 35.76%。值得注意的是，外资企业固定资产投资占比持续下滑，从 2006 年的 16.28% 下降至 2019 年的 6.09%（见表 5-2）。

表 5-2 2006~2019 年天津固定资产投资的所有制类型构成　　单位：%

年份	内资企业	国有企业	私营企业	外资企业
2006	83.72	70.85	11.44	16.28
2007	85.29	74.36	10.35	14.71
2008	89.29	78.40	10.21	10.71
2009	91.92	82.26	8.76	8.08
2010	92.81	83.55	8.16	7.18
2011	93.05	79.96	11.31	6.95
2012	94.02	74.32	16.65	5.98
2013	94.32	69.67	21.80	5.68
2014	93.79	67.66	22.71	6.21
2015	94.26	63.38	27.15	5.74
2016	93.92	61.19	29.11	6.08
2017	93.89	57.56	32.66	6.11
2018	93.99	51.36	44.13	6.57
2019	94.40	57.09	35.76	6.09

注：表中国有企业和私营企业数据之和小于内资企业数据是因为除了这两类以外，还有集体、股份合作以及联营等形式的固定资产投资。

资料来源：历年《天津统计年鉴》。

从行业分布来看，将"十一五"时期以来天津市固定资产投资规模进行排名后发现，在 2010 年后，排名靠前的 6 个行业的固定资产投资总量占到了天津固定资产投资总量的 80% 以上。作为一个传统的工业城市，制造业一直是天津固定资产投资占比较高的一个行业。2006~2019 年，制造业固定资产投资占比平均为 28.03%。同时，"十一五"时期以来，房地产业的固定资产投资地位一直与制造业旗鼓相当。2006~2019 年，房地产业固定资产投资占比平均达到 21.79%。相比之下，排名第三位的水利、环境和公共设施管理业的固定资产投资占比较小，2006~2019 年平均占比只有 13.07%（见表 5-3）。根据天津市"十四五"规划提出的"坚持制造业立市，推动制造业高质量发展"目标要求，天津应该继续加大对制造业的投资。此外，天津第三产业连续保持两位数增长，商贸流通、社区服务、信息服务、中介服务、文化服务、房地产业六大现代服务业体系不断完善，对促进天津经济的发展与就业发挥了重要作用，也应成为新的投资领域。

表5-3 2006~2019年天津分行业固定资产投资占比情况 单位：%

年份	制造业	房地产业	水利、环境和公共设施管理业	租赁和商务服务业	批发和零售业	交通运输、仓储和邮政业	加总
2006	27.95	23.76	12.07	0.66	1.59	9.86	75.89
2007	28.86	22.79	9.15	1.24	1.14	13.40	76.57
2008	29.00	20.07	13.80	1.63	1.60	9.56	75.66
2009	30.53	16.61	14.57	3.77	1.44	10.21	77.13
2010	36.05	18.21	13.16	4.70	1.45	8.59	82.16
2011	36.03	19.20	11.24	6.77	1.82	7.17	82.23
2012	29.24	23.00	11.57	7.42	3.07	9.20	83.49
2013	27.91	24.18	12.55	6.46	3.28	6.61	81.00
2014	27.11	25.16	10.10	9.09	3.21	7.14	81.79
2015	28.57	23.57	14.12	6.75	4.47	6.40	83.87
2016	25.28	25.75	12.75	8.78	6.63	5.75	84.94
2017	25.07	25.04	12.27	6.76	6.56	4.76	80.47
2018	20.84	19.16	18.36	18.31	6.03	4.25	86.94
2019	19.96	18.49	17.26	21.57	3.16	4.71	85.15

资料来源：历年《天津统计年鉴》。

五、最终消费结构

最终消费反映常住单位在一定时期内为满足物质、文化和精神生活需要，从本国和国外购买的货物和服务的支出，具体分为居民消费和政府消费（刘子玉，2019；Guangwen Meng，2005）。

自1978年改革开放以来，天津最终消费贡献率由39.74%增长到1989年的54.41%，之后波动性缓慢下降，1999年又上升至52.72%，2008年又下降至

40.19%，这说明最终消费对经济拉动作用总体上波动较大，但趋于下降。天津最终消费结构一直以居民消费为主，政府消费为辅，但政府消费比例在提高。1978~2008年，居民消费比重由88.86%下降到66.62%，同期政府消费则由11.14%提高至33.38%。居民消费中，以城镇居民消费为主，农村居民消费为辅。1978~2008年，城镇居民消费由70.54%下降到58.48%，同期农村居民消费则由18.32%下降到8.14%。2017年居民消费占比达到72.15%，政府消费只有27.85%。其中，城镇居民又是居民消费的主体。2017年，城镇居民消费占最终消费的比重达到64.58%，但农村居民消费占比一直稳定在7.00%左右（见表5-4）。

表5-4　1978~2017年天津最终消费结构及其占GDP比重　　　　单位：%

年份	最终消费占 GDP 比重					最终消费结构			
	最终消费	居民消费	农村居民	城镇居民	政府消费	居民消费	农村居民	城镇居民	政府消费
1978	39.74	35.31	7.28	28.03	4.43	88.86	18.32	70.54	11.14
1979	39.78	35.36	7.46	27.90	4.42	88.89	18.75	70.14	11.11
1980	41.71	37.71	7.96	29.75	4.00	90.41	19.08	71.33	9.59
1981	43.87	37.94	8.25	29.68	5.94	86.47	18.81	67.66	13.53
1982	44.47	38.77	9.53	29.24	5.70	87.19	21.43	65.76	12.81
1983	46.17	39.91	9.49	30.43	6.26	86.45	20.55	65.91	13.55
1984	43.69	37.09	9.57	27.52	6.60	84.89	21.90	62.99	15.11
1985	43.87	37.46	9.16	28.30	6.41	85.40	20.89	64.51	14.60
1986	45.54	38.63	8.68	29.95	6.91	84.83	19.06	65.77	15.17
1987	47.52	38.02	8.47	29.55	9.50	80.00	17.83	62.18	20.00
1988	52.42	41.16	8.90	32.26	11.27	78.51	16.97	61.53	21.49
1989	54.41	42.40	9.01	33.40	12.01	77.93	16.55	61.38	22.07
1990	50.37	41.27	8.03	33.24	9.10	81.93	15.94	65.99	18.07
1991	52.68	42.43	7.93	34.50	10.24	80.55	15.06	65.49	19.45
1992	50.60	40.34	7.30	33.04	10.26	79.72	14.43	65.29	20.28
1993	49.81	38.95	6.74	32.20	10.86	78.19	13.54	64.65	21.81
1994	48.76	37.55	5.82	31.72	11.22	77.00	11.95	65.05	23.00
1995	48.11	38.96	5.87	33.09	9.16	80.97	12.21	68.76	19.03
1996	50.64	39.59	6.16	33.43	11.05	78.18	12.17	66.01	21.82

续表

年份	最终消费占GDP比重					最终消费结构			
	最终消费	居民消费	农村居民	城镇居民	政府消费	居民消费	农村居民	城镇居民	政府消费
1997	50.61	40.18	6.09	34.09	10.43	79.39	12.03	67.36	20.61
1998	50.23	39.13	6.01	33.12	11.10	77.89	11.96	65.93	22.11
1999	52.72	38.53	5.78	32.75	14.19	73.08	10.96	62.12	26.92
2000	52.22	37.68	5.56	32.12	14.54	72.16	10.64	61.52	27.84
2001	52.03	37.40	5.33	32.07	14.63	71.87	10.24	61.63	28.13
2002	50.84	35.32	5.01	30.32	15.52	69.47	9.85	59.63	30.53
2003	48.55	32.58	4.49	28.09	15.97	67.10	9.25	57.85	32.90
2004	46.36	31.51	4.66	26.84	14.85	67.96	10.06	57.90	32.04
2005	41.39	28.05	3.99	24.06	13.35	67.76	9.63	58.13	32.24
2006	42.25	27.99	3.70	24.30	14.26	66.25	8.75	57.50	33.75
2007	42.08	27.87	3.54	24.34	14.20	66.25	8.40	57.85	33.75
2008	40.19	26.78	3.27	23.50	13.42	66.62	8.14	58.48	33.38
2009	40.77	26.96	3.29	23.67	13.81	66.13	8.07	58.06	33.87
2010	40.82	27.10	2.97	24.13	13.72	66.38	7.27	59.12	33.62
2011	40.29	26.77	2.90	23.87	13.52	66.45	7.21	59.24	33.55
2012	40.90	27.92	2.94	24.98	12.98	68.26	7.18	61.08	31.74
2013	41.55	28.96	3.07	25.89	12.59	69.69	7.39	62.31	30.31
2014	42.34	29.84	3.08	26.76	12.50	70.48	7.28	63.20	29.52
2015	43.44	30.56	3.19	27.37	12.88	70.35	7.34	63.02	29.65
2016	44.92	31.60	3.33	28.27	13.32	70.35	7.41	62.94	29.65
2017	45.42	32.77	3.44	29.33	12.65	72.15	7.57	64.58	27.85

资料来源：历年《天津统计年鉴》。

从对经济增长的贡献率来看，"十一五"时期以来天津最终消费贡献率低于1981~2004年的贡献率，但此后基本保持平稳。总体上来说，天津最终消费对天津GDP贡献率不高。天津市居民消费对经济增长的贡献率远大于政府消费。2006年居民消费贡献率为27.99%，而政府消费只有14.26%，并且居民消费对经济增长的贡献率不断上升，2017年上升至32.77%，政府消费的贡献率下降到12.65%。

2006~2017年，全国最终消费结构中政府消费占比均值为29.73%，年际浮

动较小，整体上低于天津市的政府消费占比。全国居民消费占比总体呈现缓慢
下降趋势，均值为70.27%，从2014年开始天津居民消费的占比超越全国。全
国农村居民消费占比逐渐降低，城镇居民消费占比缓慢升高，均值分别为
16.44%和53.83%，其中农村居民消费占比高于天津市，城镇居民消费占比低于
天津市，这说明天津市城镇居民购买力高于全国平均水平。

六、进出口贸易

　　作为我国北方最大的港口城市和最早开放的沿海城市之一，对外贸易一直
是促进天津经济增长的重要因素之一。从总量上看（见图5-8），天津进出口总
值在1964~2008年一直呈现稳步上升趋势，其中1999年后，外贸进出口总值与
出口总值迅速增长。2004年，天津外贸进出口总值达到420.19亿美元，其中出
口总值208.65亿美元，分别比1964年增加了417.12亿美元和205.63亿美元。
2008年外贸进出口总值和出口总值分别达到805.39亿美元和422.29亿美元，
分别比1964年增加了802.32亿美元和419.27亿美元，出口增长率最高可达
56%，最低为-13%。天津外贸出口总值保持上升趋势，但其占外贸进出口总值
的比重却趋于下降，由90%下降到50%左右。这表明天津对外开放发展日趋理
性，不再单纯依靠外贸出口来获得经济发展，而是更多地引进外来资金和资源
发展本地创新型经济。

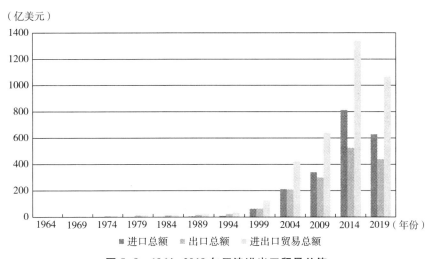

图5-8　1964~2019年天津进出口贸易总值

资料来源：历年《天津统计年鉴》。

"十一五"时期以来，天津进出口贸易规模不断增长，但受全球金融危机的影响，2008年以来，天津进出口贸易增长都受到了不同程度的影响。2009年，天津出口贸易和进口贸易的增长率从2008年的10.58%和14.75%分别下降到-29.00%和-11.38%，对外贸易受到较大影响。尽管2010年以后出现了一定的复苏，但在2015年以后，对外贸易增长的形势并不容乐观。2015~2017年，天津出口贸易增长持续为负，也正因如此，净出口对天津市经济增长的贡献率经常为负，2018年进出口贸易开始恢复正增长，但2019年进出口贸易都为负增长（见表5-5）。

表5-5　2006~2019年天津进出口贸易规模与增长率

年份	进出口贸易规模（亿美元）			进出口贸易增长率（%）		
	进出口总额	出口总额	进口总额	进出口贸易	出口贸易	进口贸易
2006	644.62	334.91	309.71	20.99	22.31	19.60
2007	714.50	380.74	333.76	10.84	13.69	7.76
2008	804.01	421.03	382.98	12.53	10.58	14.75
2009	638.31	298.93	339.39	-20.61	-29.00	-11.38
2010	821.00	374.85	446.15	28.62	25.4	31.46
2011	1030.00	444.82	588.94	25.91	18.67	32.00
2012	1160.00	483.13	673.22	11.86	8.61	14.31
2013	1290.00	490.05	794.97	11.13	1.43	18.09
2014	1340.00	525.91	812.95	4.19	7.32	2.26
2015	1140.00	511.63	631.20	-14.64	-2.71	-22.36
2016	1030.00	442.79	583.77	-10.17	-13.46	-7.51
2017	1130.00	435.61	693.58	10.00	-1.62	18.81
2018	1230.00	488.15	737.22	8.52	12.06	6.29
2019	1066.45	437.94	628.51	-13.00	-10.30	-14.80

注：表中增长率均为统计局公布的名义增长率。

资料来源：历年《天津统计年鉴》。

与全国对外贸易发展相比，作为中国东部地区重要港口城市、"一带一路"重要节点城市，天津出口贸易和进口贸易似乎都并没有表现出特别亮眼的增长。天津出口贸易增长速度在大部分年份实际上是低于全国市场水平的，进口贸易增长速度也只有部分年份高于全国市场水平（见图5-9）。

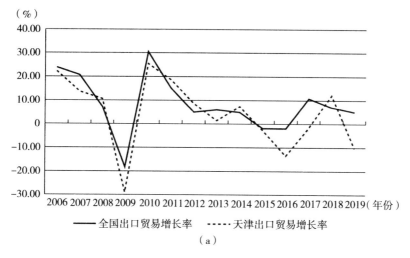

（a）

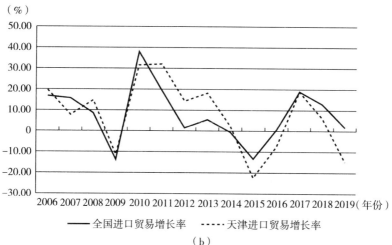

（b）

图5-9 2006~2019年天津与全国的进出口贸易增长率

资料来源：历年《天津统计年鉴》。

第二节 经济发展空间格局

经济发展空间格局主要是指经济要素的空间分布以及形成的空间关系。天津经济发展特征不仅表现在规模、速度以及驱动因素方面，也体现在各经济要素的空间分布特征以及区域之间和区域内部的空间差异上。本节将重点分析"十一五"时期以来京津冀区域之间以及天津经济发展区域内经济要素的空间分布特征。

一、与京冀区域间经济发展空间差异

从区域经济发展的角度来看,通过天津与京冀地区比较分析,能够看出京津冀地区经济发展空间差异。首先,从经济规模上来看,天津经济规模远小于河北省和北京市。2018 年,天津市、北京市和河北省的 GDP 总额分别为18809.64 亿元、30319.98 亿元、36010.27 亿元,天津 GDP 总量仅是北京市的60%,是河北省的50%。2020 年,天津市 GDP 仅为14083.7 亿元,北京市与河北省则分别为36102.6 亿元与36206.9 亿元,天津 GDP 总量约为北京市及河北省的40%。其次,从增长速度来看,"十一五"和"十二五"期间,天津发挥后发优势,GDP 增长速度高于北京市和河北省。但是,"十三五"期间,天津经济增长明显放缓,GDP 增长率只有4.34%,低于北京市和河北省的5.80%和6.23%,而2020 年天津市增长率仅为0.20%,低于北京市和河北省的1.85%和3.51%(见表5-6)。

表5-6　2006~2020 年京津冀地区的 GDP 及增长率

年份	北京市		天津市		河北省	
	GDP（亿元）	增长率（%）	GDP（亿元）	增长率（%）	GDP（亿元）	增长率（%）
2006	8117.78	12	4462.74	14.4	11467.60	13.2
2007	9846.81	14.5	5252.76	15.5	13607.32	12.8
2008	11115.00	9.1	6719.01	16.5	16011.97	10.1
2009	12153.03	10.2	7521.85	16.5	17235.48	10
2010	14113.58	10.3	9224.46	17.4	20394.26	12.2
2011	16251.93	8.1	11307.28	16.4	24515.76	11.3
2012	17879.40	7.7	12893.88	13.8	26575.01	9.6
2013	19800.81	7.7	14442.01	12.5	28442.95	8.2
2014	21330.83	7.3	15726.93	10	29421.15	6.5

续表

年份	北京市		天津市		河北省	
	GDP（亿元）	增长率（%）	GDP（亿元）	增长率（%）	GDP（亿元）	增长率（%）
2015	23014.59	6.9	16538.19	9.3	29806.11	6.8
2016	25669.13	6.8	17885.39	9.1	32070.45	6.8
2017	28014.94	6.7	18549.19	3.6	34016.32	6.6
2018	30319.98	6.6	18809.64	3.6	36010.27	6.6
2019	35445.1	7.07	14055.5	5.18	34978.6	7.64
2020	36102.6	1.85	14083.7	0.20	36206.9	3.51
"十一五"	—	11.2	—	16.06	—	11.6
"十二五"	—	7.5	—	12.4	—	8.5
"十三五"	—	5.80	—	4.34	—	6.23

注：表中增长率均为统计局公布的实际增长率。

资料来源：历年《天津统计年鉴》、国家统计局数据库。

二、经济发展区域内部空间差异

由于地理位置、资源禀赋等不同，天津市内部经济规模与增长速度呈现出明显的空间差异。1949~1978 年，天津经济主要集中分布在中心城区、卫星城以及滨海地区，环城四区主要为乡镇工业与设施农业，沿海为渔业养殖业，南部与北部远郊县则为种植业与林业地区。1978 年改革开放后，随着工业东移以及滨海新区开发开放，津滨发展轴，特别是天津滨海新区以及各个级别开发区成为制造业与服务业中心，设施农业、种植业则向周边扩散推移。

天津 16 个区县之间的经济规模差距很大。"十二五"时期以来滨海新区作为国家经济发展战略的重要组成部分，对天津经济增长起到至关重要的作用。2011 年以来，滨海新区的 GDP 规模一直位居第一，2018 年其 GDP 达到11026.54 亿元，是排名第二位的武清区的 9.18 倍，占天津市 GDP 将近一半。相比较而言，2018 年红桥区的 GDP 总量只有 209.02 亿元，是滨海新区的 2%（见表 5-7）。

表5-7 2011~2018年天津市各区的GDP规模   单位:亿元

年份 地区	2011	2012	2013	2014	2015	2016	2017	2018
和平区	504.49	577.47	653.26	687.42	775.77	802.62	854.75	920.18
河东区	232.11	254.06	261.84	284.51	286.05	290.98	411.97	434.18
河西区	515.05	585.13	662.85	665.18	770.07	819.85	974.98	1041.98
南开区	350.05	480.01	529.73	593.64	590.93	652.09	814.50	893.10
河北区	345.18	291.98	320.50	346.03	412.84	415.67	460.88	488.28
红桥区	114.68	128.68	140.26	157.00	192.35	208.16	192.38	209.02
东丽区	540.14	602.81	671.68	759.85	875.00	927.08	944.64	967.68
西青区	526.35	595.50	722.99	800.57	1015.06	1040.27	963.22	986.64
津南区	290.69	379.97	491.17	604.12	742.54	810.16	779.09	749.18
北辰区	464.13	562.99	666.43	755.11	955.70	1058.14	958.82	944.88
武清区	341.17	455.51	633.19	791.05	1026.75	1151.65	1201.52	1226.51
宝坻区	241.82	323.33	414.41	479.96	605.04	684.07	609.97	638.17
滨海新区	5030.11	6206.87	7205.17	8020.40	9270.31	10002.30	10602.44	11026.54
宁河区	169.28	224.95	280.14	407.70	522.52	525.37	379.50	438.00
静海区	278.26	343.66	415.45	502.21	616.69	667.83	654.76	681.47
蓟州区	215.47	250.11	291.52	313.70	390.54	392.55	365.42	381.66

注:排名是指2018年各区GDP排名,2019年后,统计年鉴中不再统计各区GDP总量,本表2018年、2019年数据来自统计公报。

资料来源:历年《天津统计年鉴》。

天津市16个区的经济增长速度也表现出差异性。平均来看,2011~2018年天津市GDP平均增长率超过10%的区有9个,即滨海新区、武清区、河东区、南开区、河西区、静海区、宝坻区、津南区和蓟州区,低于10%的7个,其中最高为滨海新区(14%),最低为红桥区(7.8%)。2018年,宁河、南开区、红桥区、和平区、河西、河东区、河北区GDP增长率都超过了5%,而津南区、北辰区则出现了负增长(见表5-8)。

表 5-8　2011~2018 年天津市各区的 GDP 增长率　　　单位：%

年份\地区	2011	2012	2013	2014	2015	2016	2017	2018	平均
和平区	11.8	13.2	11.5	10.3	8.0	8.4	6.5	7.7	9.7
河东区	12.0	8.0	10.0	9.2	8.6	8.0	41.6	5.4	12.9
河西区	14.2	9.2	12.1	9.8	8.4	8.3	18.9	6.9	11.0
南开区	10.1	13.1	9.8	9.7	7.4	8.5	24.9	9.7	11.7
河北区	12.5	14.0	10.7	9.8	8.2	7.3	10.9	5.9	9.9
红桥区	11.8	12.7	10.5	11.1	7.6	7.4	-7.6	8.6	7.8
东丽区	13.7	10.4	10.2	15.8	10.0	8.5	1.9	2.4	9.1
西青区	11.4	12.4	18.7	15.9	10.1	10.6	-7.4	2.4	9.3
津南区	17.2	18.5	18.3	18.2	12.0	8.0	-3.8	-3.8	10.6
北辰区	8.9	10.5	12.7	17.3	10.6	10.8	-9.4	-1.5	7.5
武清区	21.1	19.8	18.9	19.1	11.3	11.5	4.3	2.1	13.5
宝坻区	25.2	13.8	14.0	15.7	10.8	12.8	-10.8	4.6	10.8
滨海新区	25.1	23.8	20.1	17.5	12.8	7.0	6.0	4.4	14.0
宁河区	13.4	16.0	13.9	16.1	11.5	7.4	-27.8	15.4	8.2
静海区	11.4	19.0	16.3	15.4	12.5	10.9	-2.0	4.1	11.0
蓟州区	20.2	14.2	14.1	14.2	12.7	7.5	-6.9	4.4	10.1

注：表中增长率均为统计局公布的实际增长率；本表 2018 年、2019 年数据来自统计公报；2019 年后，统计年鉴中不再统计各区 GDP 总量。

资料来源：历年《天津统计年鉴》。

三、各区产业发展定位与布局

依据区位优势，天津市 16 个行政区之间既有分工，也有合作，因此各组团和各区之间具有不同的发展定位（见表 5-9）。

表 5-9　天津各区产业分工与布局

地区	产业分工与布局
蓟州区	休闲旅游区和生态区
宝坻区	商贸物流基地、电子信息科技创新区和历史文化城区

地区	产业分工与布局
武清区	现代服务区、高端制造研发区和生态区
中心城区	国际化商贸中心、文化旅游中心和科教创新中心
西青区	电信、汽车基地、综合交通枢纽和科教服务中心
静海区	物流、制造基地和生态区
宁河区	旅游休闲区和先进制造业基地
北辰区	商贸流通区、科技产业基地和生态区
东丽区	临空产业基地和生态区
津南区	高等教育示范基地和高新产业区
滨海新区	研发基地、金融创新区和航运核心区

资料来源：依据《天津市 16 区招商引资概况汇编（2018 年版）》资料的内容绘制而成。

中心城区是天津的发祥地，也是政治、文化、教育与商业中心。根据服务业功能，中心城区按照"金融和平""商务河西""科技南开""金贸河东""创意河北""商贸红桥"的功能定位，建设高技术服务集聚区，重点发展研发设计、科技咨询、科技金融等知识密集型产业。

环城四区（东丽区、西青区、津南区、北辰区）重点发展智能装备、新材料、软件和信息技术服务、医疗器械等产业，建设一批重点产业园区和特色基地。远郊区域（武清区、宝坻区、宁河区、静海区、蓟州区）依托战略性新兴产业基础资源，重点发展高端装备、生物技术、健康产业、新材料等特色产业。

滨海新区是天津下辖副省级行政区（主要由塘沽区、汉沽区、大港区、天津经济技术开发区、天津港等功能区组成），是国家级新区和国家综合配套改革试验区，北方对外开放的门户、高水平的现代制造业和研发转化基地、北方国际航运核心区和物流中心、宜居生态型新城区，重点发展高端装备、新一代信息技术、节能与新能源汽车、生物医药、新能源、节能环保、电子商务等产业。

和平区服务业主导产业包括金融、商务、商贸、科技、文旅。和平区拥有各类金融机构 660 家，金融总部及分支机构近 400 家，分行以上银行金融机构占全市的 51%。"一行四局"（中国人民银行天津分行、天津银监局、证监局、保监局、外汇局）、四大资产管理公司（中国长城资产管理公司、中国信达资产管理公司、中国华融资产管理公司和中国东方资产管理公司)、四大会计师事务所(普华永道 PwC、德勤 DTT、毕马威 KPMG 和安永 EY)均坐落在和平区。

河东区服务业主导产业包括金融、商务和商贸。河东区拥有人民银行天津分行征信中心、中信建投证券、新信网络科技、天津电气科学研究院、中能建天津电建公司等龙头企业和远洋未来、万达、嘉华、爱琴海、嘉里汇、金地国际等高端商贸综合体。

河西区服务业主导产业包括金融、现代商贸、商务服务、科技服务、房地产与现代物流等。河西区拥有各类金融机构 500 余家,其中总部及地区总部金融机构 85 家。河西区集聚了中交第一航务工程勘察设计院有限公司、天津市建筑设计院、中交天津航道局有限公司等近 30 家中央直属、天津市属设计、工程领域内的龙头企业,形成了友谊北路金融服务集聚区、小白楼航运服务集聚区、陈塘国家自创区、解放南路家居建材汽配汽贸商圈等优势产业聚集区。工业主导产业包括新材料、新能源、新一代通信技术和智能制造,集聚了天津光电集团、中国电子信息第 46 研究所、天津 764 通信导航技术有限公司、天津环球磁卡股份有限公司等工业龙头企业。

南开区服务业主导产业包括金融、科技服务和文化。南开区金融势头强劲,拥有金融机构 432 家,安邦保险、阳光财险、农行世贸支行等金融机构落户南开区,2017 年金融业增加值占地区生产总值的 21.8%。科技服务业蓬勃发展,C92 文化创意产业园、中关村 e 谷成为天津市电子商务示范基地,吸引了中国汽车工业工程公司、天津大学建筑设计研究院、九安智慧健康、玑瑛青年创新公社、京东到家等"互联网+"企业入驻。文化方面不仅有天津大学、南开大学等高等学府,还有老城文化、妈祖文化、民俗文化、博物馆文化等民俗文化。区内有国家级重点文物保护单位 5 个、市级文物保护单位 12 个、区级文物保护单位 6 个;国家级非物质文化遗产 3 项、市级非物质文化遗产 14 项、区级非物质文化遗产 21 项,如"泥人张"彩塑、天津皇会、"风筝魏"制作、蔡氏贡掸、刘海空竹等。

河北区服务业主导产业包括文化创意、现代金融和高端服务。2018 年引进沁新集团、丝路视觉等重点项目 22 个,实现国内招商引资到位额 55 亿元。截至 2018 年,区内入驻科技型中小企业 176 家,市级科技型中小企业 3446 家,科技小巨人 43 家,国家级高新技术企业 70 家,12 家科技企业完成股改,8 家科技企业实现上市，吸引了中铁六局集团天津铁路建设有限公司等一批高新技术企业聚集发展。文化资源独特，拥有觉悟社旧址、天津教案旧址、意式风情区、大悲禅院、李叔同故居等众多文化旅游资源和天津美术学院、中国铁路设计集团等设计资源。全区拥有4个4A级景区、7个3A级景区、4个2A级景区。

红桥区服务业主导产业包括新一代信息技术、文化创意、批发和零售业、金融业。新一代信息技术和文化创意产业集聚了七〇七研究所、中铁隧道勘测设计院、中海油化工研究院、中煤天津设计公司、卓朗科技、猪八戒网、艺点意创等一批行业龙头企业。批发和零售业集聚百丽宫、宝燕、海底捞、鼎泰丰等知名商业品牌及生鲜之星等优质生活服务业品牌。金融业共有各类金融机构31家，集聚捷信金融、爱建证券、川财证券等新金融业态以及赛伯乐投资等知名投资机构。

滨海新区工业主导产业包括航空航天、石油化工、电子信息、新一代信息技术、汽车及装备制造产业、生物医药、新能源新材料产业以及粮油轻纺产业。其中，航空航天产业集聚了空客A320、长征火箭、中航直升机、西飞机翼、航天五院等龙头企业和科研机构；石油化工产业集聚了中石油、中石化、中沙石化、渤海化工等龙头企业；电子信息产业集聚了三星、富士康、中芯国际、惠普、腾讯、展讯等龙头企业；新一代信息技术领域集聚了科大讯飞、曙光信息、今日头条等龙头企业；汽车及装备制造产业拥有一汽丰田、长城汽车、一汽大众、华泰汽车等整车生产企业，集聚了空中客车、阿尔斯通、联合利华、卡特彼勒等世界500强企业；生物医药产业集聚了诺和诺德、诺维信、葛兰素史克、药明康德、GE医疗、华大基因、康龙化成、康希诺、凯莱英等龙头企业和国际生物医疗联合研究院等平台；新能源新材料产业集聚了维斯塔斯、东汽风电、明阳风电、英利、力神、国能新能源汽车等龙头企业；粮油轻纺产业拥有可口可乐、康师傅、中粮和京粮等龙头企业。

滨海新区服务业主导产业包括金融、融资租赁、国际贸易、跨境电商、航运物流、科技互联网、文化创意、大健康和旅游等产业。该区集聚了工银租赁、中国金融租赁、中信金租、捷信消费金融、华夏人寿、金城银行、人保金服、中船重工投资、华融投资、滴滴出行、摩拜科技、途家网、58同城、猎聘、零氪科技、开心麻花、爱奇艺和神州租车等知名企业。此外，滨海新区还有葡萄、海水养殖等发达的特色农业。

东丽区工业主导产业包括高端装备、生物医药、新一代信息技术、新能源和新材料。该区集聚了中国中车、平高电器、华为云、北京理工雷科、软通动力、霍尼韦尔、中航装甲、鸿远电气、华利电气和博奥赛斯等知名企业，石墨烯10个门类的项目中已有9类在区内实现了产业化。服务业主导产业包括金融、科技信息、商贸物流。集聚了国家电网、浪潮集团、必维国际、斯坦德优检测、摩天众创、京东海荣、易客满、云动力、普洛斯和中国物流等知名企业。农业主导产业包括特色花卉、观光农业和科技农业，拥有大顺园林和华泰等知名品牌。

西青区工业主导产业包括汽车和装备制造、电子信息、生物医药产业。该区是全国首批九大电子信息产业基地之一和商务部命名的汽车零部件出口基地，集聚了一汽夏利等整车生产企业和一汽丰田发动机、福耀汽车玻璃、富奥电装、法雷奥、西门子等300余家汽车零部件企业。集聚了中芯国际、恩智浦等著名集成电路制造企业；优瑞纳斯、宝峨机械、三一重工、鑫宝龙电梯等装备制造业企业；康婷生物、尚赫生物等大健康企业，武田制药、大冢制药、乐敦制药、力生制药、同仁堂和宏仁堂等医药企业；宝洁、蓝月亮、尤妮佳等日用品企业；捷威动力、瑞能风电、中环量子等新能源新材料和节能环保企业。西青区服务业主导产业包括高端商贸、总部经济、现代物流、文化旅游、科技服务和会展经济等。集聚了沃尔玛山姆会员店、宜家家居、永旺梦乐城、卓尔电商城、鹏瑞利商业等知名商贸综合体；呷哺呷哺全国总部、正威北方总部等总部项目；传化、普洛斯、宇培等现代物流企业；中科院计算所天津分所、智慧物联信息技术研究院、中汽研大数据中心、苏试试验、广电计量、实朴检测等科技平台和服务企业；天津梅江会展中心、社会山国际会议酒店等会展载体；拥有京杭大运河、杨柳青木版年画等非物质文化遗产和石家大院、精武门·中华武林园等文旅景点，是国家文化产业示范基地。西青区农业主导产业包括现代种业和休闲农业。集聚了中以农业科技合作示范园、精武种猪、金三农、九百禾葡萄种植园、绿生园主题公园等龙头农业企业，以及沙窝萝卜、益利来特色生猪、正达蜂蜜、百维冬枣等知名品牌，农业设施化率达到51%，是国家级现代农业示范区。

津南区工业主导产业包括先进装备制造、生物医药、新能源新材料、节能环保、新一代信息技术。集聚了北讯电信、易华录、中盛海天、喜来健医疗器械龙头企业。服务业主导产业包括金融、商务、文化旅游，共有驻区银行分支机构 26 家，亿元楼宇 13 座，AA 级以上景区 11 家。集聚了永旺梦乐城、月坛商厦等大型商业综合体，以及小站练兵园、时代记忆馆、天山米立方等旅游资源。农业主导产业包括都市休闲农业和特色小镇。集聚了精品小站稻、迎新合作社、名洋湖、葛沽萝卜和南义葡萄等品牌。

北辰区工业主导产业包括高端装备制造、现代医药、新能源、新材料和新一代信息技术，集聚了天士力制药、长荣印刷、银龙预应力、伍德沃德控制器、华北电缆等龙头企业。服务业主导产业包括电子商务、现代物流，集聚了中兴跨境电商、苏宁云商、宝供国际商贸物流、上实外贸综合服务平台等知名品牌。

武清区工业主导产业包括电子信息、汽车零部件、生物医药、新材料、装备制造、自行车、电动车行业、地毯、纺织服装和食品饮料。电子信息集聚了光宝、艾默生、大真空、天宝、万可电子等龙头企业。汽车零部件集聚了韩国日进汽车、德国马勒东炫、法国佛吉亚等龙头企业。生物医药集聚了红日药业、诺禾制源、天狮、赛诺制药等龙头企业。新材料集聚了信义玻璃、南玻玻璃、美国麦格昆磁、奥地利奥钢联 LG、忠旺等龙头企业。装备制造集聚了铁科院、丹佛斯、戴纳派克、华住泰姆等龙头企业。纺织服装和食品饮料集聚了伊利、维益食品、中国中粮、娃哈哈、中纺院等龙头企业。服务业主导产业包括电子商务、高端商贸、旅游业，集聚电商关联企业 662 家，建成佛罗伦萨镇、凯旋王国、北运河休闲驿站等产业聚集区，拥有阿里巴巴、当当、苏宁易购、唯品会、京东商城等全国电商 20 强企业。

宝坻区工业主导产业包括节能环保、新能源、新材料、高端装备制造、生物医药、塑料制品、金属制品等产业。集聚了碧水源、安力斯环保、北玻玻璃、首航光热、首航节能、艾尔姆、天普太阳能、贝特瑞、国安盟固利新材料、国安盟固利新能源、东皋膜、天龙钨钼、日立电梯、华建天恒、勇猛机械、中能减速机、威森节能科技、中精微仪器、承刚科技修正药业、翰林航宇等龙头企业。服务业主导产业包括电子商务、现代物流、医疗健康，集聚了盈创再生资源等企业。

静海区的工业主导产业包括循环经济、新能源、高端装配式建筑、先进装备制造、绿色电镀和航空配套。该区集聚了 TCL 奥博、新能再生资源、珠海银隆、沃达尔节能设备、淮海系能源车辆制造、捷安特、爱玛、飞鸽、富士达、天海同步、椿本链条、欧派、皮阿诺、玛格、飞悦、博爱制药、新冠制药、民祥制药等龙头企业。服务业主导产业包括现代商贸物流、体育、教育、医药健康、休闲养老，集聚了物产友发集团、天物集团、三和众诚石油仓储、中化国际石油、海吉星现代化农产品物流中心、新湖国际商贸城、红星美凯龙等知名企业和一批专业体育场馆、高校。

宁河区工业主导产业包括汽车制造、机械制造、食品加工、新能源、新材料、高档包装纸制品，拥有一汽大众、玖龙纸业、三和果蔬、英利光伏、瑞士百超机械、泰达酒业、华翔、华友等龙头企业。服务业主导产业包括商贸、餐饮、大型超市、大型物流、家政服务等传统行业。农业主导产业包括设施农业、种源农业、休闲观光农业和乡村旅游，拥有宁河原种猪场、七里海河蟹种业基地、换新水产良种场、天祥水产良种场、水稻良种场5个国家级种业基地，以及天祥水产、原种猪场和百利种苗等区内龙头企业。

蓟州区工业主导产业包括高端装备制造、新材料、节能环保，集聚了博纳智能电表、新利科华智能物流柜、瑞斯福高铁刹车片、金鹏铝材、博雅磁材、品高磁材等龙头企业。服务业主导产业包括智慧管理、金融服务、商贸流通、文化艺术、特色旅游，拥有各种金融机构34家，各级景区景点15家，各类酒店33家，以及通航机场、B型保税中心、红星美凯龙、爱琴海、伊甸园水镇等龙头企业。农业主导产业包括板栗、红果、柿子等特色果品以及现代农业和苗木花卉。

第三节　三次产业发展与布局

作为中国北方重要的制造业研发与生产中心，制造业一直是天津经济发展的支柱与主导产业，表现在产值、就业、投资等领域，并且在这些领域制造业都居于主导地位。然而，在国内外宏观背景影响下，在产业结构自身演化基础上，天津产业结构也在发生新的变化。具体来说，第一、第二产业比重下降，第三产业比重上升，总体向更加合理的结构趋势转变，产业布局也进一步向滨海和产业园区集聚。本节首先分析1949年以来，特别是"十一五"时期以来天津三次产业结构变化的总体特征，然后分析各产业内部结构特征、影响因素以及布局特征。

一、三大产业发展现状

1949~2008 年，天津产业结构总体上表现为"二、三、一"模式。作为一个现代化港口城市和区域经济中心，天津第二产业比重偏高。随着经济水平的提高、技术进步速度的加快以及社会需求的变化，从 2014 年天津产业结构开始向"三、二、一"格局转变（见图 5-10）。和全国相比，天津市第二产业高于全国水平，但第一产业低于全国水平。总体而言，1949~2008 年天津处于工业化中期向工业化后期过渡阶段。

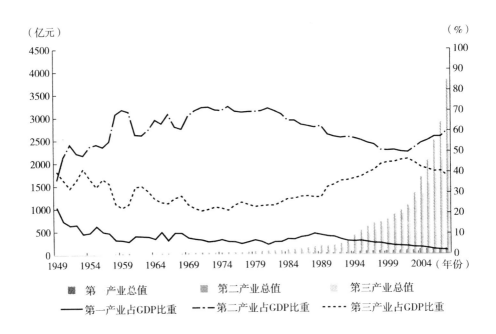

图 5-10　1949~2008 年天津市产业结构情况分析

资料来源：历年《天津统计年鉴》、国家统计局官方网站。

1949~2008 年天津产业结构变化分为三个阶段：①1949~1981 年，天津第二产业比重逐渐升高，由 36.36% 上升到 71.29%，第一产业与第三产业比例逐渐下降，分别由 23.10% 和 40.54% 下降至 4.80% 和 34.08%，主要是因为在此期间，天津以工业为中心，建设综合性工业基地，重点发展重化工和制造业；②1982~2002 年，第二产业比重开始下降，由 69.99% 下降到 49.71%，第三产业比重上升，由 23.87% 上升到 46.38%，第二、第三产业比重接近，第一产业持续小幅降低，主要是因为天津开始实施改革开放政策，社会主义市场经济体制为第三产业提供了宽松的发展环境；③2003 年以后，天津实施滨海新区开发开放战略，吸引了大规模加工制造业投资，第二产业逆势发展，到 2008 年其比重重新超过 60%，而同期第三产业则逐渐由 46.38% 下降至约 38%。

"十一五"时期以来，天津市三大产业规模不断扩大，结构也日趋合理，"十二五"时期实现了由"二三一"到"三二一"的转变（见图 5-11 和表 5-10）。2006 年，天津"一二三"产业的增加值分别为 103.35 亿元、2457.08 亿元和 1902.31 亿元，2019 年增长到 185.23 亿元、4969.18 亿元和 8949.87 亿元，分别增长了 79.23%、102.24% 和 417.79%。因此，除了第一产业增加值增长幅度相对较小外，天津第二和第三产业都取得了瞩目的增长成就。具体来看，首先，第一产业在天津国民经济发展中的地位持续下降，但 2019 年有所回升。2006 年天津第一产业增加值在三大产业增加值总额中的占比还有 2.32%，但是 2018 年这一比例下降到 0.92%，2019 年又上升为 1.30%。其次，第二产业作为传统优势产业，尽管占比持续下降，但仍在天津市经济发展中占据重要地位。2008 年，第二产业占比高达 55.21%，随后一直下滑，2018 年这一比例仅为 40.46%，2019 年则仅为 35.20%。最后，第三产业在天津经济发展中的地位不断攀升，2006 年第三产业占比只有 42.63%，低于第二产业，但 2019 年这一比例达 63.50%，远高于第二产业（见表 5-10）。

"十一五"时期以来，天津三大产业增加值的实际增长率不同。第一产业增加值的增长相对稳定，年均增长率维持在 3.00% 左右，但是受全球经济危机、经济形势低迷等因素的影响，天津第二产业和第三产业增加值的增长在 2010 年以后出现了明显的下滑趋势。2010 年，天津第二产业的增长率一度高达 20.20%，此后一路下滑，2017 年从 2016 年的 8.40% 暴跌到 1.10%，2019 年有所回升但也只有 3.5%。天津第三产业的增长率在 2008 年、2009 年达到峰值，均为 15.20%，2010 年以后也开始下滑，2018 年和 2019 年仅有 5.9%，但还是高于第二产业和第一产业（见图 5-11）。

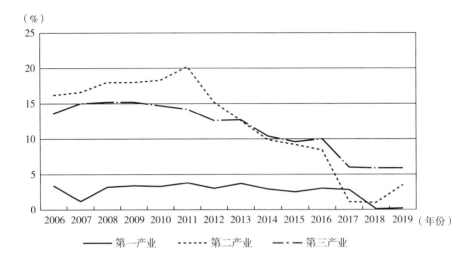

图 5-11　2006~2019 年天津三次产业增加值的增长速度

资料来源：历年《天津统计年鉴》。

表 5-10　2006~2019 年天津三次产业规模和结构

年份	第一产业增加值（亿元）	第二产业增加值（亿元）	第三产业增加值（亿元）	第一产业占比（%）	第二产业占比（%）	第三产业占比（%）
2006	103.35	2457.08	1902.31	2.32	55.06	42.63
2007	110.19	2892.53	2250.04	2.10	55.07	42.84
2008	122.58	3709.78	2886.65	1.82	55.21	42.96
2009	128.85	3987.84	3405.16	1.71	53.02	45.27
2010	145.58	4840.23	4238.65	1.58	52.47	45.95
2011	159.72	5928.32	5219.24	1.41	52.43	46.16
2012	171.6	6663.82	6058.46	1.33	51.68	46.99
2013	186.96	7275.45	6979.60	1.29	50.38	48.33
2014	199.9	7731.85	7795.18	1.27	49.16	49.57
2015	208.82	7704.22	8625.15	1.26	46.58	52.15
2016	220.22	7571.35	10093.82	1.23	42.33	56.44
2017	168.96	7593.59	10786.64	0.91	40.94	58.15
2018	172.71	7609.81	11027.12	0.92	40.46	58.62
2019	185.23	4969.18	8949.87	1.30	35.20	63.50

资料来源：历年《天津统计年鉴》。

与此同时，随着产业结构的演化，天津就业结构也发生了明显变化。"十一五"时期以来天津吸纳的就业人员总数持续增长，但明显呈现出劳动力从第一、第二产业逐渐向第三产业转移的趋势。2008 年，第一、第二、第三产业吸纳的就业人口分别为 76.30 万、271.90 万和 299.12 万人，占比分别为 11.79%、42.00% 和 46.21%。2019 年，三大产业的就业吸纳贡献分别变为 6.50%、30.40% 和 63.10%（见表 5-11）。可以看出：①第一产业的从业人员人数、就业吸纳能力持续下降，这与第一产业在天津经济发展中的地位不断下降一致；②第二产业从业人员总数呈现出先升后降的趋势（2008 年至 2013 年持续上升，2013 年达到顶峰，之后连年下降），就业占比总体在不断下降；③第三产业从业人员总数和就业占比不断提升，2013 年以后第三产业的就业占比开始超过 50%，2017 年以后超过 60%，这对促进天津市就业、缓解就业压力等具有重要意义。

表 5-11　2008~2019 年天津三次产业的就业吸纳贡献

年份	总就业人数（万人）	第一产业就业（万人）	第一产业占比（%）	第二产业就业（万人）	第二产业占比（%）	第三产业就业（万人）	第三产业占比（%）
2008	647.32	76.30	11.79	271.90	42.00	299.12	46.21
2009	677.13	75.70	11.18	281.01	41.50	320.42	47.32
2010	728.70	73.85	10.13	302.33	41.49	352.52	48.38
2011	763.16	73.18	9.59	315.99	41.41	373.99	49.01
2012	803.14	71.23	8.87	330.89	41.20	401.02	49.93
2013	847.46	68.99	8.14	353.85	41.75	424.62	50.11
2014	877.21	67.98	7.75	341.51	38.93	467.72	53.32
2015	896.80	66.17	7.38	320.16	35.70	510.47	56.92
2016	902.42	65.10	7.21	306.41	33.95	530.91	58.83
2017	894.83	62.71	7.01	290.90	32.51	541.22	60.48
2018	896.56	60.67	6.77	285.02	31.79	551.47	61.51
2019	896.56	58.28	6.50	272.55	30.40	565.73	63.10

注：以上统计的仅是三大产业吸纳的城镇劳动力数量。

资料来源：历年《天津统计年鉴》。

二、第一产业发展与布局

（一）天津第一产业发展概况

作为一个工业化中后期的城市，尽管第一产业在经济发展中的地位不断下降，但第一产业的发展始终是关系天津民生大计、社会稳定的重要产业，因此天津一直重视第一产业的发展。

天津第一产业及其细分行业的总体规模和增长率各不相同。"十一五"时期以来，天津第一产业的规模持续扩张。"十一五"期间，第一产业总产值的平均增长率为3.96%，"十二五"期间为5.51%，"十三五"期间出现了较大幅度下滑，只有2.41%。从细分行业来看，"十三五"期间，第一产业增长率的下滑可能主要来自牧业和渔业，其增长率只有0.46%和0.73%，农业和林业增长迅速，其中农业的增长率达到2.17%，林业更是实现了50.57%的高速增长（见表5-12）。

表5-12　2006~2019年天津第一产业总产值和增长情况

年份	农林牧渔业（亿元）	农林牧渔业（%）	农业（亿元）	农业（%）	林业（亿元）	林业（%）	牧业（亿元）	牧业（%）	渔业（亿元）	渔业（%）
2006	225.04	3.60	110.05	4.00	2.01	4.60	70.52	2.90	35.32	4.80
2007	235.40	1.50	114.18	2.10	2.08	4.60	75.64	-1.10	35.49	4.00
2008	256.40	3.30	120.35	3.10	2.22	6.20	83.18	3.50	42.27	3.40
2009	263.21	3.70	127.86	4.80	2.22	1.30	79.45	3.00	45.04	2.20
2010	289.41	3.50	149.52	4.60	2.36	3.10	81.78	2.40	46.79	2.20
2011	311.83	4.20	155.20	5.50	2.46	4.00	90.55	2.00	53.59	2.90
2012	327.44	3.20	164.19	1.80	2.79	8.20	94.90	6.60	55.38	2.30
2013	351.12	3.80	176.63	4.40	3.09	2.80	96.53	2.40	64.58	5.40
2014	367.75	3.00	182.23	3.30	3.22	3.50	102.74	2.90	68.87	2.20
2015	378.44	2.60	182.51	4.20	7.74	8.70	108.70	0.50	68.42	1.20
2016	395.57	3.30	181.89	5.50	8.35	7.90	118.99	-1.30	74.39	3.20
2017	382.07	2.10	183.17	3.20	8.98	7.50	107.96	2.60	69.81	-2.10
2018	390.50	0.90	197.21	-0.80	12.73	41.80	95.76	-5.20	71.13	7.70
2019	414.35	0.60	202.91	3.20	24.92	95.80	100.39	-16.50	71.42	-2.10

续表

年份	农林牧渔业(亿元)	农林牧渔业(%)	农业(亿元)	农业(%)	林业(亿元)	林业(%)	牧业(亿元)	牧业(%)	渔业(亿元)	渔业(%)
"十一五"	253.89	3.96	124.39	8.93	2.18	4.54	78.11	4.46	40.99	5.24
"十二五"	347.31	5.51	172.15	4.07	3.86	26.81	98.68	5.86	62.17	7.90
"十三五"	395.62	2.41	191.30	2.17	13.75	50.57	105.78	0.46	71.69	0.73

注：表中增长率均为统计局公布的实际增长率。

资料来源：历年《天津统计年鉴》。

当然，天津第一产业行业结构也出现了一定变动。"十一五"时期以来，农业在天津第一产业的发展中占据主导地位，农业产值占第一产业总产值的比重持续维持在50%左右。排名第二位的行业是牧业，第三位和第四位则为渔业与林业，但是牧业产值占第一产业总产值的比重表现出下滑趋势。2006年，牧业占天津第一产业产值的比重为31.34%，这一比例到2019年则下降到了24.23%。相比之下，近年来，林业和渔业的地位开始逐渐上升。2006年，林业和渔业的第一产业产值占比分别为0.89%和15.69%，2019年分别上涨到了6.01%和17.24%（见图5-12）。

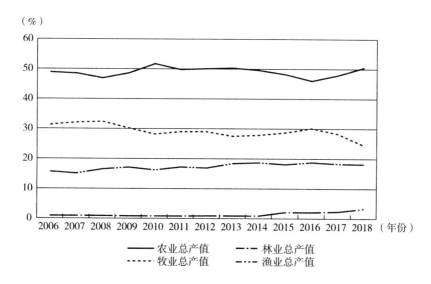

图5-12 "十一五"时期以来天津第一产业的结构及变化

资料来源：历年《天津统计年鉴》。

农业产品中，天津有一些传统优势产品，如沙窝萝卜、小站稻、蓟县板栗等驰名中外（见表5-13）。

表5-13　2019年天津区域公用品牌驰名农产品名录

序号	品牌名称	单位名称	所在区	认定时间
1	宝坻黄板泥鳅	天津市宝坻区泥鳅养殖业协会	宝坻区	
2	沙窝萝卜	天津市西青区辛口镇沙窝萝卜产销协会	西青区	
3	小站稻	天津市津南区农业技术推广服务中心	津南区	2017年
4	茶淀玫瑰香葡萄	天津市滨海新区葡萄种植业协会	滨海新区	
5	七里海河蟹	天津市宁河县七里海河蟹养殖协会	宁河区	
6	蓟州农品	天津市蓟州区农品协会	蓟州区	2018年
7	田水铺青萝卜	天津市武清区大良镇田水铺青萝卜协会	武清区	
8	黄庄大米	天津市宝坻区黄庄生态米业协会	宝坻区	
9	弘历福台头西瓜	天津市静海区台头镇西瓜协会	静海区	2018年
10	崔庄冬枣	天津市滨海新区大港太平镇崔庄冬枣协会	滨海新区	

资料来源：百度文献。

（二）天津第一产业的空间布局

天津的第一产业主要分布在天津中心城区—滨海新区轴线两侧，如北部的宁河—武清—宝坻—蓟州区，以及南部的静海—津南—大港区。天津市设施种植业布局形成了"一环、两翼、三区"的总体格局。

"一环"即环城四区高档设施农业产业带。依托区位优势，重点打造以休闲采摘、文化传承和会员直供模式为主的产业融合型高档精品设施农业，重点发展特色设施蔬菜、水果以及花卉等高档精品农产品，探索发展"植物工厂"、市民"小菜园"等新兴模式，同步规划建设中央厨房等产后加工设施。

"两翼"即"东翼"宁河、滨海新区、东丽区设施果蔬产业带和"西翼"武清、西青、静海传统优势设施蔬菜产业带。充分利用浅层地下水及优质地表水资源发展一批功能多样的设施园区。其中，"东翼"重点发展设施葡萄、草莓、花卉、蔬菜和设施育苗育秧等；"西翼"重点发展早春和秋延后设施蔬菜，兼顾设施西甜瓜、青萝卜等特色品种种植。

"三区"即蓟州特色设施作物聚集区、宝坻外向型设施作物聚集区和武清京津保供设施作物聚集区。通过政策引导和技术指导，在"三区"内的非超采区域承接原中南部地区高耗水种植品种的转移，形成与水资源承载能力相适应的集约化、规模化、规范化产业发展主要功能区。其中，蓟州特色设施作物聚集区重点发展设施食用菌、果菜类和蓝莓、草莓等；宝坻外向型设施作物聚集区重点发展设施口感蔬菜、水果和韭菜等绿叶菜，以及设施育苗育秧；武清京津保供设施作物聚集区重点发展设施叶菜、茄果、萝卜、葡萄、设施育苗等。

设施畜牧业将严格依法合规划定畜禽养殖禁养区，发挥区域比较优势划定环城特色养殖区、远郊生态养殖区，实现畜牧生产布局与土地、资源、环境、经济社会发展相互协调。设施渔业逐步形成高标准养殖区、现代渔业基地、生态高效渔业发展区和水产品加工流通产业相结合的区域布局。

三、第二产业发展与布局

（一）天津第二产业发展概况

天津是传统的工业城市，是中国老工业基地之一，第二产业一直占有较高比重。中华人民共和国成立初期天津工业以食品、纺织为主，发展成了轻、重工业大体相等、部门比较齐全的综合性工业城市。改革开放后，特别是"十一五"时期以来，通过调整产业结构，加大科技投入，构建高端化、高质化、高新化产业结构，八大优势支柱产业比重保持在90%以上，工业竞争力和可持续发展能力不断增强，工业布局日趋合理，初步构建起以战略性新兴产业为先导、以高新技术产业为引领、从优势支柱产业为支撑的现代工业体系。

天津市最新统计数据显示，2020年全市工业增加值4188.13亿元，比上年增长1.3%，采矿业增加值增长2.8%，制造业增长1.5%，电力、热力、燃气及水生产和供应业下降1.0%。从重点行业来看，汽车制造业增加值增长5.7%，黑色金属冶炼及压延加工业增长2.6%，医药制造业增长3.5%，电气机械和器材制造业增长22.9%，仪器仪表制造业增长16.7%，铁路、船舶、航空航天和其他运输设备制造业增长13.5%，石油和天然气开采业增长6.3%。全年建筑业总产值4388.17亿元，增长7.1%。

制造业尤其是先进制造业仍是天津经济发展的主要支撑和拉动力量，2020年制造业占全市规模以上工业的比重为72.9%。目前天津已经拥有全部制造业的31个大类，形成了航空航天、石油化工、装备制造、电子信息、生物医药、新能源、新材料、国防工业八大优势支柱产业，发展出了爱玛、融创、天士力、海鸥表、天地伟业、大无缝钢管、飞鸽、夏利等众多知名工业品牌。

为了在全国制造业发展中占据一席之地，天津重视高科技产业的发展。《中国高科技行业统计年鉴》的数据显示，"十一五"时期以来天津六大高技术产业实现了不同程度的发展，主营业务收入也都基本实现了大幅提高（见表5-14和表5-15）。电子及通信设备制造业是天津主导高科技行业，其主营业务收入自"十一五"时期以来从未低于1300亿元，大部分年份都维持在2000亿元左右，几乎相当于其他五个高技术行业主营业务收入总和，但是"十一五"时期以来电子及通信设备制造业主营业务收入增长表现却不很乐观，2013年以后一直是负增长，2015年增长率跌到-26.21%，2019年则为-8.82%。航空、航天器及设备制造业发展迅速，主营业务收入从2006年的3.12亿元增长到2016年的904.01亿元，增长了近300倍。2008年以后，增长率也从未低于13.00%，很多年份都保持了45.00%以上的增长率。医药制造业、医疗仪器设备及仪器仪表制造业也都表现出了明显的增长趋势。

表5-14　2006~2019年天津高技术产业的主营业务收入　　单位：亿元

年份	医药制造业	航空、航天器及设备制造业	电子及通信设备制造业	计算机及办公设备制造业	医疗仪器设备及仪器仪表制造业	信息化学品制造业
2006	216.78	3.12	1939.82	134.54	41.67	—
2007	217.66	3.74	1708.74	172.63	44.19	—
2008	224.88	3.40	1498.67	183.09	55.10	—
2009	278.90	102.54	1369.33	101.63	65.91	—
2010	314.70	152.70	1639.50	102.30	81.90	—
2011	368.90	226.40	1961.10	64.60	76.30	—
2012	457.50	257.50	2580.80	139.10	92.10	—
2013	524.00	445.20	2934.90	252.80	86.50	—
2014	538.80	583.10	2727.80	329.10	103.30	—
2015	571.25	766.40	2363.94	394.19	117.01	20.98
2016	567.40	904.01	1744.42	395.17	125.40	26.03

年份	医药制造业	航空、航天器及设备制造业	电子及通信设备制造业	计算机及办公设备制造业	医疗仪器设备及仪器仪表制造业	信息化学品制造业
2018	519.00	——	1531.00	427.00	136.00	——
2019	573.00	——	1396.00	531.00	163.00	——

注：信息化学品制造是指电影、照相、医用、幻灯及投影用感光材料、冲洗套药，磁、光记录材料，光纤维通信用辅助材料及其专用化学制剂的制造。《中国高技术产业统计年鉴2018》未发布，所以缺少2017年数据。2019~2020年《中国高技术产业统计年鉴》缺少航空、航天器及设备制造业相关统计数据。

资料来源：历年《中国高技术产业统计年鉴》。

表5-15　2006~2019年天津高技术产业主营业务收入的增长率　　单位：%

年份	医药制造业	航空、航天器及设备制造业	电子及通信设备制造业	计算机及办公设备制造业	医疗仪器设备及仪器仪表制造业	信息化学品制造业
2006	0.40	19.80	-11.91	28.30	6.03	——
2007	3.32	-9.09	-12.29	6.06	24.69	——
2008	24.02	2915.88	-8.63	-44.49	19.62	——
2009	12.84	48.92	19.73	0.66	24.26	——
2010	17.22	48.26	19.62	-36.85	-6.84	——
2011	24.02	13.74	31.60	115.33	20.71	——
2012	14.54	72.89	13.72	81.74	-6.08	——
2013	2.82	30.97	-7.06	30.18	19.42	——
2014	6.02	31.44	-13.34	19.78	13.28	——
2015	-0.67	17.95	-26.21	0.25	7.16	24.03
2016	-0.67	17.96	-26.21	0.25	7.17	——
2019	10.40	——	-8.82	24.36	19.85	——

注：表中的增长率均是名义增长率。《中国高技术产业统计年鉴2018》未发布，所以缺少2017年数据。2008~2009年航空航天数据变动较大故出现2915.88。

资料来源：历年《中国高技术产业统计年鉴》。

不过，与全国高科技产业发展相比，天津的航空、航天器及设备制造业在全国占据重要地位。2016年，天津航空、航天器及设备制造业的主营业务收入占全国的比例高达23.78%，天津成为全国航天器及设备制造业的重要基地。作为天津规模最大的高科技行业，2006年天津电子及通信设备制造业的主营业务收入只占全国的9.21%，并且这一比例持续下降，2016年只有2.00%，2019年只有1.39%。2019年，天津医药制造业和医疗设备及仪器仪表制造业的主营业务收入占全国的比重分别为2.40%和1.63%（见表5-16）。

表5-16　2006~2019年天津高技术行业的主营业务收入占全国的比重

单位：%

年份	医药制造业	航空、航天器及设备制造业	电子及通信设备制造业	计算机及办公设备制造业	医疗仪器设备及仪器仪表制造业	信息化学品制造业
2006	4.59	0.39	9.21	1.06	1.76	—
2007	3.65	0.37	6.88	1.16	1.46	—
2008	3.04	0.29	5.47	1.11	1.69	—
2009	3.07	7.75	4.81	0.62	1.55	—
2010	2.76	9.59	4.56	0.51	1.48	—
2011	2.55	11.70	4.54	0.31	1.13	—
2012	2.64	11.05	4.89	0.63	1.19	—
2013	2.45	15.60	4.92	1.09	0.98	—
2014	2.31	19.26	4.04	1.40	1.04	—
2015	2.22	22.46	3.02	2.03	1.12	0.20
2016	2.01	23.78	2.00	2.00	1.08	0.22
2018	2.20	—	1.60	2.10	1.30	—
2019	2.40	—	1.39	2.58	1.63	—

注：《中国高技术产业统计年鉴2018》未发布，所以缺少2017年数据。2019~2020年《中国高技术产业统计年鉴》缺少航空、航天器及设备制造业相关统计数据。

资料来源：历年《中国高技术产业统计年鉴》。

　　天津具备了一定发展先进制造业和高技术行业的技术条件和人力资源条件。技术研发和高智力人才是促使新技术和设备更新，促进产业结构升级优化的重要推动力。"十一五"时期以来，天津各高技术行业的R&D经费投入增长迅速。

2014 年和 2015 年，天津高科技行业 R&D 经费投入的增长率达到 34.86% 和 46.41%，2016 年开始负增长，2019 年为 -14.93%（见表 5-17）。

表 5-17　2006~2019 年天津高技术行业 R&D 投入情况

年份	医药制造业（亿元）	航空、航天器及设备制造业（亿元）	电子及通信设备制造业（亿元）	计算机及办公设备制造业（亿元）	医疗仪器设备及仪器仪表制造业（亿元）	信息化学品制造业（亿元）	高科技行业的 R&D 经费总额（亿元）	高科技行业 R&D 经费增长率（%）
2006	4.48	—	7.28	1.47	0.01	—	13.23	—
2007	3.70	—	5.51	5.50	0.65	—	15.36	16.10
2008	3.18	0.21	13.26	5.88	0.18	—	22.71	47.92
2009	5.44	0.01	23.31	2.44	1.68	—	32.88	44.75
2010	5.21	0.18	26.44	3.05	0.34	—	35.22	7.13
2011	10.25	0.27	19.07	0.46	3.10	—	33.15	-5.89
2012	15.60	0.16	21.12	0.98	2.97	—	40.83	23.18
2013	15.67	0.21	26.68	1.21	3.36	—	47.14	15.44
2014	17.52	8.89	28.35	3.63	5.18	—	63.57	34.86
2015	16.93	28.54	28.79	8.53	9.62	0.67	93.07	46.41
2016	19.75	8.84	29.87	7.87	8.62	0.67	75.63	-18.74
2018	16.10	—	35.95	14.86	5.42	—	74.42	—
2019	12.73	—	24.32	17.93	5.25	—	63.31	-14.93

注：R&D 经费增长率是名义增长率。《中国高技术产业统计年鉴 2018》未发布，所以缺少 2017 年数据。2019~2020 年《中国高技术产业统计年鉴》缺少航空、航天器及设备制造业相关统计数据。

资料来源：历年《中国高技术产业统计年鉴》。

"十一五"时期以来，天津高科技行业吸纳就业总数逐年增长，天津大学、南开大学等全国著名学府为天津市高科技产业的发展提供了相对充足的高技术人才，但是总体来看，波动较大，各行业表现也不同。电子及通信设备制造业吸纳的就业人数最多，2019 年吸纳了 94801 人就业，占天津市高技术产业就业总数的 53.03%。然而，高技术行业吸纳就业总数的增长速度波动较大，2016 年和 2019 年，天津市高技术行业就业总数增长率分别只有 -19.40% 和 -4.37%（见表 5-18）。

表 5-18　2006~2019 年天津市高技术行业的就业情况

年份	医药制造业（人）	航空、航天器及设备制造业（人）	电子及通信设备制造业（人）	计算机及办公设备制造业（人）	医疗仪器设备及仪器仪表制造业（人）	信息化学品制造业（人）	高技术行业的就业总人数（人）	高技术行业就业总人数人增长率（%）
2006	39565	1471	125835	9090	13030	—	188991	—
2007	38233	1503	137954	8091	13255	—	199036	5.32
2008	34810	1560	135784	8401	12007	—	192562	-3.25
2009	42851	9422	125455	6733	15819	—	200280	4.01
2010	44516	11221	157924	10698	15663	—	240022	19.84
2011	38324	19039	153477	10641	17417	—	238898	-0.47
2012	41626	22849	199491	16327	15304	—	295597	23.73
2013	46566	2502	191309	17034	13727	—	271138	-8.27
2014	46232	25862	184445	26432	15211	—	298182	9.97
2015	46136	27642	162780	21948	16216	1088	275810	-7.50
2016	45428	29167	112425	18332	15663	1296	222311	-19.40
2018	41575	—	104073	19526	14237	—	186944	—
2019	43234	—	94801	17674	15404	—	178777	-4.37

注：《中国高技术产业统计年鉴 2018》未发布，所以缺少 2017 年数据。2019~2020 年《中国高技术产业统计年鉴》缺少航空、航天器及设备制造业相关统计数据。

资料来源：历年《中国高技术产业统计年鉴》。

（二）天津第二产业的空间布局

"十二五"期间天津形成了以滨海新区现代制造为主、中心城区高端都市工业和区县特色工业相互补充共同发展的工业产业空间发展格局。根据"十三五"规划，天津依托京津发展轴构建京津高新技术产业发展带，利用港口、岸线资源优势打造滨海新区海洋产业发展带，培育一批科技型、循环型、生态型产业增长极，形成了"两带集聚，多极带动、周边辐射"的产业总体空间布局（钱伯海，2001）。

1. 两带集聚：精华所在——城市层面

两带是指沿京津发展主轴方向的京津高新技术产业发展带和沿海岸线的滨海新区海洋产业发展带。两带集聚规划用地 416.60 平方千米，占全部工业用地的 57.50%。其中，京津走廊高新技术产业发展带聚集开发区、保税区、高新区、空港、东丽、北辰、武清、宁河、宝坻等重点园区，重点发展航空航天、新兴信息产业、新能源、新材料、新能源汽车、生物医药等战略性新兴产业，规划用地 200 平方千米，占全部工业用地的 27.60%，成为战略性新兴产业发展的重要基地。临海产业发展带聚集南港、临港、东疆港、大港海洋石化区等重点产业功能区，重点发展大型装备、石油石化等产业，规划用地 216.60 平方千米，占全部工业用地的 29.90%，成为国家级装备制造业基地和石化产业基地（钱伯海，2001）。

2. 多极带动：希望所在——市域层面

通过集聚作用，在天津市各区县培育科技型增长极、循环型增长极和生态型增长极三种类型的产业发展增长极：①培育科技型增长极。在天津市打造 IT 三角和科学三角。由西青、津南、静海三区共同打造天津的"IT 三角"，总用地面积 80 平方千米，重点发展微电子、光电子、人工智能等高端电子信息产业。由武清、北辰、宝坻共同打造天津"科学三角"，总面积 60 平方千米，重点引进国内外大型科研院所 100 家以上，强化自主创新、强调原创经济，形成知识产业密集区。②培育循环型增长极。促进工业循环发展，重点在静海子牙循环经济产业区、南港工业区、汉沽北疆电厂和宁河玖龙纸业构建循环经济产业链。③培育生态型增长极，以环保产业、生态型产业为经济增长点，在蓟县、宝坻、宁河、中新生态城等生态环境良好的地区打造生态增长极。

3. 网络辐射：责任所在——区域层面

依托京津冀协调发展战略以及天津市发展规划，通过两带和增长极的发展，突破行政界线，进一步形成辐射区域的产业网络，实现天津产业布局结构与北京、河北省的联动发展，增强天津产业发展潜力与辐射力。

天津产业的空间布局要考虑承接非首都功能疏解，建立与北京全国科创中心联动机制，聚焦重点发展领域，对接北京创新资源，建设滨海—中关村科技园、宝坻京津中关村科技城、武清京津产业新城等协同创新中心，承接北京科技成果并形成集聚效应，把北京研发与天津转化更好地结合起来：一是建设滨海—中关村科技园。打造类中关村创新创业生态系统，提升园区科技创新平台水平，建设滨海科技创新基地，吸引更多在京科技服务资源到园区投资或业务延伸，建设成为高端创新要素聚集、产业特色鲜明、可持续发展的国际一流科技研发和成果转化园区。二是建设宝坻京津中关村科技城。坚持以创新、合作及产城融合为主题，通过建设空间载体、培养产业环境、组织产业落地、吸引人才落户、完善城市服务等方式，建设成为中关村全球创新要素汇集地、京东高质量产城融合示范区。三是建设宁河京津合作示范区。加强产业引进、项目招商和投融资等服务，合作构建园区产业链；鼓励北京优质教育、医疗卫生等资源在京津合作示范区开展合作，打造成为北京非首都功能疏解的承载地之一、京津深化全方位合作的重要平台、区域改革创新发展的试验基地。四是建设武清京津产业新城。以起步区建设为引领，加速形成具有集聚和辐射功能的产业内核，建设产城融合的现代化科技产业新城。五是建设北辰国家级产城融合示范区。加快基础设施和公共服务配套建设，吸引高端产业项目和首都资源项目集聚，建成生产、生活、生态融合发展的典范。

主导产业的创新标志区布局如下：滨海新区培育"中国信创谷""生物制造谷""细胞谷""北方声谷""氢能小镇"等一批主导产业突出的创新标志区；北辰、津南、静海等区打造京津微创新中心；津南海河教育园区加快产学研用深度融合，推进创新发展聚集区建设，打造"天津智谷"；围绕西青大学城、东丽科研机构聚集区等科教资源密集区，培育研发产业聚集区。

四、第三产业发展与布局

（一）天津第三产业发展概况

"十一五"时期以来，天津市第三产业规模持续增长，占比不断扩大，第三产业占 GDP 总值从 2006 年的 31.8% 增长到 2018 年的 58.6%，"三二一"产业格局基本形成。"十三五"期间，天津服务业提升金融引领带动作用，加快现代物流、科技服务发展，加快电子商务、信息服务、文化创意、健康养老、会展商务创新发展，推动现代商贸、旅游业、教育培训、体育健身、家庭服务、房地产转型发展，构筑现代服务业产业体系。

具体来看，天津现代服务业的发展也体现出行业差异。批发和零售业是天津规模最大的服务业，增加值从 2006 年的 468.12 亿元增长到 2018 年的 2361.45 亿元，增长了 4 倍左右。尽管"十一五"时期以来，批发和零售业的增加值占天津市服务业增加值总额的比重呈现出下降的趋势，但 2018 年这一占比仍高达 21%。除个别年份外，"十一五"时期以来，金融业在天津服务业中的地位持续提升，尤其 2013 年以后，金融业的地位迅速攀升。2006 年，金融业增加值占天津服务业增加值总额的比重只有 10.70%，2018 年，这一占比提高到 17.84%。另外，房地产业与交通运输、仓储和邮政业的规模也增长明显（见表 5-19 和图 5-13）。

表 5-19 2006~2018 年天津服务业及主要细分行业的增加值

单位：亿元

年份	服务业合计	批发和零售业	金融业	房地产业	交通运输、仓储和邮政业	住宿和餐饮业
2006	1752.63	468.12	186.87	160.72	252.86	79.41
2007	2047.68	498.61	288.17	189.42	294.06	92.61
2008	2410.73	604.64	360.55	202.38	320.63	106.09
2009	3405.16	836.84	461.20	308.73	471.01	131.84
2010	4238.65	1090.68	572.99	377.59	585.37	157.66
2011	5219.24	1463.89	756.50	411.46	632.10	194.52
2012	6058.46	1680.33	1001.59	449.65	683.56	222.18
2013	6979.60	1813.47	1235.91	533.33	675.02	221.13
2014	7795.18	1950.71	1422.28	550.86	720.72	230.28
2015	8625.15	2070.04	1603.23	618.25	729.09	248.01
2016	10093.82	2256.54	1793.57	805.92	725.31	292.11
2017	10786.64	2306.98	1951.75	783.27	780.40	309.10
2018	11027.12	2361.45	1966.89	724.39	816.33	327.94

资料来源：历年《中国第三产业统计年鉴》。

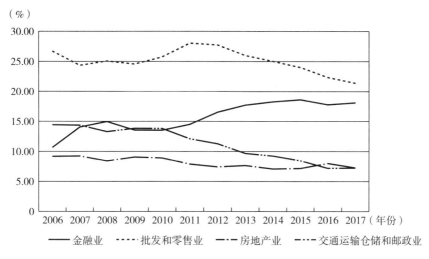

图 5-13 2006~2017 年天津主要服务业结构

资料来源：历年《中国第三产业统计年鉴》。

天津经济地理

"十一五"时期以来，天津服务业吸纳了大量就业人员，从2006年的95.89万人增长到2019年的166.60万人。"十一五"期间实现了2.86%的平均增长速度，"十二五"和"十三五"期间吸纳就业的规模增长速度更快，分别达到6.05%和3.96%。其中，就业吸纳能力最强的行业是教育、批发和零售业以及金融业。2019年，三者分别吸纳就业20.24万人（12.15%）、19.96万人（11.98%）和19.80万人（11.88%），其次为公共管理和社会组织（10.56%），交通运输、仓储和邮政业（8.96%）。增长较快的是金融业，吸纳的就业人数由2006年的5.15万人增加到2019年的19.80万人（见表5-20和图5-14）。

表5-20　2006~2019年服务业的就业情况

年份	金融业（万人）	教育（万人）	公共管理和社会组织（万人）	批发和零售业（万人）	交通运输、仓储和邮政业（万人）	总就业（万人）	总就业增长率（%）
2006	5.15	16.75	13.28	11.04	11.58	95.89	—
2007	5.54	16.62	13.23	12.76	12.01	100.11	4.40
2008	6.17	16.78	13.75	13.53	12.47	105.77	5.66
2009	6.68	16.56	13.57	11.85	12.28	104.73	-0.99
2010	6.95	16.42	13.69	12.38	12.49	107.19	2.35
2011	7.72	16.45	14.08	14.74	11.42	109.8	2.43
2012	7.80	16.30	15.50	17.50	14.10	125.90	14.66
2013	8.10	18.90	15.50	17.20	14.30	136.30	8.26
2014	8.90	17.40	15.40	17.30	14.30	133.70	-1.91
2015	12.10	18.00	16.50	17.80	15.00	142.80	6.81
2016	16.01	17.95	17.35	18.21	14.67	148.85	4.24
2017	19.16	18.02	17.45	15.31	14.53	151.81	1.99
2018	17.10	18.40	18.40	19.20	13.20	153.80	1.31
2019	19.80	20.24	17.60	19.96	14.93	166.60	8.30
"十一五"	—	—	—	—	—	—	2.86
"十二五"	—	—	—	—	—	—	6.05
"十三五"	—	—	—	—	—	—	3.96

资料来源：历年《中国第三产业统计年鉴》。

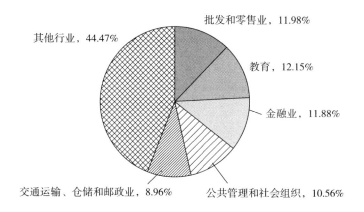

图 5-14　2019 年天津主要服务业的就业结构

资料来源：历年《中国第三产业统计年鉴》。

（二）天津第三产业的空间布局

天津服务业标志性区域在天津解放北路，这是天津旧时的金融街。1937 年以前，这条街已成为北方著名的金融中心，有"东方华尔街"之称，现今仍为天津金融机构的集聚地之一。这里文物建筑荟萃，现存风貌建筑数十幢，大部分都有百年历史。2006 年天津市以解放北路为轴心的天津金融城项目正式启动，以打造开放型、智能化的天津金融综合服务区，包含金融、保险、证券等七大板块，分为金融交易服务区、金融广场、商务公寓区、酒店区等区域。此外，天津地处陆海交通要冲，具有发展国内外贸易的优越条件，历史上曾是中国北方的重要商业中心和南北物资交换的集散地。现今天津也因滨江道商业街、鼓楼商业街、和平街、大胡同等商业街而闻名。

根据天津市"十三五"规划，落实天津"双城双港"空间战略要求，围绕城市发展定位，加快形成"两区一带，多点支撑"的服务业发展空间布局。其中，"两区"指中心城区和滨海新区核心区两个服务业核心区，"一带"指海河现代服务业发展带，"多点"指一批重点发展的现代服务业组团。

"两区一带"即依托中心城区、滨海新区和海河两岸服务业资源优势，着力打造若干个产业集聚、特色突出、功能完善、辐射力强的生产性服务业集聚区，重点发展金融商务、现代物流、商业休闲、电子商务、教育科研、文化体育等现代服务业。其中，中心城区建设繁荣繁华标志区，滨海新区建设生产性服务业发展集聚区，海河轴线建设现代服务业产业发展带。

"多点支撑"即突出各区优势，在资源禀赋良好、交通便利、产业基础较好的地区，大力发展休闲度假、旅游会展、健康养老等特色产业，重点建设蓟州文化与休闲服务业组团、宝坻物流与科技服务业组团、未来科技城科技服务业组团、生态城科技与度假服务业组团以及团泊康体与休闲服务业组团。

参考文献

［1］Guangwen Meng, Klaus Sachs. The achievements and problems of modern free economic zones of TEDA［J］. Die Erde, 2005（3）：217-244.

［2］Guangwen Meng. The theory and practice of free economic zone, a case study of Tianjin. China［M］. Frankfurt：Peter Lang Publishing, 2003.

［3］陈家清，陈伟，张智敏，等. 三大需求对我国GDP贡献率的波动特征分析［J］. 统计与决策，2017（18）：134-137.

［4］国家统计局. 中国统计年鉴2020［M］. 北京：中国统计出版社，2020.

［5］国家统计局社会科技和文化产业统计司. 中国高技术产业统计年鉴［M］. 北京：中国统计出版社，2020.

［6］国家统计局. 中国第三产业统计年鉴［M］. 北京：中国统计出版社，2019.

［7］李卫华. 我国消费、投资和出口的变动及其对经济增长的贡献［J］. 经济地理，2019（9）：31-38.

［8］刘子玉. 中国经济周期动态特征及货币政策有效性研究［D］. 长春：吉林大学博士学位论文，2019.

［9］孟广文，杜明明，等. 中国海外园区越南龙江工业园投资效益与启示［J］. 经济地理，2019，39（6）：16-25.

［10］孟广文，杨开忠，等. 中国海南：从经济特区到综合复合型自由贸易港的嬗变［J］. 地理研究，2018，37（12）：2363-2382.

［11］钱伯海. 国民经济核算原理［M］. 北京：中国经济出版社，2001.

［12］天津统计局，国家统计局天津调查总队. 天津统计年鉴2020［M］. 北京：中国统计出版社，2020.

［13］王坤岩. 天津经济地位及变动趋势研究［D］. 天津：天津商业大学硕士学位论文，2008.

［14］向蓉美. 国民经济核算及分析［M］. 成都：西南财经大学出版社，2005.

［15］许宪春，吕峰. 改革开放40年来中国国内生产总值核算的建立、改革和发展研究

［J］．经济研究，2018，53（8）：6-21.

　　［16］许宪春．中国国民经济核算中的若干重要指标与有关统计指标的比较［J］．世界经济，2014（3）：145-159.

　　［17］祝尔娟．天津经济发展概论［M］．天津：天津人民出版社，2004.

第六章 主导产业发展与布局

主导产业指在区域经济发展中起组织和带动作用的产业，是区域产业结构的组织核心。主导产业代表着产业发展的未来趋势，主要着眼于未来国民经济增长点的培育和产业发展优势，强调前瞻性。支柱产业则是指在区域经济中占有较大比重，是构成国民收入主要来源，对区域经济增长具有举足轻重作用的产业。支柱产业代表现在的优势产业，着眼于近期国民经济发展。支柱产业孕育主导产业，主导产业也能发展成为支柱产业，两者共同作用可以促进区域经济可持续发展。本章首先分析天津主导产业发展背景、演变和空间布局，然后解析各主导产业发展的现状、布局及趋势。

第一节 主导产业发展概况

根据《天津市国民经济和社会发展第十四个五年规划和二〇三五年远景目标纲要》，天津"一基地三区"功能定位将基本实现，即全国先进制造研发基地基本建成，主导产业加快成长，信息技术应用创新产业形成了全产业链[①]。天津支柱产业主要指航空航天、石油化工、装备制造、电子信息、生物医药、新能源、新材料和国防工业八大优势产业，而天津主导产业主要指先进制造、智能科技、生物医药、新能源和新材料五个产业。本节将在分析天津主导产业发展背景的基础上，重点分析天津主导产业发展现状、布局特征。

[①] 天津市国民经济和社会发展第十四个五年规划和二〇三五年远景目标纲要［EB/OL］.（2021-02-09）［2021-07-16］. http：//credit. fzgg. tj. gov. cn/68/34491. html.

一、主导产业发展背景

（一）科技革命与国际政治经济环境带来深刻影响

第四次科技产业革命孕育推动的智能化、绿色化、服务化成为制造业发展新趋势，而互联网、大数据和云计算等快速发展，促进制造业发展理念、生产方式和发展模式发生了深刻变革。全球制造业分工体系加速重构，发达国家实施"再工业化"战略，强调制造业的创新发展，以重塑竞争优势；发展中国家也积极加入全球产业再分工，以求在新一轮的产业竞争中有立足之地（张莹婷，2019）。因此，全球制造业领域向发达国家"逆转移"态势逐步显现，中低端制造环节加速向东南亚和南亚等发展中国家转移。全球贸易和投资规则深刻改变，国际市场环境和治理体系更趋复杂。这为天津市主导产业发展带来了新的机遇和挑战。

（二）国家发展战略叠加提供了历史机遇

天津滨海新区开发开放、京津冀协同发展、"一带一路"倡议、自贸区建设、国家自主创新示范区建设以及"双循环"新发展格局为天津主动参与全球制造业分工合作、提高对外开放层次和水平提供了重大契机。建设全国先进制造研发基地是国家立足京津冀协同发展大局，对天津提出的新定位。"十三五"和"十四五"期间，天津坚持制造业立市，制造业仍是经济发展的主要支撑和拉动力量，而创新将进一步激发主导产业发展活力和动力，先进制造研发基地和生产性服务业集聚区的经济功能将进一步强化，天津经济发展将实现制造业和服务业双轮驱动。

（三）天津创新驱动战略成果提供了新动力

天津高标准建设国家自主创新示范区，加快建设一批先进制造业产业技术研究院，推动中国工程科技发展战略研究院、中国新一代人工智能发展战略研究院等高端智库建设。2018年，天津市有8项科技成果获得国家科学技术奖。其中，国际合作奖1项，自然发明奖1项，科技进步奖6项。市级科技成果登记数2331项。其中，属于国际领先水平94项，达到国际先进水平262项。"天河三号"百亿亿次超算原型机研制成功，12英寸半导体硅单晶体打破国际垄断，水下滑翔机下潜深度再创新高。国家高新技术企业达5038家，科技领军企业达55家，新认定市级重点新产品279项。启动市级技术创新中心建设，新备案25

家市级众创空间，新认定 24 家市级工程技术研究中心、8 家市级科技企业孵化器。2018 年末，全市共有国家级重点实验室 13 个，国家级工程（技术）研究中心 12 个，国家企业技术中心 61 家。

（四）京津冀协同发展与雄安新区建设提供了外部支撑

天津服务非首都功能疏解和雄安新区建设成效明显。截至 2018 年，天津滨海—中关村科技园累计注册企业 941 家，京津合作示范区、宝坻京津中关村科技城、武清京津产业新城等承接平台建设提速，国家会展中心项目启动建设，中交建京津冀区域总部、中国核工业大学等一批项目签约。天津主动服务雄安新区建设发展，津冀合作协议 8 方面事项加快落实，[①] 重点工程加快推进。津雄城际纳入国家规划，京滨、京唐铁路加快建设，天津至北京新机场联络线前期工作提速推进，京秦高速冀津连接线开通，津石高速天津东段开工，天津港与曹妃甸港首条环渤海内支线开通。对来津北京牌照小型、微型客车限行实行同城化管理，京津冀交通"一卡通"覆盖全部公交和地铁线路。京津冀（天津）检验检疫综合改革试验区挂牌运营，天津口岸进出口总额 13846.04 亿元，增长 9.20%，其中来自京冀的货物比重达 30.20%。产业对接协作继续深化，京津冀大数据协同处理中心、西青电子城数据中心等项目顺利推进。

二、主导产业发展演变

自"十一五"规划以来，天津一直将调整优化产业结构作为转变经济发展方式的关键环节，明确主导产业，壮大优势产业，发展战略性新兴产业，实施大项目好项目的建设，着力增强自主创新能力，高端化、高质化、高新化产业体系初步形成。随着天津产业结构的变化，其主导产业也在不断地演进。

"十一五"（2006~2010 年）期间，天津主导产业是"电子信息、石油和海洋化工、汽车和装备制造、石油钢管和优质钢材、生物技术与现代医药、新型能源和新型材料等产业"，目的是走出一条以高新技术引领、加快发展现代制造业的道路。在主导产业的发展方面，天津着力建设国内一流的电子信息产业基地，重点发展无线通信、新型元器件，壮大软件等生产规模；建设国家级石化

---

① 天津市国民经济和社会发展第十一个五年规划纲要［EB/OL］.（2006 - 11 - 20）［2021 - 07 - 18］. http：//www.tj.gov.cn/zwgk/szfgb/rdhwj/202005/t20200520_ 2462755.html.

产业基地，重点发展石油、海洋和精细化工，形成 3000 万吨炼油、120 万吨乙烯生产能力；建设国家重要的汽车制造业基地，发展高档轿车和具有自主品牌的环保经济型轿车，形成 100 万辆汽车生产能力；建设国际领先的石油钢管和优质钢材制造基地，保持石油专用管材生产在世界上的领先水平；建设我国重要的现代医药产业基地；建设国家重要的绿色能源和环保产业基地；建设装备制造业基地①。

"十二五"（2011～2015 年）期间，天津主导产业是"航空航天、电子信息、石油化工、汽车及装备制造、生物医药、新能源新材料、国防科技等产业"。在主导产业的发展方面，天津迅速壮大大飞机、大火箭、直升机等航空航天，建设国家级航空航天产业基地；大力发展物联网、云计算等新一代信息技术产业，建设国家级电子信息产业基地；加快实施千万吨炼油、百万吨乙烯等重点项目，完善石化工业产业链，建设国家级石化产业基地；重点发展机车车辆、造修船、港口机械等十大成套装备，建设国家级重型装备制造产业基地；加强中药关键技术研发和标准化建设，加快产业化步伐，建设国家级生物医药产业基地；发展风力发电、绿色电池、光伏电池、复合材料、化工新材料等，建设国家级新能源新材料产业基地；加快构建 10 个国防工业技术研发平台，建设国家级国防科技工业基地。②

"十三五"（2016～2020 年）期间，天津主导产业是"高端装备、新一代信息技术、航空航天、节能与新能源汽车、新能源、新材料、生物医药、节能环保等产业"。在主导产业发展方面，天津重点发展海洋工程装备、高档数控机床、机器人、三维（3D）打印设备等，打造临港高端装备制造产业基地。重点发展高端服务器、新型智能终端、新一代基站、网络安全等关键技术和产品，打造具有国际竞争力的新一代信息技术产业基地。重点围绕"三机一箭一星一站"等龙头产品，打造具有国际影响力的航空航天产业基地。重点提升整车及关键零部件生产能力，突破电池、电机、电控等核心技术，建设国内重要的节能与新能源汽车生产基地。重点发展超导、功能膜、半导体、高分子等功能材

①　天津市国民经济和社会发展第十一个五年规划纲要［EB/OL］.（2006-11-20）［2021-07-18］. http：//www.tj.gov.cn/zwgk/szfgb/rdhwj/202005/t20200520_ 2462755.html.
②　天津市国民经济和社会发展第十二个五年规划纲要［EB/OL］.（2011-03-11）［2021-07-17］. http：//www.gov.cn/2011lh/content_ 1825838.html.

料，建成国家级新材料产业基地。重点发展针对重大疾病的化学药、中药、生物药新产品，提升壮大医疗器械产业，建设生物医药产业创新高地。重点发展储能电池、太阳能和风力发电设备、智能电网装置等，打造绿色能源产业基地。重点突破节能、资源循环利用和污染治理等技术，开发推广高效节能、先进环保的装备，将节能环保产业培育形成新的增长点。①

"十四五"（2021～2025 年）期间，天津的主导产业是"新一代人工智能、生物医药、新能源、新材料等产业"。在新一代人工智能产业方面，大力发展智能科技产业，以人工智能产业为核心，以新一代信息技术产业为引领，以信创产业为主攻方向，以新型智能基础设施为关键支撑，推动建设国家先进操作系统创新中心，构筑全国领先的信创产业基地，全力打造人工智能先锋城市。在生物医药产业方面，巩固提升化学药和现代中药优势，加快培育生物药、高端医疗器械、智慧医疗与大健康等新兴产业，打造国内领先的生物医药研发转化基地。在新能源产业方面，扩大锂离子电池产业优势，加快氢能产业布局，打造全国新能源产业高地。在新材料产业方面，大力发展新一代信息技术材料、高端装备材料和前沿新兴材料等重点领域，建成国内一流新材料产业基地。②

第二节　智能科技产业发展与布局

作为天津主导产业之一，天津智能科技产业具备了较好的发展基础，取得了丰硕的发展成果，在新兴产业培育、智能科技成果转化与示范应用等方面处于全国中上水平。但是，由于发展时间较短、投资不足以及区域竞争激烈等原因，在人才、企业以及成果产出数量等方面还有很大的发展空间。未来应把新兴产业智能科技培育、重点智能科技升级、产业群构建与布局、区域合作与人才培养等方面作为发展方向。

---

① 天津市国民经济和社会发展第十三个五年规划纲要［EB/OL］.（2016－02－27）［2021－07－16］. http：//www. tj. gov. cn/zwgk/wjgz/szfwj/201603/t20160309_ 290755. html.

② 天津市国民经济和社会发展第十四个五年规划和二〇三五年远景目标纲要［EB/OL］.（2021－02－09）［2021－07－16］. http：//credit. fzgg. tj. gov. cn/68/34491. html.

一、智能科技产业发展现状

天津智能科技产业发展具备较好的基础。中国信通院发布的《2017 年中国人工智能产业数据报告》显示，天津智能科技产业总体水平处在全国中上游。目前，天津智能科技产业已形成了自主可控信息、智能安防、大数据、先进通信、智能网联车、工业机器人、智能终端七大产业链条，集聚智能科技高新技术企业 300 余家，年主营业务收入超过 1000 亿元。

（一）新兴产业加快发展

无人机及水下装备领域产业化步伐加快，一飞智控、海燕水下滑翔机等企业发展良好。天津市智能网联汽车产业研究院挂牌成立，发布智能网联汽车道路测试管理办法，开放 29.85 千米测试道路，智能网联通勤车实现示范应用。颁布实施天津市促进大数据发展应用条例，出台大数据发展规划，推出一批重点场景建设。自主安全可靠产业不断壮大，超算、麒麟、飞腾、曙光等高端产品在全国领先。以智能科技为代表的新型高端产品增势迅猛，服务机器人、工业机器人分别增长 94.3% 和 20%。

（二）智能科技与制造业日益融合

智能科技产业与制造业融合发展日益完善，智能制造企业的产值、营业收入和利润分别占全市规模以上工业的 20.90%、32.70% 和 25.70%。[①] 深度推进"互联网+制造业"，天津滨海工业云 2.0 版正式上线，国家级智能制造专项累计达到 15 个，国家新型工业化示范基地达到 11 家。推动传统企业智能化升级，5 个项目列入国家智能制造综合标准化与新模式应用项目。不断完善制造业创新体系，国家企业技术中心达到 61 家，现代中药、智能网联汽车、生物基材料等制造业创新中心加快建设。规模以上工业企业研发投入比重达到 1.49%，工业企业全年专利授权量突破 4 万件。

（三）突破性重大原创成果涌现

前沿技术和基础理论研究形成一批突破性重大原创成果。脑机协同、智能传感芯片领域进入国家布局，天津麒麟荣获 2018 年国家科技进步一等奖。集中

---

① 天津系统谋划"大智能"战略布局，打造"智港"为新经济发展赋能［EB/OL］.（2019-07-22）［2020-03-14］. http：//gyxxh. tj. gov. cn/ggdt/68159. htm.

开展关键核心技术攻坚，国家先进计算产业创新中心获批建设，中环12英寸半导体硅单晶体打破国际垄断，展讯通信14nm5G基带芯片实现量产、达到国际先进水平，"天河三号"百亿亿次超级计算机原型机研制成功。

（四）智能科技应用场景不断丰富

智能医疗稳步推进，全市39家三级医疗机构智慧门诊上线运行。智慧城市建设不断完善，建成全市信息资源统一共享交换平台，上线数据总量超过35亿条。中新天津生态城开展智慧城市与生态城市建设融合试点。全市移动宽带和固定宽带下载速率分别跃居全国第4位和第5位，首批民用5G测试基站投入使用。智能文化、智能交通等专项行动计划加快实施，打造了一批市民触手可及的智能化应用场景。

二、智能科技产业空间布局

一是建设"京津智能科技走廊"。沿京津发展主轴，形成京津研发、武清中试、城区服务、滨海新区产业化的智能科技产业链，整合"一廊多园"的空间布局，建设智能科技产业聚集带。二是建设智能科技发展载体。支持各区发挥特色优势，依托自主创新示范区、工业示范园区等，大力发展智能科技产业，建设一批具有全国影响力的智能科技特色示范园区。智能装备产业方面，重点建设天津开发区、武清京津科技谷、西青开发区、北辰开发区等特色园区。智能机器人产业方面，重点建设天津开发区、武清京滨工业园、子牙经济技术开发区、陈塘科技商务区等特色园区。大数据产业方面，重点建设天津开发区、中新生态城、津南高研园等特色园区。智能科技软硬件产业方面，重点建设滨海高新区、光荣道科技产业园、启迪南开科技城等特色产业园。保税区重点发展智能语音、数字医疗。东丽开发区重点布局智能汽车、智能医疗产业。宝坻京津中关村科技城重点发展智能电网、可穿戴设备产业。依托东丽华明高新区等载体，建设一批智能科技特色小镇。

三、智能科技产业发展趋势

天津智能科技产业发展中存在的问题主要有三个：一是智能科技人才缺乏。从省级层面看，北京、江苏、陕西、湖北、上海位列前5，人才总量均超过1万，而天津不到5000人。从城市层面看，天津人才总量甚至少于长沙、成都和哈尔滨。二是智能科技企业数量少、活跃度低。从企业数量看，北京 395 家，上海 210 家，深圳 119 家，杭州 63 家，四个城市人工智能企业占全国总数的 77.80%，而天津人工智能企业仅有 17 家。从企业成立时间看，天津智能科技企业平均成立时间为 4 年，低于北京、上海，说明天津人工智能企业起步较晚，整体实力较弱。三是基础性研究成果特别是核心成果数量少。天津 AI 论文产出较少，AI 高影响力论文产出更少，人工智能技术专利产出不高。针对存在的问题，未来天津智能科技发展呈现出新的趋势。

（一）加快智能科技新兴产业培育

加快智能关键技术转化应用，促进技术集成与商业模式创新，积极培育以智能机器人、智能驾驶、智能软硬件、智能传感器为重点的智能科技新兴产业，打造具有国际竞争力的智能科技产业创新中心和产业集群。[①]

（二）推动重点产业智能化升级

推动智能科技与各产业领域深度融合，深化智能科技在生产运营、远程运维服务、供应链管理等方面的应用，以智能化推动传统产业向高端化发展。实施智能制造试点示范专项行动，建设智能制造示范基地、示范园区、示范企业以及市级智能制造试点示范项目。打造智能物流配送示范基地，培育 10 家智能物流示范企业。构建医疗、医保、医药"三医一体化"大健康信息平台，实现信息共享交换。推进智能家居大数据平台建设，提升家居产品的个性化、智能化服务能力。

（三）构建智能科技服务产业集群

加快构建智能科技研发成果转化服务体系，重点发展科技服务、新一代信息技术服务等产业。依托高校和科研院所，搭建产学研用对接平台，推进研发服务、技术评估与交易、科技咨询、科技培训、科技金融、知识产权等科技服务业集群发展，做优科技成果转化和创业孵化生态体系。

（四）建设智能科技创新高地

加强智能科技原始创新供给，加速构建先发优势，系统提升持续创新能力，打造开源开放、共创共享、协同发展的智能科技创新体系。发挥北京大学新一

---

① 天津市加快推进智能科技产业发展总体行动计划和十大专项行动计划的通知［EB/OL］．（2018-01-16）［2020-03-14］．https：//www.sohu.com/a/217033060_355430.

代信息技术研究院、清华大学电子信息研究院、天津先进技术研究院、南京理工大学北方研究院等科研院所及创新平台的理论研究优势，重点突破大数据智能、跨媒体感知计算、人机混合智能、群体智能等基础理论。

（五）推动京津冀智能科技协同创新

推进京津冀区域全面创新改革试验，积极推动落实知识产权风险补偿、新型产业技术研发机制、创业投资、投贷联动、金融服务创新、高新技术企业认定等方面的改革，实施"科技创新券""创新创业通票"制度，打造引领全国的智能科技产业发展战略高地。积极承接非首都功能疏解，深化全面对接机制，推进智能科技承接载体建设，加快滨海—中关村科技园、未来科技城、中欧先进制造产业园等平台建设，积极吸引北京智能科技产业落户。推进智能科技产业协同发展，推动京津冀产业转移对接，形成优势互补、分工协作的产业发展格局。

第三节　生物医药产业发展与布局

天津生物医药产业尽管在产值规模等方面难以和先进制造业相比，但随着人民生活水平的提高，社会与市场需求越来越大，因此生物医药产业具有巨大发展潜力。作为重点发展的主导产业之一，天津生物医药部分产品产业如化学药、生物药以及中药等发展较快，生产基地较多，分布较广，在全国具有一定地位，但在医疗器械、创新能力和生产工艺与设备等方面还存在短板，这些方面应成为未来的发展方向。

一、生物医药产业发展现状

（一）天津医药产业规模

天津生物医药产业规模保持高速增长。2018 年，天津市工业增加值为6962.71 亿元，比上年增长 2.60%；医药制造业增长 8.80%，比工业增加值增幅高 6.20%。根据《天津市生物医药产业发展三年行动计划（2018—2020年）》（以下简称《行动计划》），2018 年医药制造业资产总计 786.49 亿元

（见图 6-1）。① 2020 年，天津市生物医药产业生产总值 1500 亿元左右，建设成为全国重要的生物医药产业创新基地、具有全球影响力的生物制药研发转化基地。

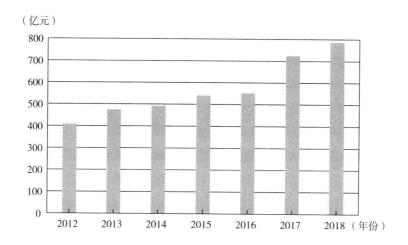

图 6-1　2012~2018 年天津市医药制造业总产值

资料来源：历年《天津统计年鉴》。

（二）天津医药产业链与创新体系

截至 2018 年，天津市共有医药制造业规模以上企业 90 家，医药工业企业 500 强 14 家，医药工业百强企业 4 家，上市公司 24 家，聚集了天津医药集团、天士力、中新药业、红日药业、凯莱英等一批领军企业，以及汉康医药、赛诺医疗、天堰医教、康希诺生物等一大批科技小巨人企业（见表 6-1），在化学药和中药领域形成优势。根据火石创造数据库数据显示，2018 年底，天津市累计获批国产药品 3106 件，累计获批国产医疗器械 2238 件，其中包括一类医疗器械 790 件、二类医疗器械 1080 件、三类医疗器械 368 件；天津市生物医药产业累计发生融资事件 27 起，融资金额高达 27.49 亿元。

---

① 天津统计局，国家统计局天津调查总队．天津统计年鉴 2019［M］．北京：中国统计出版社，2019.

表 6-1　天津市部分生物医药重点企业

企业名称	类别	概况
天士力	现代中药	以大健康产业为主线、以制药业为中心,包括现代中药、化学药、生物制药和保健品、健康食品等。涵盖科研、种植、提取、制剂、营销等的高科技产业集团,2018 年实现营业总收入 179.90 亿元,同比增长 11.08%
天津医药集团	大型综合性制药集团	以绿色中药、化学原料药、化学制剂与生物药、特色医疗器械、现代商业物流五大板块为主体,科研、生产、商业销售一体化运作,拥有 180 多家企业,控股中新药业、天药股份、力生制药三家上市公司和迈达科技一家新三板上市公司,与葛兰素史克、大冢、维克多等跨国知名制药公司合作组建合资企业十余家。集团主要经济指标位居中国医疗行业前列,连续多年入选中国企业 500 强、中国医药工业百强
红日药业	现代中药	横跨现代中药、化学合成药、生物技术药、药用辅料和原料药、医疗器械、医疗服务等诸多领域,集投融资、研发、生产、销售于一体的高科技医药健康产业集团
凯莱英	医药合同定制研发生产(CDMO)	致力于全球制药工艺的技术创新和商业化运用,为国际主流制药企业提供医药外包综合服务,同时为国内药企提供从临床前研究直至药品上市商业化生产、申报文件及现场核查等一站式服务
赛诺医疗	介入医疗器械	主要生产 BuMA 生物降解药物涂层冠脉支架系统,在全球拥有 84 项已授权发明专利,41 项申请中发明专利,以及 122 项授权的独占许可专利
中源协和	精准医疗	以"细胞+基因"为主营业务,双核驱动,以细胞的存储、研发、临床转化为切入点,公司拥有国家干细胞工程技术研究中心、细胞产品国家工程研究中心,以及国家干细胞工程产品产业化基地

资料来源:根据天津市各生物医药企业的网站资料整理而成。

为了加快培育生物医药产业发展,天津市出台了一系列促进生物医药产业发展的政策文件。这些政策包括《天津市生物医药产业发展三年行动计划(2015—2017 年)》《天津市智能医疗与健康专项行动计划》《天津市生物医药产业发展三年行动计划(2018—2020 年)》等,为产业发展营造了良好的政策环境。

天津拥有较好的创新平台。天津市拥有南开大学、天津大学等国内知名综合性院校,拥有天津医科大学和天津中医药大学两所专业本科院校,天津生物医药领域拥有工程技术研究中心 2 个、重点实验室 4 个、临床医学研究中心 1 个、企业技术中心 6 个、部委级重点实验室 15 个,集聚了天津药物研究院、天津国际生物医药联合研究院、中科院天津工业生物技术研究所等一批高水平研发平台,初步形成了较为完备的创新研发体系。

二、生物医药产业空间布局

天津市初步形成了以滨海新区为核心区，以武清、北辰和西青为辅的医药产业集聚分布格局（丁艳丽等，2017）。本部分将分别介绍滨海新区、武清开发区、北辰区医药医疗器械产业园以及西青经济技术开发区的生物医药产业布局情况。

（一）滨海新区

作为天津生物医药产业发展核心集聚区，生物医药产业正成为当地"特色名片"，产业规模保持高速增长，并形成了以国家生物医药国际创新园为核心的生物医药产业格局。2018 年，滨海新区医药制造业增长 9.80%，高于规模以上工业增加值的增速（3.60%）。天津滨海新区初步形成了涵盖产品研发、技术转化、生产制造、商业物流和展示交流等功能的生物医药产业链，集聚了全国中药材和中药饮片行业的龙头企业盛实百草、全国最大的医教行业生产商天津天堰科技以及致力于在高端生物技术领域打造中国民族顶级品牌的天津强微特生物等一大批生物医药行业领军企业。

（二）武清开发区

生物医药产业是武清开发区三大主导产业之一。开发区着力建设生物医药产业软硬环境，积极承载京津冀三地产业转移资源，推动生物医药产业快速聚集。园区已有 60 余家生物医药企业，包括天狮公司、红日药业、赛诺制药等龙头企业，注册资本 20 余亿元，初步形成了以基因测序、中药颗粒、医疗器械、诊断试剂为主的产业体系。武清开发区抢抓京津冀协同发展机遇，积极承接北京产业转移，加大在京招商引资力度，近期引进了国内肿瘤基因检测服务龙头企业金橡生物等智能生物制造项目 23 个，成功引进水母基因、擎科生物等项目，形成了智能生物产业聚集。

（三）北辰区医药医疗器械产业园

北辰区依托天津唯一一家以医药医疗器械产业作为功能定位的园区天津医药医疗器械工业园，形成了以医疗器械为特色的产业集聚。该工业园致力于发展成为中国北方医药医疗器械生产研发中心、科研成果转化基地和物流集散中心。园区总控规面积 8.79 平方千米，发展储备用地近 20 平方千米，集聚了天津医药集团、天士力集团、陕西医药集团环球印务有限公司、九州通医药物流集

团、国药集团（天津）医疗器械、天宸（天津）生物科技、天津欣普赛尔生物
医药科技有限公司等多家大型医药生产及配套企业，初步形成了医药医疗器械
研发生产、医药包装、医药物流等多个行业板块，产业集聚初具规模。

（四）西青经济技术开发区

西青经济技术开发区已形成了医药研发、药品生产、医疗器械、医药服务
平台、医疗诊断与咨询等完善的产业集群，会聚了力生制药、同仁堂、赫素制
药、太平洋制药等一大批高素质的医药企业，形成了心脑血管、抗菌和抗癌三
大类药品。

三、生物医药产业发展趋势

天津生物医药产业发展中存在的问题主要有四个方面：一是生物医药产业
的集聚效应尚未形成。天津生物医药产业规模不大，没有形成集约化优势，影
响了生物医药产业化水平的提高。二是产业结构不合理。在整个生物医药产业
中，化学药产值占全市生物医药比重的66.10%，利润较低的原料药制造业比重
也达到26.20%，而医疗器械产值比重却较低，不足北京和上海的1/5（盛刚、
邵永同，2010）。三是整体创新能力不强。目前区内生物医药产业仍以生产制造
为主，创新规模不足，研发投入低；企业和研发机构间不能形成有效的上下游
合作关系，不能形成产、学、研首尾呼应的整体优势；区内生产企业研发投入
和新产品上市率较低，科研经费和成果转化率较低（梅红建，2010）。四是缺乏
协调机构和专业化队伍。目前天津滨海新区内和生物医药相关的厂房、设备、
资金和政策由不同部门负责，管委会投资促进局、科技发展局、创业中心和泰
达风险投资都承担了部分产业招商职能。由于各个部门的工作角度不同，导致
在项目促进上很难协调，不能为企业提供一个全面、持续的一揽子扶持计划。
一些资源处于无效率和闲置状态，同时好的项目又不能获得最大限度的支持。
区内的孵化器基本都是综合性的孵化器，在项目选择、后期辅导上都缺乏专业
化的队伍，孵化器最终退化为简单的工业物业公司，没有充分发挥孵化器的作
用。未来，天津生物医药产业应凸显出新的发展趋势。

（一）提高生物医药工程装备整体方案解决能力

围绕关键生产工艺，重点研发数字化、网络化、智能化的高速滴丸机、数
控包衣机、超低温滴制系统、智能分拣与检测系统等自动控制装备和系统。加

强在线控制、在线检测、无菌对接、在位清洗、在位消毒等技术工艺设计和装备设计，实现药品生产的管道化、连续化、自动化。加强生物医药产业国家级、市级重点实验室建设，突破在线质量控制、自动化生产等生产过程中的重大应用关键技术，推动建立生产过程智能化领域基础通用国家标准，大幅提升生物医药产业生产智能化水平。[①]

（二）提高生产过程数字化、可视化水平

重点制药企业建立从车间生产执行到企业上层信息化的管理系统，以实现生产过程的生产计划调度、物料信息、生产过程、质量分析、设备运行等数据的自动采集和互联互通，用于安排物料使用计划、智能搭配药材及提取物投料比例。在系统之间，要实现企业的业务系统与药品的研发系统（LIMS）、药品质量监管系统（QMS）、仓储管理系统（WMS）、药品生产自动化控制系统（PCS）、环境监管系统（EMS）和生产执行系统（MES）等的信息化综合集成，从而将制造系统与企业管理系统连成一个整体，实现生产计划、工艺制造、检验、物流等全部环节的高效协同与集成。

（三）提高产品全生命周期质量管控与追溯能力

加快条形码、二维码、射频识别（RFID）等技术在中成药企业中的应用，实现药品在全生命周期中具有唯一标识，实现药品生产过程中的批次生产管理信息、重要生产工艺数据、重要质量检测和分析数据的自动采集及保存，实现药品质量各环节数据的快速查询与追溯。

（四）培育一批重点产品

重点发展高端化学制剂、中药大品种、生物制品、高端医疗器械等高附加值产品，加强保健食品的开发，形成一批具有国内外较高知名度的大品种。加快发展国内领先的抗肿瘤蛋白、基因工程胰岛素、新型疫苗、生物试剂、干细胞治疗药等，推进传统中药产品的二次开发，发展影像设备、医用机器人等高性能诊疗设备，全降解血管支架等高值医用耗材，可穿戴、远程诊疗等移动医疗产品。

（五）完善产业公共服务平台

面向行业共性技术研发和产业化服务需求，完善和新建一批国家级和市级

---

① 天津市生物医药产业发展三年行动计划2018—2020年［EB/OL］.（2018-10-31）［2020-03-14］. http://www-main. tjftz. gov. cn/sjb/system/2018/10/31/010099490. shtml.

重点实验室、企业技术中心和工程中心，重点搭建仿制药研发、现代中药研发、高端医疗器械研发等研发平台，提高新型制剂技术、成药性专业技术，促进药品中试及产业化，完善医药知识产权的储备与运营，规划国际生物医药展会，提升产业公共服务水平和支撑能力。

（六）建设生物医药产业基地

利用滨海新区国家生物医药国际创新园的开发和京津冀协同发展的优势，建设集产品研发、技术转化、生产制造、商业物流和展示交流于一体的国家生物医药产业基地，培育形成滨海新区生物医药产业创新发展集群、天津开发区西区生物医药产业研发转化集群、天津健康产业园、武清医疗保健产业园、北辰现代中药产业园、西青现代医药产业园六个具有国内外影响力的生物医药产业集群。

第四节　新能源产业发展与布局

新能源是未来社会经济可持续发展的新动力，是未来产业发展的新领域。近年来，天津出台了《天津市新能源产业发展三年行动计划（2018—2020年）》等一系列扶持政策，以鼓励新能源产业的发展。天津新能源产业起步较早，产业规模以及部分新能源产品与技术在全国居于领先水平。尽管如此，天津新能源产业也存在研发投入不足、人才短缺、产业标准体系缺乏等方面的不足，未来重点发展方向有新能源汽车、锂离子动力电池、风力发电、光伏发电、氢能及氢燃料电池。

一、新能源产业发展现状

天津新能源产业保持了平均40%以上的年增长速度，而且产业门类较宽，包括风能、太阳能、生物质能、化学储能、地热能、海洋能、氢能等，形成了产业不断融合和相互促进的发展态势。目前，天津能源产业聚集了力神、津能、维斯塔斯、歌美飒、苏司兰、京瓷等一批规模大、技术装备水平高、研发制造能力强的骨干企业，已形成了以锂离子和镍氢电池、薄膜太阳电池、风电装备为主体的绿色能源产业集群，在国内具有一定的领先优势（王艳晓和刘隽亭，2012）。

（一）新能源产业发展规模

天津的新能源产业总体上被划分为五大重点发展领域：新能源汽车、锂离子电池、风力发电、太阳能光伏、氢能及氢燃料电池。新能源产业工业总产值逐年增大，占天津市工业总产值比重逐年提高。新能源产业利税总额逐年增加，产业盈利能力大幅提高。截至 2017 年，天津拥有新能源企业百余家，新能源产业产值突破 500 亿元，形成了 11 亿安时锂离子电池、850MW 光伏、6000MW 风电整机生产能力，正在成为全国新能源产业重要基地（陈亚楠，2017）。

利税总额逐年增加。其中，新能源产业工业总产值从 2006 年的 74.15 亿元上升到 2011 年的 885.3 亿元，同比增长 44.8%；新能源产值占全市工业总产值的比重，从 2006 年的 0.83% 增加到 2011 年的 4.71%。新能源产业利税额从 2006 年的 4.71 亿元上升到 2011 年的 76.56 亿元，同比增加 31.6%。

（二）新能源产业结构

天津作为全国风力发电高新技术产业化基地已初具规模。作为中国名副其实的"风能之都"，天津吸引了丹麦的维斯塔斯、西班牙的歌美飒、印度的苏斯兰、荷兰的艾尔姆、四川东方电气自动控制工程有限公司、广东明阳风电产业集团有限公司等知名企业的集聚。滨海新区不仅构建起了从研发、制造到检测的风电产业体系，而且形成了从整机机组到叶片、齿轮箱、发电机、控制系统等配套零部件的较为完整的风电产业链条。天津已经形成了以整机企业为龙头、配套企业为支撑、专业化分工为纽带、技术创新和人才为基础的产业群，使天津风电产业在国内外市场上越来越具有竞争力。天津风电产业发展整体上呈现出宽领域、多层次的特征（范婷婷，2019）。

天津太阳能光伏发电领域产业链条完整。天津集聚了中国电子科技集团第十八所等科研院所，同时世界仅有的两家柔性薄膜太阳能电池生产企业已经落户天津。天津光伏产业发展涵盖了整条产业链，包括晶硅制造、多晶硅电池、非晶硅薄膜电池、电池组件等，具有其他地区不可比拟的优势。天津津能公司引进美国 EPV 公司的先进设备，致力于生产非晶硅太阳能电池，通过产学研结合，建成了 5 兆瓦非晶硅薄膜电池生产线，扩产后达到了生产玻璃衬底太阳能电池 100 兆瓦规模。

天津中低温地热资源开发利用处于领先水平。全市地热资源分布面积达 8700 平方千米，约占全市面积的 80%，目前已经确立了天津文化广场、中新生态城等 10 个开发利用示范工程。地热可以广泛应用于居民供暖、温泉理疗、旅游度假、水产养殖等领域，天津市用于地热供暖的面积达到 1320 万平方米，温泉游泳池面积约 8000 平方米，每年约接待温泉洗浴的游客达 450 万人次。

天津绿色储能产业在国内占据核心位置。滨海新区聚集了力神、比克、三洋能源、蓝天电源等企业，逐渐形成了绿色储能产业集群，形成了从电池材料、技术研发、产品生产到销售与服务较为完善的产业链，其锂离子电池的市场份额占全国的 31.50%～38.70%。力神公司通过自主研发，承担了多个国家级科研攻关项目，曾获 249 项国家专利，拥有 431 项自主知识产权，已形成了年产数亿个不同类型锂离子电池的生产规模。

天津已逐渐成为国内新能源动力汽车发展基地之一。新能源汽车关键零部件研发也在天津市新一批 20 项重大项目名单中，云集了许多知名企业。在做大电动自行车市场的同时，也优化和集成汽车、发动机、电池、电机等方面的优势力量，研发清洁汽车，形成混合动力公交车、家庭轿车和纯电动轿车为一体的多品种竞争优势。建龙集团已在西青区建设新能源汽车制造基地。

二、新能源产业空间布局

天津新能源产业的空间布局侧重于新能源汽车产业基地、锂离子电池产业基地、风电产业、光伏产业示范园区以及氢燃料新能源汽车产业园的区位选择。

（一）滨海高新区和武清区、静海区新能源汽车产业基地

以天津比亚迪汽车有限公司、天津银隆新能源有限公司为主体，在武清区、静海区建设新能源大客车产业基地；以国能新能源汽车有限责任公司为主体，在滨海高新区建设新能源乘用车、商用车生产基地，并集聚关键零部件等配套资源，加快建设滨海高新区新能源汽车产业集群；以大津清源电动车辆有限公司、扫地王（天津）专用车辆装备有限公司等专用车企业为主体，在市开发区和蓟州区、西青区建设新能源专用车产业基地；依托天津中科先进技术研究院新能源汽车检测中心项目，提升全市新能源汽车检测、测试技术研发、标准制定的综合服务能力，形成全市新能源汽车试验检测、市场营销、在用车安全检测、回收利用和售后服务的完整体系。

（二）静海区、宝坻区锂离子电池产业基地

发挥天津力神国家锂离子动力电池工程技术研究中心在技术研发方面的作

用，支持企业自主研发全国领先的正负极材料等电池配套材料，引导生产配套企业向滨海高新区和静海区、宝坻区聚集；引导和支持力神电池、天津松正电动汽车技术股份有限公司、国能新能源汽车有限责任公司等企业向上游品牌建设拓展，加快自主产品的推广营销；依托国网天津市电力公司、天津电力设计院电网技术储备和建设能力，向下游服务、运维等高附加值环节延伸，开展智慧充换电设施网络和智能充电系统建设和服务。

（三）滨海新区风电产业、北辰区光伏产业示范园区

依托滨海新区的国家风力发电高新技术产业化基地，发挥本市风电龙头企业聚集的优势，构建起以整机为龙头、零部件配套及相关服务为支撑的完备的产业体系。建设北辰区光伏产业示范园区，积极与晶科能源有限公司、协鑫集成科技股份有限公司等全球知名光伏企业和科研院所进行全面接洽。

（四）滨海新区氢燃料新能源汽车产业园

重点吸引中国科学院大连化学物理研究所来津设立分所，充分利用渤化集团等企业充沛的工业副产氢资源，以及氢气"制—储—运"等产业链优势环节，推动加氢站的审批和建设；加快本市氢燃料电池车辆小规模示范运营，积极推动深圳国氢新能源科技有限公司、科陆集团有限公司、加拿大巴拉德动力系统公司等企业在津建设中国氢谷项目，加快推动力神电池与北京蓝吉新能源科技有限公司合作建设氢能燃料电池产业项目，吸引氢能领域龙头企业落地；引进北京、上海、江苏、广州等地的氢燃料电池及整车制造企业，全面布局氢能和燃料电池全产业集群，打造氢燃料新能源汽车产业园、氢能智慧交通示范城市。

三、新能源产业发展趋势

天津新能源产业发展中存在的问题主要有以下五个方面：一是创新能力不强。目前，天津市新能源企业基础性、创新性研究水平不高，技术和设备依然依赖进口，缺乏清晰而明确的技术发展路线，科技创新能力不足以满足新能源产业快速健康发展的需要（陈亚楠，2017）。二是研发经费投入不足。新能源产业是高新技术产业，需要强大的资金支持。由于产业进入门槛高、投资回收期长，企业普遍面临融资难问题。三是产业标准体系缺乏。目前，天津新能源产业发展保障机制尚没有建立，生产技术标准体系、产品检测体系和质量标准认证体系都不完善，市场竞争无序，产品多集中在中低端水平。四是专业技术人

才缺乏。缺乏专业技术人才导致产业整体生产技术落后，技术成果得不到及时转化，影响新能源产业快速有效占领市场份额。五是规模企业偏少。尽管产业总量增长快，但只有少数企业形成一定规模，产业总量偏小，集群效应还未充分凸显，对天津经济发展的拉动作用不够明显。未来，天津新能源产业发展呈现出新趋势。

（一）确定新能源产业重点发展领域

结合全球产业发展趋势和天津市产业基础与需求，培育氢能及氢燃料电池等新兴领域，提升光伏、风电等领域发展效益，推动锂离子动力电池和新能源汽车等领域研发、制造与应用融合发展，推动新能源重点领域科学发展。①

新能源汽车方面，一是加快整车系列化发展。重点提升技术水平及生产能力，推动天津一汽夏利汽车股份有限公司和国能新能源汽车有限责任公司纯电动商务轿车量产，推进天津艾康尼克新能源汽车有限责任生产基地建设，打造具有全国影响力的津产乘用车品牌。二是突破关键零部件"瓶颈"。依托天津松正电动汽车技术股份有限公司、堡敦（天津）机电有限公司、中国汽车技术研究中心等企业及研究机构，重点开发新一代新能源大客车动力传动总成系统、PD18 型号轮毂电机等产品，发展电驱动系统、电驱动动力总成、电力电子总成等集成化产品，实现驱动平台通用化、标准化、系列化。三是构建全面服务体系。依托中国汽车技术研究中心和天津中科先进技术研究院，研究和优化新能源汽车整车检测、诊断、试验技术，建立新能源汽车整车和关键部件检验检测与试验评价公共服务平台，完善新能源汽车产品标准体系。

锂离子动力电池方面，一是提高电池性能。依托天津力神电池股份有限公司（以下简称"力神电池"）、天津银隆新能源有限公司等重点企业，加快三元电池、钛酸锂电池批量化生产和应用；依托中国电子科技集团公司第十八研究所（中电科十八所）和南开大学等高校院所，加快推进固态电池、锂硫电池、金属空气电池等新型电池研发，探索能够突破当前动力电池瓶颈的新技术路径。二是扩大电池产业规模。支持天津国安盟固利新能源有限公司、力神电池、天津捷威动力工业有限公司等重点企业，利用智能制造生产方式，扩大企业生产

① 天津市新能源产业发展三年行动计划 2018－2020 年 ［EB/OL］．（2018－11－02）［2020－03－14］．http：//www.china-nengyuan.com/news/130988.html.

规模。三是重点研发关键材料。推动天津巴莫科技股份有限公司 5 万吨正极材料项目建设，加快高镍系、高电压三元等材料在动力电池正极材料的应用；支持天津市贝特瑞新能源科技有限公司开展硅碳复合负极材料结构构筑、制备及产业化研究。四是推进电池检测与回收。依托国家轿车质量监督检验中心，建立涵盖动力电池电芯、模组和系统的创新测试评价方法，完善验证服务体系；与回收利用企业合作，开展动力电池回收利用技术开发与回收网络建设，建成覆盖全市的体系完善的动力电池回收、交易、拆解、梯次利用网络。

在风力发电方面，一是加强风力发电整机研发。依托维斯塔斯风力技术（中国）有限公司、天津明阳风电设备有限公司等重点企业，着力推动制造流程和工艺智能化、清洁化升级。二是提升关键部件研制。依托天津瑞能电气有限公司、天津华建天恒传动有限责任公司等重点企业，加快发展大功率发电机、齿轮箱、叶片、偏航变桨系统、冷却系统，以及大型铸锻件等关键部件的开发。三是建设智能电站。支持平高电气风电光伏新能源智能电站一体化等项目，促进现代先进的数字信息技术、通信技术、互联网技术、云计算技术、大数据挖掘技术与新能源技术深度融合。

在光伏发电方面，一是提高光伏电池性能。依托天津三安光电有限公司、天津蓝天太阳科技有限公司等重点企业，重点发展正向失配（UMM）三结太阳能电池外延及芯片工艺、类单晶硅锭铸造与黑硅电池、锗基空间用多结砷化镓电池、正向失配（UMM）四代三结太阳能电池、薄膜电池、聚光电池等重点产品和技术，提高太阳能电池的转化效率。二是提升光伏组件附加值。积极推动天津英利新能源有限公司、天津中环半导体股份有限公司等龙头企业，研发直拉法生长太阳能级硅单晶、导体超薄硅片、金刚线切割多晶硅、5 栅线多晶太阳能组件等太阳能电池组件，实现涵盖"硅料—硅棒/硅锭/硅片—电池—组件"的全产业链，加强对产业链的高利润环节控制，提升产品附加值。三是实现系统部件工艺突破。依托中电科十八所、南开大学等具有国内较高水平的科研院所和高校，联合重点企业开展低能耗、高效率、环保型生产工艺研发，实现光伏逆变器、配电箱等系统部件的技术和工艺突破。

在氢能及氢燃料电池方面，一是加快燃料电池发展。推动国氢新能源科技有限公司引进吸收加拿大巴拉德动力系统公司 30 千瓦电堆技术；引导北京蓝吉新能源科技有限公司与力神电池深入合作，开展高性能氢能燃料电池及其关键材料、燃料电池发动机等核心部件技术研发和产品开发。二是加强关键零部件研究。依托南开大学等高校开展质子交换膜、膜电极、新型催化剂的研究，促进关键材料技术国产化，降低成本；着力推动关联企业开发燃料电池堆、空压机组件、氢气再循环泵等关键辅助系统零部件，提升电堆组件集成性能，开展长寿命燃料电池发动机研发和测试评价技术。三是完善配套产业。引导和支持渤化集团等大型化工、能源企业开展技术改造，提升工业副产品安全制氢能力；加快天津市大陆制氢设备有限公司碱性水电解制氢设备的研发，降低制氢耗电量；积极对接北京科泰克科技责任有限公司等企业，加快引入 35 兆帕和 70 兆帕车载储氢瓶；加大加氢站核心装备（氢气压缩机、高压储氢罐、氢气加注机）生产企业的引进力度，鼓励上海氢枫能源技术有限公司等企业在本市探索加氢站与加油站、充电站合建的技术可行性。

（二）确定新能源重点项目工程

加快发展新能源汽车和锂离子电池产业，巩固风电和光伏产业优势，培育氢能源燃料电池产业，优化产业结构，实施一批产业化重大项目，推进本市新能源产业形成具有核心竞争力的产业体系。

一是投产达标一批项目。实施项目 16 项，总投资 100 亿元，其中锂离子电池项目 1 项、风电项目 8 项、光伏项目 7 项；依托采埃孚齿轮箱扩大产能、东方电气叶片研发等项目，攻克整机、齿轮机箱等方面的关键技术，形成一批具有自主知识产权的产品。

二是开工建设一批项目。实施项目 20 项，总投资 345 亿元，其中新能源汽车项目 2 项、锂离子电池项目 9 项、风电项目 5 项、光伏项目 4 项；发挥中聚电池产业园、天津力神国家动力锂离子电池工程技术研究中心以及天津东皋膜动力扩产等项目在电池系统设计、工艺技术及关键设备并发以及电池系统梯级利用及回收等领域研发设计优势，搭建磷酸铁锂和三元材料电池并行的技术路径，有效支撑本市电动汽车产业发展。

三是储备报批一批项目。实施项目 19 项，总投资 365 亿元，其中新能源汽车项目 8 项、锂离子电池项目 6 项、风电项目 2 项、氢能及氢燃料电池项目 3 项；国氢新能源燃料电池产业园、蓝吉新能源燃料电池工业生产线建设等项目，引入燃料电池制造生产线，建立"电—电"混合动力产品的开发流程，完成燃料电池膜电极、电堆模块、DCDC 生产线以及燃料电池系统集成生产线建设，打造燃料电池电源模块、动力总成系统、客货车等产品供应链。形成1家至2家具有国际竞争力的燃料电池生产、整车制造龙头企业。

第五节 新材料产业发展与布局

新材料产业也是促进天津社会经济可持续发展的新动力。"十二五"时期以来，天津新材料产业形成了一定的产业优势，引进了一批国际领先、市场急需的先进技术，策划实施了一批大项目、好项目，研发了一批具有国际竞争力的拳头产品，形成了一批带动产业发展的骨干企业，在产业链条延伸、产业集聚和规模发展上取得了较大进步，为推动天津经济发展和产业结构转型提供了重要支撑。然而，作为新兴产业，无论是产业规模、产业结构，还是创新能力与转化等方面都有待进一步完善与发展。

一、新材料产业发展现状

新材料产业一直是天津市重点支持的高新技术产业，目前天津市新材料领域拥有超过1万家的科技型企业，部分产业已经具有一定的规模和良好的基础。在建设全国先进制造研发基地背景下，新材料产业属于培育和发展的新兴产业之一。为了推动新材料产业的发展，天津市发布了一系列政策，如《天津市国民经济和社会发展第十三个五年规划纲要》《天津市科技创新"十三五"规划》等。

（一）产业规模与结构不断扩大与优化

天津市新材料领域企业超过1000家，产业产值达到361亿元，膜材料、先进陶瓷材料、硅材料、钛材料等多种材料的研发制造能力处于全国领先水平。天津新材料产业结构不断优化，在金属新材料、电子信息材料、化工新材料等领域形成了较好的产业基础，创新能力得到明显提升，具备一定的比较优势。先进复合材料、新型功能材料等技术含量高、市场前景广阔、具有较强发展潜力的行业积累了一定的科技与产业资源，发展势头强劲。纳米新材料、生物医学新材料等前沿领域具备较强的科研实力，产业化潜力较大，企业成长速度和产业聚集程度得到明显提升（韩秀栋等，2019）。

（二） 新材料产业链初步形成

天津新材料正在形成以金属新材料、化工新材料、电子信息新材料等为核心，较为完善的产业链和配套体系。金属新材料领域形成了以高温合金、耐蚀合金、记忆合金、钛合金、焊接材料等产品为代表门类齐全的产品体系；化工新材料在合成树脂、涂料、环保和膜材料等领域已形成规模；LED 产业形成上游基础材料、外延材料，中游芯片封装以及下游应用产品的完整产业链。

（三） 优势骨干企业增多

聚集了膜天膜、渤化集团、塑料所、中环半导体等一批规模大、效益好、研发制造能力强的骨干企业。膜天膜公司中空纤维膜材料产业化国内领先，部分产品达到国际先进水平，年产 100 万平方米中空纤维膜生产基地规模居亚洲第一。一批配套企业快速发展，正在迅速形成以龙头企业为主导、配套企业为基础、专业化分工为纽带的产业集群，产业竞争力不断提高。

（四） 新材料重点开发领域确定

根据国家新材料产业发展规划，结合本地实际，天津新材料领域逐步形成了如下八大重点开发领域：功能膜材料、新型电池材料、高性能复合材料、纳米材料、金属新材料、电子信息材料、生物医用材料、海洋材料。其中，天津市在高性能复合材料、功能膜材料、新型电池材料、高性能复合材料、纳米材料领域的研发应用处于全国领先水平。在水处理膜领域，天津膜天膜公司是国内最早从事中空纤维膜分离技术研发和生产的单位，依托国家发改委"国家高技术产业化示范工程"项目，建立了亚洲最大的中空纤维膜制造基地，在中空纤维膜及装置的研究开发生产方面居国内领先水平。天津滨海新区是我国对高性能复合材料开展探究工作及实际运用的主要区域，该区域主要供应商包括美国雷可德以及波音复合材料等。此外，2006 年国家级纳米技术与工程研究院在天津正式创建，天津成为我国正式的新材料生产基地（丁艳丽、于美霞，2017）。

（五） 新材料产业集群和产业园已形成

为全面推进新材料产业集约集成集群发展和提质增效升级，天津市建成了中国有色集团天津新材料产业园、立中车轮工业园、英利光伏产业园、富通集团天津滨海科技园、蓟县稀土永磁材料产业园和皇泰多金属复合新材料产业基地、天龙钨钼稀土材料研发制造基地、金鹏中高端铝型材蓟县生产基地、恒景镍铬再生合金材料示范基地等新材料产业园。

二、新材料产业空间布局

天津市规划建立了8个新材料产业园区，分别是南港工业区、天津东丽航空产业区、天津茶淀工业园区、天津汽车零部件产业区、天津京滨工业园、天津西青汽车工业园区、天津小站工业园区、天津静海大邱庄工业区（见表6-2）。

表6-2　天津规划建设的新材料产业园区

区域	园区名称	规划面积（平方千米）	功能定位/园区优势
滨海新区	南港工业区	200.00	碳纤维、树脂及复合材料产业在天津重化产业的集聚地
滨海新区	天津东丽航空产业区	18.30	重点发展飞机总装、机载设备、发动机、零部件和航空材料制造及航空维修等
滨海新区	天津茶淀工业园区	5.19	重点引进新能源、新材料、生物、飞行器部件设计制造项目
武清区	天津汽车零部件产业区	50.00	以汽车及零部件制造、高端制造、新材料、新能源为主导产业
武清区	天津京滨工业园	20.00	形成电子信息、新材料、精密设备制造三大主导产业
西青区	天津西青汽车工业园区	25.50	重点发展节能型和新能源汽车、汽车新材料、汽车关键零部件和汽车新能源
津南区	天津小站工业园区	4.60	以新型材料研发、机械装备制造、航空配套产业为主；重点发展航空、汽车新材料、机械装备制造、铜材深加工等研发制造
静海区	天津静海大邱庄工业区	14.30	重点发展优质钢材和金属制品制造

资料来源：根据天津各工业区官网数据整理而成。

天津通过整合资源、集中要素、突出特色，已形成一批优势明显的新材料产业聚集区。例如东丽石墨烯、津南电子信息材料、宝坻动力电池新材料、蓟州稀土磁性材料、南港工业区化工新材料、空港经济区功能高分子材料、静海高档金属新材料、武清轻量化材料、北辰特种金属材料等特色产业聚集区。

三、新材料产业发展趋势

尽管天津新材料产业已取得很大进展，但还存在一些亟待解决的问题。一是产业链上下游关联度低。目前天津新材料上、中、下游企业虽有一定的分工，但缺少联系与协作机制，企业之间在业务上的关联度低，在促进大企业与中小企业互动及良性发展上推进乏力（韩秀栋等，2019）。二是产业集聚不突出，配套企业缺乏。天津目前以新材料为重点发展方向的产业园区布局比较分散，缺乏统一规划，企业集聚程度不高，企业散、小、弱的状况仍未得到根本改善，新材料产业"孤岛"现象严重，多数新材料产品的生产集中在极少数企业中，缺少新材料产业发展所需的配套企业，未真正形成新材料产业集群优势。三是科技领军企业匮乏，创新关键环节缺失。天津目前从事新材料产业的企业数量不少，但规模企业不多，无法达到规模性效益，产业投融资渠道不健全（丁艳丽，2017）。此外，新材料产业上下游产业缺乏联动创新，大量"小而全"的新材料研发生产企业的同质化竞争阻碍了产业链的延伸和竞争力的提升，相互联系、相互依存的专业化分工协作的企业网络尚未形成，为下游客户提供成套"解决方案"的系统集成能力不强。因此，未来天津应以实施重大工程为引领，大力发展基础材料、关键战略材料和前沿材料，加快推进智能制造应用，搭建公共服务平台，推动产业聚集发展。①

（一）实施先进基础材料提升工程

以性能优异、量大面广且"一材多用"的基础材料高端品种为突破口，大力发展高性能、差别化、功能化的先进基础材料，推进传统材料工业转型升级和可持续发展。一是重点发展特种稀贵金属、高精度纯无氧铜箔、高性能轻合金材料等先进有色金属材料，突破材料性能及成分控制、生产加工及应用等工艺技术，提高质量稳定性。二是立足石化产业基础优势，加大技术装备智能化改造力度，大力发展高端润滑油脂、高性能聚烯烃、高性能工程塑料、高端氟化工等先进化工材料，加快产业向高端化转型。

（二）实施关键战略材料突破工程

围绕重大工程和国防军工，突破重点领域急需关键战略材料，加快推进产业化发展，支撑和保障战略性新兴产业创新发展。一是新一代信息技术材料。提高大尺寸光纤预制棒、高精度高稳定性传感光纤材料、高功率激光光纤材料等特种光波导纤维材料、高性能复合介质基板、压电陶瓷材料、抛光液、电子

---

① 天津市新材料产业发展三年行动计划（2018—2020年）［EB/OL］．（2018-10-29）［2020-03-14］．http：//gk.tj.gov.cn/gkml/000125022/201810/t20181029_ 80588.shtml．

粉末包封料、辐射固化材料生产技术水平。二是航空航天装备材料。开发超高强铝合金中厚板及型材制品、大规模锻件及型材、大型复杂结构铝材焊接件、大型钛合金材、特种稀土合金等产品，提升新型轻合金材料整体工艺技术水平。三是海洋工程装备材料。加快海洋工程用高强度特厚齿条钢、超高强度钢、海水淡化和化工用双相不锈钢、石油钻采用无缝钢管、钛合金钻杆产品、海洋用纯钛管和舰船用大口径高强度厚壁钛合金气瓶管、耐蚀盘条、海洋平台专用焊丝、油船用高品质耐蚀不锈钢复合船板和耐蚀钢管等产业技术开发。四是先进轨道交通装备材料。推进高速铁路轨道系统用大直径螺旋肋钢丝、高品质预应力钢材、重载铁路用钢、机车专用耐候焊丝、高铁用聚氨酯、高质量成套配件的研发和生产。五是高档数控机床和机器人材料。提升稀土永磁材料、非晶和纳米晶软磁材料、磁敏材料的产业化技术水平，推进应用器件产业化。六是电力装备材料。重点开发核电压力容器大锻件系列钢种。开发智能电网用高容量稀土储氢材料。突破5兆瓦级大型风电叶片制备工艺。七是节能和新能源汽车材料。提升镍钴锰酸锂/镍钴铝酸锂、5伏尖晶石型镍锰酸锂、富锂锰基材料、磷酸盐聚阴离子材料和中间相碳微球、硅碳复合负极材料以及钛酸锂材料的性能一致性与循环寿命。八是农机装备材料。开展高强高硬耐磨钢系列化产品开发，在农机装备及配件中实现对高碳弹簧钢应用替代。九是生物医药材料。推进医用钛丝、自体软骨组织再生技术和生物基高分子材料的研发产业化，发展乙烯共聚产品、茂金属聚丙烯等医用高分子材料，提高卫生材料、药用包装的安全性。十是节能环保材料。加快新型高效半导体照明、稀土发光材料技术开发。提升汽车尾气、工业废气、废水净化用催化材料寿命及可再生性能，开展稀土三元催化材料、脱硝催化材料质量控制、总装集成技术等开发，降低生产成本。

（三）实施前沿新材料培育工程

瞄准科技和产业前沿，加强前瞻性基础研究与应用创新，攻克一批核心关键技术，形成一批标志性前沿新材料创新成果与典型应用。一是石墨烯。突破石墨烯材料规模化制备技术和工艺，攻克两亲性碳材料、高密度多孔碳和碳/非碳杂化材料，高体积能量密度碳基储能材料，超长循环寿命和超高倍率性能的三维石墨烯网络/金属锡基复合材料等关键技术。依托东丽石墨烯产业化基地、天津滨海高新区石墨烯工程技术中心、宝坻天津北方石墨烯产业研究院等构建石墨烯产业链，形成产业集聚区。二是纳米材料。开发结构明确且形貌、尺寸、组成均一的纳米材料，提升纳米材料规模化制备水平，积极开展纳米材料在光电子、新能源、生物医药、节能环保等领域的应用。三是超宽禁带半导体材料。开展氮化铝单晶、氧化镓单晶、金刚石单晶、立方氮化硼单晶等超宽禁带半导体材料研究，突破超宽禁带半导体材料生长系统构建、快速生长、晶径扩大、超硬材料加工等关键技术。四是超导材料。突破高性能低成本超导线束拉拔塑形加工技术、大型高效长寿命制冷技术和低漏热低温容器制备技术、不同波段和频率超导应用产品制备技术。五是3D打印材料。突破电子束选区融化、熔丝沉积、分层实体制造和立体喷印等关键技术，深入推动在航空航天、机械船舶、汽车、生物医药、家电、新型显示等领域的应用，形成集装备、材料、软件、服务于一体的产业链。

（四）实施新材料"互联网+"工程

抓住天津大力推进智能科技产业发展机遇，发挥本市高性能计算、大数据的优势，引导启动材料基因组工程，构建专业领域材料数据库，组织智能制造示范工程，深入推进"互联网+"新材料行动。一是材料基因组工程。依托国家新材料产业研究院等研究机构，开发材料多尺度集成化高通量计算模型、算法和软件，参与国家高通量材料计算应用服务、多尺度模拟与性能优化设计实验室与专用数据库建设。二是专业材料数据库。依托中国汽车技术研究中心、中国电子科技集团公司第四十六研究所等专业机构，建立车用材料、半导体材料等重点领域新材料数据库、牌号标准库、工艺参数库、工艺知识库，积极参加国家新材料牌号和指标体系建设，支持开展材料试验大数据分析，开展技术创新、应用模拟、性能评价、风险分析、检验测试等服务。三是智能制造示范。深入推进互联网与新材料深度融合，提高新材料产业发展水平。推动渤化南港基地新工厂"环境、职业健康和安全"（EHS）管理、生产管理与企业资源计划平台建设和荣程集团智能制造管理与执行系统建设。

（五）实施示范服务平台建设工程

建设示范服务平台，强化协同体系建设，提高产业应用推广水平和创新能力，建立数据采集和共享制度，营造开放、融合的产业生态。一是新材料生产应用示范平台。在航空航天、海工装备、电子信息、轨道交通等重点领域，依托中国航空工业集团、中国海洋石油集团有限公司、中国电子科技集团有限公司、中国中车股份有限公司等建设生产应用示范平台,加强新材料生产与应用,推动新材料产业标准化试点示范,完善上下游联合攻关协同发展机制。二是新材料测试评价平台。在稀土功能材料、半导体材料、纳米材料、功能高分子材料等关键领域,依托包钢稀土研究院、国家纳米技术和工程研究院、国家新材料产业研究院、天津大学、南开大学等建设新材料测试评价平台,构建测试评价体系,具有较完备的测试评价服务能力。三是新材料资源共享平台。联合产学研用等各方力量,整合政府、行业、企业和社会资源,运用智能技术建立垂直化、专业化新材料资源共享平台,加快产业资源交流互通,开展材料生产企业与设计、应用单位供需对接,建立重大工程、重大项目配套材料应用公共服务平台。

（六）实施产业聚集工程

一是打造一批特色产业链。化工新材料形成"石化基础产品和原盐—高聚物—合成树脂/合成橡胶/合成塑料/精细化学品—复合材料—制品应用"的产业链。半导体照明、显示材料形成"衬底材料—外延片生产—芯片制作—封装—应用产品"的产业链。电子信息材料形成"单晶硅棒—单晶硅片—电子元件—电子产品"的产业链。动力电池材料形成"原材料—电池正负极材料—电解液—电池隔膜—动力电池—应用产品"的产业链。二是引育一批行业领军企业。围绕天津高端装备制造、轨道交通、航空航天、新能源汽车等产业发展重点领域,瞄准行业 500 强、上市公司和独角兽企业,引进和培育一批龙头和特色新材料企业,形成材料—部件—装备完善的产业链,构建完整的产业配套体系。

参考文献

［1］陈亚楠. 天津市新能源产业可持续发展的探索与研究［J］. 天津经济,2017（5）:23-26.

［2］丁艳丽,于美霞. 天津市新材料产业发展现状及展望［J］. 中国战略新兴产业,2017（40）:1+8.

［3］范婷婷. 天津市风电产业发展中的政府作用研究［D］. 北京:华北电力大学硕士学位论文,2019.

［4］韩秀栋,聂铭歧,季俊娜,刁建超. 天津市新材料产业发展现状及存在问题［J］. 天津科技,2019,46（8）:5-6+10.

［5］梅红建．基于产业集群理论的天津开发区生物医药产业发展研究［D］．天津：天津大学硕士学位论文，2010.

［6］盛刚，邵永同．天津生物医药产业发展现状与对策研究［J］．天津科技，2012，39（6）：67-69.

［7］天津统计局，国家统计局天津调查总队．天津统计年鉴2019［M］．北京：中国统计出版社，2019.

［8］王艳晓，刘隽亭．天津市新能源产业发展现状分析及政策建议［J］．环渤海经济瞭望，2012（5）：21-24.

［9］张艳鹤．天津市新能源产业发展现状及竞争力分析［J］．科技管理研究，2014，34（4）：115-119.

第七章 自由经济区发展与布局

自由经济区是一个国家与地区融入全球化的先行区，是参与国际产业分工的载体，改革开放政策的试验平台，也是国家与区域政策的实施工具，经济发展的引擎以及工业化与城镇化的驱动力。同时，自由经济区也是区域与社会阶层差异扩大、环境压力增加的诱因。总体上来说，建立各类型自由经济区是实施改革开放政策以及促进社会经济发展的重要工具。本章首先介绍自由经济区的含义、分类与作用，其次回顾天津各类型自由经济区的发展历程与趋势，最后分析天津典型自由经济区的发展成就、存在问题以及未来发展方向。

第一节 天津自由经济区的发展历程

自由经济区是指为实现全球化、工业化、城镇化和改革开放政策目标，在一个国家内部、跨边境地区或在东道国境内划定一处特定区域，在这特定区域里提供符合国际化标准的基础设施以及自由贸易、税收等优惠政策及行政管理特权，实现商品、资本、服务和人力相对自由流动，以促进投资自由、贸易便利化以及加工制造业和服务业等产业的发展。这一特定区域占据的空间既可以是几平方米的小区域，也可以是一个很大的经济区域，还可以从一个经济区域发展到一个行政区域，甚至发展到一个特别行政区，如香港（Guangwen Meng，2003）。

本书所指的自由经济区包括开发、产业园区、经济功能区、高新技术产业园区、保税区、自由贸易试验区等，其实质是指在特定地理区域，通过提供完善的基础设施与公共服务，实行经济刺激政策并赋予行政特权，吸引直接投资，发展加工制造业以及服务业等经济活动，以实施区域经济发展战略和改革开放政策，参与全球分工，实现工业化和城镇化发展目标（孟广文等，2015a；孟广文等，2018a）。

一、中国自由经济区分类

按行政管理级别，中国的经济功能区主要分为国家级、省级和地方级三级。其中，国家级可以再区分为国务院批复成立的和行业主管部门批复成立的两类，但由于行业主管部门批复的类型过多、难以统计，因此本书中国家级经济功能区以国务院批复成立的为主。省级经济功能区指省级人民政府批复成立的，而地方级别经济功能区则为地市与县级政府批复成立的各类开发区（陈金祥，2010）。

按照功能和目标，经济功能区可划分为单一型经济功能区、综合型和复合型经济功能区。单一型经济功能区的地域范围比较明确，经济目标比较专一，如经济技术开发区、高新技术产业开发区、保税区、出口加工、边境经济合作区等。综合型经济功能区指经济功能多样与目标多元的园区，如经济特区、苏州工业园区等。复合型经济功能区指在一个特定的行政区划或地域范围内，包含了多个单一型，甚至是综合型经济功能区。上海浦东新区、天津滨海新区、重庆两江新区等属于比较典型的复合型经济功能区（杨文彬，2016）。

按照产业类别，经济功能区可划分为加工制造型、贸易型、科技型、服务型与综合型经济功能区（孟广文，2009；孟广文等，2019a）。加工制造型经济功能区包括开发区、出口加工区等，贸易型经济功能区包括保税区和自由贸易试验区等，科技型经济功能区包括科学园、高新技术产业园区、科学城等，服务型经济功能区包括自由旅游区、自由金融区等，而综合型经济功能区则包括经济特区与国家级新区。

按照大尺度地理位置，经济功能区可划分为国内型（全域型）经济功能区、支持沿边地区发展的边境和跨边境经济功能区和跨国型经济功能区。国内型（全域型）经济功能区包括经济技术开发区、高新技术产业开发区、保税区、主要贸易试验区等，支持沿边地区发展的边境和跨边境经济功能区包括边境经济合作区、跨境经济合作区、沿边重点开发开放试验区等，跨国型经济功能区包括境外经贸合作区等。根据中尺度地理位置，国内经济功能区还可以分为沿海型、内陆型、边境型。按照小尺度地理位置，则可以划分为港口型、城市型和飞地型经济功能区。

截至 2018 年 6 月，我国国务院批复成立的经济功能区共计 627 家，省级人民政府批复成立经济功能区共计 1979 家。其中，国家级经济功能区中经济技术开发区 219 家、高新技术产业开发区 168 家，省级经济功能区数量超过 100 家的有河北省、江苏省、山东省、河南省、湖南省、广东省、四川省等省份（朱虹、王淑敏，2018）。

二、天津自由经济区的分类

参照上述类型划分原则以及国家分类标准，天津国家级自由经济区分为国家级新区、自由贸易试验区、国家级经济技术开发区、国家级高新技术产业开发区、海关特殊监管区域以及国家自主创新示范区六种类型（朱虹和王淑敏，2018）（见表 7-1 和表 7-2）。省级自由经济区主要为各区县的加工制造型开发区（见表 7-3）。

表 7-1 天津自由经济区分类

类型	名称
国家级新区 （复合型自由经济区，1 个）	天津滨海新区
自由贸易试验区 （综合型自由经济区，1 个）	中国（天津）自由贸易试验区
国家级经济技术开发区 （加工制造型自由经济区，6 个）	天津经济技术开发区 西青经济技术开发区 武清经济技术开发区 天津子牙经济技术开发区 北辰经济技术开发区 东丽经济技术开发区
国家级高新技术产业开发区 （科技型自由经济区，1 个）	天津滨海高新技术产业开发区①

---

① 天津滨海高新技术产业开发区包括华苑科技园、渤龙湖科技园（未来科技城核心区）、塘沽海洋科技园、京津合作示范区四个片区。

续表

类型	名称
海关特殊监管区域 （贸易型自由经济区，5 个）	天津出口加工区 天津港保税区 天津保税物流园区 天津东疆保税港区 天津滨海新区综合保税区
国家自主创新示范区 （科技型自由经济区，1 个）	天津国家自主创新示范区（1 区 21 园）

资料来源：国家标准化管理委员会、国家市场监督管理总局颁布的《全国主要经济功能区分类与代码》（GB/T 37028—2018）；Guangwen Meng, Klaus Sachs. The achievements and problems of modern free economic zones in PR China-The example of TEDA（Tianjin Economic and Technological Development Area）［J］. Die Erde, 2005, 136（3）：217-244.

表 7-2　国务院批准设立的天津市各类开发区概况

序号	目录代码	开发区名称	批准时间	核准面积 （公顷）	主导产业
1	G121002	天津经济技术开发区	1984.12	3797.04	汽车、医药、装备制造
2	G121053	武清经济技术开发区	2010.12	915.49	生物医药
3	G121051	西青经济技术开发区	2010.12	1688	电子信息、汽车配套、机械
4	G121054	天津子牙经济技术开发区	2012.12	117.3	再生资源综合利用、新能源
5	G121052	北辰经济技术开发区	2013.03	248.4	装备制造
6	G121050	东丽经济技术开发区	2014.02	721.7	汽车、新能源、新材料
7	G122002	天津滨海高新技术产业开发区	1991.03	5524	新能源汽车、信息技术、节能环保
8	G123002	天津港保税区	1991.05	500	临港加工、国际贸易、物流
9	G123003	天津出口加工区	2000.04	254	装备制造、家具、冶金
10	G123004	天津保税物流园区	2004.08	46	仓储物流
11	G123005	天津东疆保税港区	2006.08	1000	交通运输、批发零售、租赁
12	G123006	天津滨海新区综合保税区	2008.03	159.9	民用航空、物流

资料来源：《中国开发区审核公告目录》（2018 年版）。

表7-3 天津市人民政府批准设立的省级开发区

序号	目录代码	开发区名称	批准时间	核准面积（公顷）	主导产业
1	S127025	天津蓟州区经济开发区	1992.06	668.08	机械、建材、食品
2	S127004	天津津南经济开发区	1992.07	687.51	电子信息、汽车零部件
3	S127014	天津大港经济开发区	1992.07	601.5	轻工机械、自行车、金属压延
4	S129012	天津开发区现代产业区	1996.10	807.35	石化、装备制造、医药
5	S129001	天津空港经济区	2002.10	2275.1	先进制造
6	S129015	天津大港石化产业园区	2003.01	200	精细化工、医药
7	S127021	天津宁河经济开发区	2006.04	773.41	金属制品、包装、机械
8	S129022	天津潘庄工业区	2006.04	150	高端制造、汽车零部件、食品
9	S127024	天津静海经济开发区	2006.04	1175.75	自行车、电动车、汽车零部件
10	S129008	天津中北工业园区	2006.04	300.75	汽车零部件、电子、机械
11	S129003	天津军粮城工业园区	2006.04	181.82	科技研发、新材料、商务商贸
12	S129005	天津八里台工业园区	2006.04	613.1	电子信息、智能化产品、机械
13	S129006	天津海河工业区	2006.04	320.47	装备制造、电子信息
14	S129010	天津双口工业园区	2006.04	429.97	自行车零部件、木器、电子
15	S127018	天津武清福源经济开发区	2006.04	300.54	电子、机械加工、建材
16	S127019	天津宝坻经济开发区	2006.04	703.92	装备制造、节能环保、新能源、新材料
17	S129020	天津宝坻九园工业园区	2006.04	669.9	新能源、新材料、装备制造、医疗器械
18	S129017	天津京滨工业园	2009.08	945.78	电子信息、新材料、智能制造
19	S129026	天津滨海民营经济成长示范基地	2009.07	782.3	钢铁、石油钻采
20	S129027	天津大邱庄工业区	2009.08	690.84	黑色金属冶炼和压延加工、金属制品
21	S129028	天津专用汽车产业园	2009.08	1366.13	装备制造、新材料

资料来源：《中国开发区审核公告目录》（2018年版）。

2006年，天津滨海新区升格为国家级新区。天津滨海新区的定位及目标是：依托京津冀、服务环渤海、辐射"三北"、面向东北亚，努力建设成为我国北方对外开放的门户、高水平的现代制造业和研发转化基地、北方国际航运中心和国际物流中心，逐步成为经济繁荣、社会和谐、环境优美的宜居生态型新城区。

中国（天津）自由贸易试验区（以下简称"泰达"）是经国务院批准设立的中国北方第一个自贸试验区，区域面积 119.90 平方千米，全部位于滨海新区辖区范围内，2015 年 4 月 21 日正式运行。天津自贸试验区的目标是建设成为贸易自由、投资便利、高端产业集聚、金融服务完善、法制环境规范、监管高效便捷、辐射带动效应明显的国际一流自由贸易试验区，在京津冀协同发展和我国经济转型发展中发挥示范引领作用。

2018 年底，天津共有国家级经济技术开发区 6 家，包括天津经济技术开发区、西青经济技术开发区、武清经济技术开发区、天津子牙经济技术开发区、北辰经济技术开发区、东丽经济技术开发区；海关特殊监管区域 5 个，包括天津出口加工区、天津港保税区、天津保税物流区、天津东疆保税港区和天津滨海新区综合保税区；国家级高新区 1 家——天津滨海高新技术产业开发区；国家自主创新示范区（1 区 21 园）1 家。

三、天津自由经济区发展历程

1984 年，天津经济技术开发区建立。此后，随着改革开放政策的不断深化以及天津社会经济发展需求，高新技术开发区、保税区、出口加工区以及贸易试验区等不同类型的自由经济区先后建立了起来。

（一）国家级自由经济区的兴起（1984~1991 年）

1984 年 2 月 24 日，邓小平同志在视察了深圳、珠海、厦门经济特区后，提出"除了现在的特区之外，可以考虑再开放几个点，增加几个港口城市，这些地方不叫特区，但可以实行特区的某些政策"。1984 年 5 月 4 日，中共中央、国务院以"中发〔1984〕13 号"文件批发了《沿海部分城市座谈会纪要》，进一步开放了沿海 14 个港口城市。1984 年，建立的天津经济技术开发区成为国家第一批 14 个国家级经济技术开发区之一。

由于实施了优惠政策，积极招商引资，投资环境逐步改善，天津经济技术开发区实现了由土地开发到产业集聚，从无选择地吸引外资到优先吸引跨国公司的转变，逐渐呈现出良性滚动发展态势。1985 年，天津经济技术开发区投资 1.78 亿元完成了 0.60 平方千米的"七通一平"（即道路、电力、电信、热力、给水、排水、雨水畅通，土地平整）配套建设。在招商引资方面，1985 年，签订引进项目合同 21 个，吸引外资 3192 万元。1988 年，天津开发区吸引外资

8482 万美元，1989 年，首次突破亿元大关，达到 1.05 亿美元（何树山，2009）。

为了更好地引进高新技术，增强自主创新水平，继天津开发区之后，天津滨海高新技术产业开发区（原名为天津新技术产业园区）于 1988 年经天津市委、市政府批准建立，并于 1991 年被国务院批准为首批国家级高新技术产业开发区。不仅如此，为了进一步扩大开放、深化改革，1991 年 5 月 12 日，经国务院批准，天津港保税区正式设立。保税区位于天津港港区之内，开发面积 5 平方千米，是当时我国华北、西北地区唯一的，也是中国北方规模最大的保税区。保税区具有国际贸易、现代物流、临港加工和商品展销四大功能，享有海关、税收、外汇等优惠政策。

（二）省级自由经济区的建立（1992~2006 年）

1992 年，对外开放和引进外资掀起新高潮，全国省级开发区超过 2000 多个。天津正式批准在各区县兴建省级经济开发区。1992 年新设开发区 5 家，包括天津北辰经济开发区、天津大港经济开发区、天津津南经济开发区、天津东丽经济开发区、天津蓟州经济开发区等。

1994 年 3 月，在天津经济技术开发区、天津港保税区的基础上，天津建立滨海新区。经过 10 余年的发展，2005 年滨海新区被写入"十一五"规划并纳入国家发展战略，成为国家重点支持开发开放的国家级新区。在此期间，建立了多个国家级与省级各类型园区。天津出口加工区于 2000 年 4 月 27 日经国务院批准在泰达内部建立，是为了在泰达一系列优惠政策到期之后，继续发挥加工贸易税收优势，扩大出口。为了发挥空港和中心城市区位优势，天津港保税区在天津机场周边还建立了天津空港工业园区（2002）和天津空港保税区（2003）。为了解决保税区缺少港区的问题，2004 年在原天津港保税区 5 平方千米范围内建立国家级天津保税物流园区。2006 年，国务院批准在天津港东疆港区划出 10 平方千米建立集保税区、出口加工区、保税物流园区功能于一体的天津东疆保税港区。此外，2006 年后武清、宁河、宝坻与静海区也建立了多个省级开发区。

这些省级开发区享有与国家级开发区同等的税收优惠政策以及灵活管理措施，加工制造型园区产业以加工制造为主，出口加工区和保税园区产业以加工贸易和服务贸易为主，企业以中外合资、合作以及独资为主，同时兼顾内资企业，布局大分散，小集中。这些园区的建立促进了天津的工业化和城镇化的发展。

（三）自由经济区调整时期（2007~2013年）

1992年以来，地方性开发区出现了无序扩张现象，国家开始清理整顿开发区，并取得初步成效，为下一步规范发展营造了良好环境。自2003年7月《国务院办公厅关于暂停审批各类开发区的紧急通知》（国办发明电〔2003〕30号）发布以来，国务院有关部门根据清理整顿开发区的有关法规和政策性文件，对全国各类开发区进行了清理整顿和设立审核。按照"布局集中、用地集约、产业集聚"的总体要求，对符合条件和标准的开发区予以公告并确定了四至范围。通过清理整顿和设立审核，核减了全国开发区数量，压缩了规划面积，突出了产业特色，优化了布局。各类开发区在项目准入、单位土地面积投资强度、容积率及生态环境保护等方面的标准明显提高。

这一阶段，政策和社会环境都发生了变化，国家级开发区面临着诸多挑战。首先，国家提供的各种优惠政策到期；其次，产业方面，开发区面临提高产业集聚、产业结构调整等问题；最后，随着开发区不断升级发展，开发区不再只是一个单纯的工业区，而是需要完善城市功能，为开发区内的职工提供更方便的生活条件，需要完善金融、商贸、社区、文化、教育等功能，留住人才，促进开发区的良性发展。

随着开发区的不断发展，这段时期不仅有新的国家级保税区建立，而且一部分省市级开发区，由于自身经济实力的提高，也升级为国家级开发区，享有国家级开发区的待遇。

滨海新区综合保税区于2008年3月10日经国务院批准设立，位于天津空港物流加工区，规划面积195.63公顷，由天津港保税区管理委员会统一管理。滨海新区综合保税区与保税港区享受同样的政策，集保税区、保税物流园区和出口加工区功能于一身，是中国政策最优惠、功能最齐全、开放度最高的海关特殊监管区域。2010年12月30日，国务院正式批准武清经济开发区升级为国家级经济技术开发区，实行当时国家级经济技术开发区和高新技术产业园区的政策。武清开发区成为全市唯一同时享有国家级经济技术开发区和国家级高新技术产业园区双重政策的园区。同年，西青经济开发区，经国务院批准升级为国家级经济技术开发区，是享受国家经济特区优惠政策的对外开放区域。2012年底，经国务院批准，天津子牙循环经济产业园正式升级为国家级经济技术开发区，成为国内唯一以循环经济为主导产业的国家级经济技术开发区，成为中国北方最大的废旧商品回收利用园区。2013 年 5 月 15 日，经国务院批准，北辰经济开发区晋升为国家级经济技术开发区。

（四）自由经济区转型与自由贸易试验区建立（2014 年至今）

2014 年 11 月 21 日，国务院办公厅发布了《国务院办公厅关于促进国家级经济技术开发区转型升级创新发展的若干意见》（国办发〔2014〕54 号）（以下简称《意见》）。《意见》指出，为了适应新形势和任务，国家级经济技术开发区要明确新形势下的发展定位，推进体制机制创新，促进开放型经济发展，推动产业转型升级，坚持绿色集约发展，优化营商环境。

《意见》明确指出，新时期国家级经济技术开发区的发展定位要实现"三个成为"，即成为带动地区经济发展和实施区域发展战略的重要载体，成为构建开放型经济新体制和培育吸引外资新优势的排头兵，成为科技创新驱动和绿色集约发展的示范区。国家级经济技术开发区要在发展理念、兴办模式、管理方式等方面完成"四个转变"，即由追求速度向追求质量转变，由政府主导向市场主导转变，由同质化竞争向差异化发展转变，由硬环境见长向软环境取胜转变。《意见》还进一步明确了对国家级经济技术开发区实施分类指导和动态管理的原则，要求强化约束和倒逼机制，细化完善监督考核评价体系，引导国家级经济技术开发区走质量效益型发展之路。

2014 年 2 月，经国务院批准天津东丽经济开发区升级为国家级经济技术开发区，定名为东丽经济技术开发区。天津开发区也开始通过产业升级、土地置换等方式实现模式转型。2014 年 12 月 12 日，国务院批准天津建立"中国（天津）自由贸易试验区"。该试验区总面积为 119.90 平方千米，主要涵盖天津港片区、天津机场片区以及滨海新区中心商务片区 3 个功能区。2015 年 4 月 21 日，中国（天津）自由贸易试验区（以下简称"天津自贸区"）正式挂牌。

第二节 天津滨海新区

天津滨海新区是天津经济发展的重心所在，是改革开放先行区以及北方航运中心核心区，也是引领绿色宜居的新城区。

一、天津滨海新区建立过程

天津滨海新区位于天津东部沿海地区，地处环渤海经济带和京津冀城市群的交会点，既是环渤海经济圈的中心地带，也是亚欧大陆桥最近的东部起点，在"一带一路"建设中具有良好的区位优势。滨海新区行政区划面积2270平方千米，海岸线153千米，海域面积3000平方千米。天津滨海新区是中国北方对外开放的门户、高水平的现代制造业和研发转化基地、北方国际航运中心和国际物流中心、宜居生态型新城区，被誉为"中国经济的第三增长极"，区内分布有泰达、滨海高新区、综合保税区、保税物流园区、东疆港保税港区、中新生态城等国家级开发区以及天津港。

1994年3月，天津决定在天津经济技术开发区、天津港保税区的基础上建成滨海新区。2005年，滨海新区被写入"十一五"规划并纳入国家发展战略，成为国家重点支持开发开放的国家级新区。2006年5月，国务院颁布《关于推进天津滨海新区开发开放有关问题的意见》，批准天津滨海新区为国家综合配套改革试验区，并确定了其发展目标和功能定位，即依托京津冀、服务环渤海、辐射"三北"、面向东北亚，努力建设成为我国北方对外开放的门户、高水平的现代制造业和研发转化基地、北方国际航运中心和国际物流中心，逐步成为经济繁荣、社会和谐、环境优美的宜居生态型新城区。2014年12月12日，天津滨海新区获批中国北方第一个自由贸易试验区。至此，天津滨海新区成为天津市市辖区、副省级区、国家级新区和国家综合配套改革试验区，国务院批准的第一个国家综合改革创新区。

二、天津滨海新区发展概况

2018年，天津滨海新区的地区生产总值为11162.93亿元（见图7-1）。从生产总值增速来看，除2013年外，天津滨海新区的生产总值增速始终高于天津市的增长速度。2008~2012年，天津滨海新区生产总值增速保持在20%以上，2013年增速下降到7.5%，低于全市平均水平，尽管2014年增速恢复至15.5%，高于全市平均水平，但两者增速差距不断减小（见图7-2）。从2009年开始，天津滨海新区生产总值占天津市的比重一直维持在50%以上，2018年天津滨海新区生产总值占天津市的比重达到59.34%。

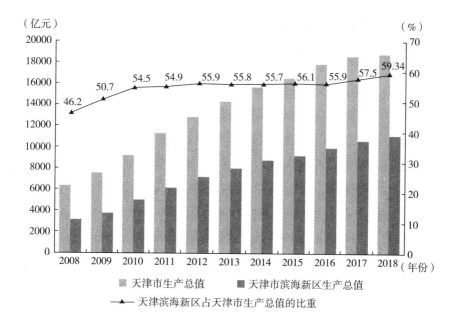

图 7-1　2008~2018 年天津市和天津滨海新区生产总值

资料来源：天津市统计局、天津滨海新区官方网站。

图 7-2　2008~2018 年天津市和滨海新区生产总值的增长速度

注：经济指标增长速度按可比价格计算。

资料来源：天津市统计局、天津滨海新区官方网站。

2018 年，天津滨海新区地区生产总值可比增长 4.4%（见图 7-3）。其中，第一产业增长 1.5%，第二产业增长 2.1%，第三产业增长 7.9%，[①] 三次产业结构为 0.2∶54.0∶45.8。由此可知，制造业在天津滨海新区产业结构中居于主导地位。

随着近些年产业转型和升级，在原八大优势产业基础上，细分出电子信息产业、航空航天产业、机械装备产业、汽车产业、新材料产业、生物医药产业、新能源产业、资源循环及环保产业、石油化工产业、冶金产业、轻纺工业 11 大优势产业，[②] 即将原汽车及装备制造业细分成汽车产业和机械装备产业，新增资源循环及环保产业、冶金产业[③]。在规模以上工业中，2018 年 11 个优势产业完成总产值 8694.54 亿元，同比增长 6.80%。其中，石油化工产业、生物医药产业和新能源产业分别增长 20.30%、16.70% 和 11.20%。

天津滨海新区充分发挥港口资源优势，围绕现代服务业多种业态形式，逐步建立服务于实体经济发展的金融服务体系：一是重点培育新业态、拓展现代服务业，支持融资租赁、金融租赁、商业保理等加速集聚。二是设立文化产业基金，扶持和壮大广告会展、动漫游戏、影视娱乐等文化创意产业，继续办好国际文化创意展交会和国际微电影节等品牌项目。三是发展服务外包、工程设计、工业设计、检验检测等技术服务和冷链物流、第三方物流等供应链服务，建设一批新型商圈，提高生产性服务业发展水平。

三、天津滨海新区功能分区与布局

天津滨海新区在发展规划上确定的空间和产业布局为：一轴、一带、三个城区、九大功能区。[④] 一轴即沿京津塘高速公路和海河下游建设"高新技术产业发展轴"；一带即沿海岸线和海滨大道建设"海洋经济发展带"；三个城区即在轴和带的 T 形结构中，建设以塘沽为中心、大港和汉沽为两翼的宜居滨海新城；九大功能区即先进制造业产业区、临空产业区、滨海高新技术产业园区、南港

---

① 2018 年天津市滨海新区国民经济和社会发展统计公报［EB/OL］.（2019-12-21）［2020-03-18］. http://www.ahmhxc.com/sxqtjgb/16859.html.

② 中国（天津）自由贸易试验区条例［EB/OL］.（2015-12-24）［2020-03-27］. http://www.tjrd.gov.cn/flfg/system/2015/12/24/010023281.shtml.

③ 2018 年天津市滨海新区国民经济和社会发展统计公报［EB/OL］.（2019-12-21）［2020-03-18］. http://www.ahmhxc.com/sxqtjgb/16859.html.

④ 天津滨海新区［EB/OL］.（2016-12-25）［2020-03-18］. http://www.360doc.com/content/16/1225/12/19083799_617504333.shtml.

工业区、海港物流区、滨海旅游区、中新天津生态城和滨海新区中心商务区。其中,先进制造业产业区主要发展海洋产业、汽车、电子信息产业,临空产业区主要发展临空产业、航空制造产业,滨海高新技术产业园区主要发展航天产业、生物、新能源等新兴产业,临港工业区主要发展重型装备制造产业及研发、物流等现代服务业,南港工业区主要发展石化、冶金、装备制造产业,海港物流区主要发展港口物流、航运服务产业,滨海旅游区主要发展主题公园、游艇等休闲旅游产业,中新生态城主要发展生态环保产业,天津滨海新区中心商务区主要发展金融、贸易、商务、航运服务产业。

2016 年,《天津市滨海新区国民经济和社会发展第十三个五年规划纲要》将滨海新区的经济功能区划分为七个,分别为开发区、保税区、滨海高新区、东疆保税港区、中新生态城、临港经济区、中心商务区该规划纲要。围绕新区功能定位,按照"东港口、南重工、西高新、北生态、中服务"产业布局,在综合研判各区域既有特色、已有优势的基础上,对七大功能区产业发展重点给予基本限定,促进优势做优、强项做强、特色做特。开发区重点发展新一代信息技术、汽车制造、生物健康和金融、物流等产业;保税区重点发展高端装备制造、生物医药和物流等产业;高新区重点发展新一代信息技术、新能源汽车、高端装备、现代服务业等;东疆重点发展融资租赁、航运物流、国际贸易;生态城重点发展文化创意、滨海旅游、冷链物流等产业;临港重点发展高端装备、智能制造、海洋生物医药、粮油食品、港口物流、海水淡化与综合利用等产业;中心商务区重点发展现代金融、文化创意、电子商务等现代服务业,着力发展总部经济。

2018 年,天津滨海新区开启新一轮改革试验,新区今后将聚焦解决产业分散化、同质化问题,更加注重错位发展,打造一批全产业链产业集群。基于这一新思路,原来七个功能区合并为五个功能区,即将原中心商务区并入天津经济技术开发区,将原临港经济区并入天津港保税区(见表 7-4)。

表 7-4　天津滨海新区五个功能区发展方向

功能区	发展方向
天津经济技术开发区	巩固提升汽车、医药健康等优势产业,加快发展智能产业和金融业,建设医疗大数据产业基地和"互联网+"产业基地,推动一汽大众、一汽丰田项目建成投产,开工建设三星 SDI、修正药业等重大项目,推进京东智慧物流、金融会展中心投入运营

续表

功能区	发展方向
天津滨海综合保税区	重点聚焦口岸贸易、生物技术、智能制造、高端装备等领域,建设 GE 中国智能制造技术中心、联想创投中心、合成生物技术创新中心,加快海水淡化与综合利用、轨道交通等项目建设,增强保险产业园吸附力
天津滨海高新区	集中发力新能源和新能源汽车产业,推动国能、恒天新能源汽车建成投产,形成3 万辆整车生产能力,加快汇安汇电池隔膜、力神 100 亿瓦时动力电池、清华紫光云总部等重点项目建设
东疆港保税区	重点发展融资租赁、国际贸易、航运物流,建成全国性租赁资产平台,加快发展租赁出口、跨境电商出口、海运快件等新业态,推动中铁高端设备再制造中心建成运营
中新生态城	发展文化创意、旅游健康和智能产业,建设国际一流的电子竞技运动中心和5G 联合创新实验室,确保国家海洋博物馆开馆展出,推动华为、太极等智慧城市项目运营

资料来源:2018 年召开的中共天津滨海新区第三届委员会第五次全体(扩大)会议暨全区经济工作会议。

天津滨海新区尽管取得了突出的成绩,但仍然存在产城融合不协调、创新投入与能力不足以及区域发展不平衡等问题。未来应推进以科技创新为核心的全面创新,主动适应、把握、引领经济新常态,实施"互联网+"行动计划,加快产业转型升级,构建现代产业发展新体系,培育具有国际影响力的产业创新中心;① 同时,应优化生产力发展布局与区域发展结构,推动一体化发展。此外,还应主动融入国家对外开放和区域发展战略,完善开放型经济体制,提升国际贸易功能,建设北方对外开放门户。

第三节　经济技术开发区

天津市有 6 个国家级经济技术开发区,包括天津经济技术开发区、天津子牙经济技术开发区、武清经济技术开发区、东丽经济技术开发区、西青经济技

---

① 天津滨海新区区委关于制定滨海新区"十三五"规划的建议[EB/OL].(2015-12-25)[2020-03-18].https://www.sohu.com/a/50604672_ 119694.

术开发区和北辰经济技术开发区。其中，天津经济技术开发区不仅建立时间最早，且发展规模与效益也较突出。

一、国家级经济技术开发区概况

（一）天津国家级经济技术开发区概况

根据商务部发布的 2018 年综合发展水平考核评价，天津经济技术开发区排名第 3 位，北辰经济技术开发区排名第 24 位，武清经济技术开发区排名第 27 位（见表 7-5）。在产业基础排名中，天津经济技术开发区排名第 2 位（见表 7-6）。在科技创新排名中，北辰经济技术开发区排名第 8 位，天津经济技术开发区排名第 10 位（见表 7-7）。在利用外资排名中，天津经济技术开发区排名第 1 位（见表 7-8）。在对外贸易排名中，天津经济技术开发区排名第 3 位（见表 7-9）。

表 7-5　2018 年国家级经济技术开发区综合情况

	国家级经济技术开发区	省份		国家级经济技术开发区	省份
1	苏州工业园区	江苏	16	广州南沙经济技术开发区	广东
2	广州经济技术开发区	广东	17	西安经济技术开发区	陕西
3	天津经济技术开发区	天津	18	哈尔滨经济技术开发区	黑龙江
4	北京经济技术开发区	北京	19	成都经济技术开发区	四川
5	昆山经济技术开发区	江苏	20	长沙经济技术开发区	湖南
6	青岛经济技术开发区	山东	21	宁波经济技术开发区	浙江
7	烟台经济技术开发区	山东	22	镇江经济技术开发区	江苏
8	江宁经济技术开发区	江苏	23	连云港经济技术开发区	江苏
9	杭州经济技术开发区	浙江	24	北辰经济技术开发区	天津
10	上海漕河泾新兴技术开发区	上海	25	长春经济技术开发区	吉林
11	南京经济技术开发区	江苏	26	沈阳经济技术开发区	辽宁
12	武汉经济技术开发区	湖北	27	武清经济技术开发区	天津
13	嘉兴经济技术开发区	浙江	28	秦皇岛经济技术开发区	河北
14	合肥经济技术开发区	安徽	29	淮安经济技术开发区	江苏
15	芜湖经济技术开发区	安徽	30	上海金桥经济技术开发区	上海

资料来源：2018 年国家级经济技术开发区综合发展水平考核评价结果［EB/OL］．（2018-12-29）［2020-03-18］．http：//www.mofcom.gov.cn/article/ae/ai/201812/20181202821904.shtml.

表 7-6　2018 年国家级经济技术开发区产业情况

	国家级经济技术开发区	省份		国家级经济技术开发区	省份
1	苏州工业园区	江苏	6	武汉经济技术开发区	湖北
2	天津经济技术开发区	天津	7	北京经济技术开发区	北京
3	广州经济技术开发区	广东	8	广州南沙经济技术开发区	广东
4	昆山经济技术开发区	江苏	9	烟台经济技术开发区	山东
5	青岛经济技术开发区	山东	10	南京经济技术开发区	江苏

资料来源：2018 年国家级经济技术开发区综合发展水平考核评价结果〔EB/OL〕.（2018-12-29）〔2020-03-18〕. http：//www. mofcom. gov. cn/article/ae/ai/201812/20181202821904. shtml.

表 7-7　2018 年国家级经济技术开发区科技创新情况

	国家级经济技术开发区	省份		国家级经济技术开发区	省份
1	广州经济技术开发区	广东	6	芜湖经济技术开发区	安徽
2	苏州工业园区	江苏	7	上海漕河泾新兴技术开发区	上海
3	北京经济技术开发区	北京	8	北辰经济技术开发区	天津
4	陕西航天经济技术开发区	陕西	9	杭州经济技术开发区	浙江
5	江宁经济技术开发区	江苏	10	天津经济技术开发区	天津

资料来源：2018 年国家级经济技术开发区综合发展水平考核评价结果〔EB/OL〕.（2018-12-29）〔2020-03-18〕. http：//www. mofcom. gov. cn/article/ae/ai/201812/20181202821904. shtml.

表 7-8　2018 年国家级经济技术开发区利用外资情况

	国家级经济技术开发区	省份		国家级经济技术开发区	省份
1	天津经济技术开发区	天津	6	哈尔滨经济技术开发区	黑龙江
2	长春经济技术开发区	吉林	7	青岛经济技术开发区	山东
3	广州经济技术开发区	广东	8	嘉兴经济技术开发区	浙江
4	武汉经济技术开发区	湖北	9	广州南沙经济技术开发区	广东
5	西安经济技术开发区	陕西	10	宁波经济技术开发区	浙江

资料来源：2018 年国家级经济技术开发区综合发展水平考核评价结果〔EB/OL〕.（2018-12-29）〔2020-03-18〕. http：//www. mofcom. gov. cn/article/ae/ai/201812/20181202821904. shtml.

表7-9 2018年国家级经济技术开发区对外贸易情况

	国家级经济技术开发区	省份		国家级经济技术开发区	省份
1	苏州工业园区	江苏	6	烟台经济技术开发区	山东
2	昆山经济技术开发区	江苏	7	大连经济技术开发区	辽宁
3	天津经济技术开发区	天津	8	苏州浒墅关经济技术开发区	江苏
4	广州经济技术开发区	广东	9	宁波经济技术开发区	浙江
5	广州南沙经济技术开发区	广东	10	青岛经济技术开发区	山东

资料来源：2018年国家级经济技术开发区综合发展水平考核评价结果［EB/OL］.（2018-12-29）［2020-03-18］. http：//www. mofcom. gov. cn/article/ae/ai/201812/20181202821904. shtml.

（二）部分天津国家级经济技术开发区概况

西青经济技术开发区始建于1992年，与天津市行政、金融、文化、展示交流中心融为一体。2010年底，经国务院批准正式升级为国家级开发区。总体规划面积150平方千米，包括已建成区域16.88平方千米，规划的100平方千米电子信息产业基地，31平方千米的鸭淀水库综合性开发区域和6.33平方千米核心服务区。经过多年的建设和发展，西青经济技术开发区已形成以电子信息、汽车及零配件、生物医药、高档生活用品和装备制造为代表的五大主导产业，正在积极培育"互联网+"、大健康等战略性新兴产业，完善楼宇经济、文化创意等现代服务业，着力构建现代产业新体系。

武清开发区于1991年12月28日设立，是经国务院批准的国家级经济技术开发区和国家级高新技术产业园区，2014年底纳入天津国家自主创新示范区核心区。从初期的3平方千米逐步发展到近期规划面积的55平方千米，其中，40平方千米已建成，15平方千米正在规划与开发之中。武清地处京津之间，是京津冀协同发展京津城市主轴的中间节点，享有"京津走廊"的美誉。天津武清开发区着眼于打造京津之间重要的战略性新兴产业基地、先进制造业基地和现代服务业聚集区，重点开发的区域有创业总部基地、欧盟产业园、京津高校（武清）科技创新园、文化创意产业园、京津高村科技创新园以及自贸区武清园。武清开发区经过多年的发展，形成了高端制造、生物医药、总部经济三大主导产业。高端制造业以智能制造、轨道交通、汽车及零部件、电子信息为主；生物医药以基因测序、中药颗粒、医疗器械、诊断试剂为主；总部经济以总部结算、金融服务、研发转化、文化创意为主。

天津北辰经济技术开发区成立于1992年7月，总规划面积85平方千米，坐落于天津中心城区北部，位于京津塘高速公路两侧，是国家京滨高科技产业发展轴上的重要节点，既是京津冀一体化协同发展的重要枢纽，也是首都资源项目聚集的"洼地"。2013年3月，北辰开发区被国务院批准升级为国家级经济技术开发区。2016年9月，国家发展改革委办公厅下发《国家发展改革委办公厅关于支持各地开展产城融合示范区建设的通知》（发改办地区〔2016〕2076号），批准以北辰开发区作为主体建设国家级产城融合示范区，打造智力汇集、产城融合、水绿交融的产城融合区域。作为示范区的建设主体，开发区紧紧围绕"一带两镇三基地"的发展格局，以京津塘高速公路为发展轴，重点发展高端装备制造、生物医药、新能源新材料、新一代信息技术、现代物流五大产业集群，同时着力引进高端服务业，促进金融投资产业发展，坚持"优二强三"的发展思路。

　　东丽经济开发区于1992年6月经天津市人民政府批准设立，是天津市对外开放的重要窗口之一，占地面积7.2平方千米，是综合性经济开发区。2014年2月18日，国务院办公厅《关于天津东丽经济开发区升级为国家级经济技术开发区的复函》（国办函〔2014〕27号）函复天津市人民政府、商务部：国务院同意天津东丽经济开发区升级为国家级经济技术开发区，定名为东丽经济技术开发区，实行现行国家级经济技术开发区的政策。东丽经济技术开发区历经多年的发展，基础设施日臻完善，产业特色鲜明。来自日本、韩国、美国、加拿大、法国、德国、新加坡等地的150多家企业在此处投资置业。初步形成汽车零部件产业群和IT部件产业群。东丽经济开发区还负责东丽航空产业园的开发建设和管理。该园区地处空客A320飞机制造厂所在的天津市航空城范围内，重点发展为航空航天领域产业配套的项目，以及电子信息、汽车、精密仪器、装备制造和生物制药等领域的项目。园区与周边的空港加工区、滨海高新区、现代冶金制造区等产业互补、相互辐射带动。

　　天津子牙循环经济产业园于2012年12月经国务院批准成立。这是全国第一家以循环经济为主导产业的国家级经济技术开发区，也是中国北方最大的循环经济园区，被国家相关部委员会先后批准为"国家循环经济试点园区""国家'城市矿产'示范基地"。① 园区总规划面积135平方千米，已开发建设50平方

---

　　① 天津子牙循环经济产业区〔J〕．天津人大，2013（3）：2+49-50.

千米。其中，工业区 21 平方千米，林下农业循环经济示范区 20 平方千米，科研服务居住区 9 平方千米，形成了"三区联动"循环互补的经济发展格局。园区围绕再生资源、精深加工再制造和节能环保新能源等产业，构筑了再生资源产品回收、拆解、初加工、深加工、再制造等完整的绿色生态产业链。重点发展废弃机电产品、废旧电子信息产品、报废汽车、橡塑加工、精深加工再制造、节能环保新能源六大产业。资源循环利用率达到 98%，水资源利用率、废弃物无害化处理率等均达到国际先进水平，实现了"自消化""零排放"。该园区集聚企业 494 家，年均处理各类再生资源 150 万吨，形成了我国北方较大的"城市矿产"基地。随着 TCL、格林美、格力、银隆等一批行业龙头项目的相继入驻，在国内同行业中起到示范带头作用。实现了天津市循环产业的集聚化、规模化、绿色化发展。

二、经济技术开发区概况

天津经济技术开发区（Tianjin Economic and Technological Development Area），其英文名缩写是"TEDA"，音译为"泰达"创立于 1984 年 12 月 6 日，位于天津市东 40 千米紧邻塘沽区，总规划面积 33 平方千米（"一区十园"总规划面积 408 平方千米），为天津市的重要组成部分，是中国首批国家级经济技术开发区之一。历经三十多年的发展，天津经济技术开发区已成为我国经济规模较大、外向型程度较高、综合投资环境最优的开发区。联合国工业开发组织世界范围评选出的一百个工业发展最快的地区中，天津开发区也榜上有名（赵绘存，2019）。天津经济技术开发区以"21 世纪现代化国际工业新城区"为目标致力于塑造与国际惯例和国际市场接轨的投资环境。在资本层面，从聚焦外资引进，到内外资并重，同时特别关注内生增长，天津开发区不断培育发展新动力，为发展注入新活力。截至 2017 年底，天津开发区引进外资项目超过 5500 个，累计实际使用外资 564 亿美元，进出口总额达 350 亿美元；累计内资企业注册 14429 个，注册资本达 7119 亿元。截至 2018 年底，天津开发区国家级高新技术企业达 461 家；科技型企业总量超过 8000 家，其中规模过亿元的科技型企业达到 557 家，位居全市第一；在各类资本市场挂牌、上市企业超过 50 家。

三、经济技术开发区的特征与发展趋势

天津经济技术开发区具有得天独厚的区位优势，地处环渤海经济带和京津冀都市圈的交汇点，背靠中国华北、东北、西北广大地区，依托天津和北京两大直辖市，与日本、韩国隔海相望，直接面向东北亚和迅速崛起的亚太经济圈，是中国对外开放的重要窗口和通道。此外，横贯区内的高速公路、轻轨列车、城际特快和货运铁路，把天津开发区与国内铁路大动脉和通往全国的高速公路网连为一体。在此基础上，天津经济技术开发区的发展形成了鲜明特征。

（一）发展与开发模式的演进更替

天津经济技术开发区经历了"加工制造型开发区"向"综合型开发区"和"工业化新城区"的发展模式演化（Meng and Sachs，2005）。在开始阶段，天津经济技术开发区借鉴出口加工区模式，着重三个面向，即面向外资、面向加工制造以及面向出口。在取得一定发展成果的条件下，天津经济技术开发区将吸引外资的重点放在世界500强大企业面向中国市场的战略投资上，以扩大投资规模和质量，发展模式也进入"综合型开发区"阶段，即在吸引外资基础上，也吸引国内投资；除了加工制造业外，也培育生产性服务业；除保持一定出口额外，也用市场换技术，扩大内销比例。经过第二阶段的发展，由于生活性服务业需求增加，投资与生活环境进一步优化，天津经济技术开发区的发展进入"工业化新城区"阶段。

天津经济技术开发区的开发模式也相应地经历了"土地开发""工业开发"与"资本经营"三个阶段。在开始阶段，天津经济技术开发区在塘沽盐场第三分厂废弃的一片盐城滩上选择部分地块进行"五通一平"的基础设施建设，然后用出让土地所得资金继续开发其他地块，实现滚动开发。在园区内土地开发基础上，天津经济技术开发区吸引投资，培育产业，通过工业发展，获得税收收益。工业发展之后，天津经济技术开发区积累了资金，形成了土地开发与产业发展的品牌，但面临着土地开发殆尽的困境。因此，天津经济技术开发区利用这些优势建立投资公司，参股或者投资别的开发区，建立分区，实现可持续发展。事实证明，天津经济技术开发区的发展模式是开发区发展的一种成功模式。

（二）主导产业群的培育与升级

天津开发区从成立至今一直不断对产业链的发展进行优化调整，不断向纵

向延伸并不断扩大产业集群，壮大优势产业和新兴产业，形成了一批规模大、水平高、潜力足的产业集群。天津开发区有针对性、有选择地引进外资，提高自身的产业发展水平。一批低能耗、高附加值的现代制造业和服务业开始大力发展。电子信息产业、装备制造业、生物医药行业、新能源新材料行业、航天等战略性新兴产业迅速崛起。同时，为了调整产业结构，促进现代服务业的发展，天津开发区制定了一系列新产业促进政策，从人才、资本等多方面促进现代服务业的发展，加大了对直接为生产服务的金融、服务外包、物流、会展、专业服务业等现代服务业的支持力度。2018 年，开发区第二、第三产业比重为44.10∶55.30。近年来，两大产业的比例在逐渐缩小，经济结构进一步得到调整，高端化、高质化、高新化的产业结构基本形成。

经过三十多年的发展，天津开发区纵向延伸产业链，横向做大产业群，呈现了项目集中园区、产业集群发展的良好态势，形成了九大主导产业：以三星集团、霍尼韦尔、鸿富锦为代表的电子信息产业；以一汽丰田、长城汽车为代表的汽车产业；以渤海钻探、渤海装备、壳牌为代表的石油化工产业；以维斯塔斯、东汽风电、SEW、约翰·迪尔、奥的斯为代表的装备制造产业；以葛兰素史克、诺和诺德、诺维信为代表的生物医药产业；以新一代运载火箭产业化基地为代表的航天产业；以康师傅、可口可乐、雀巢为代表的食品饮料产业；以膜天膜、京瓷太阳能、东邦铅资源为代表的新能源新材料产业；以金融、物流、服务外包业为代表的现代服务业（见图 7-3）。[①] 其中，先进制造业拥有电子、汽车两个千亿级产业集群，装备、食品、石化三个 500 亿级产业集群，生物医药、新能源新材料两个百亿级产业集群。

（三）"一区十园"的空间发展模式

除了从最初的 33 平方千米盐碱滩涂发展而来的东区外，天津经济技术开发区还拥有逸仙科学工业园、微电子工业区、现代产业区、西区、南港工业区、泰达慧谷、南部新兴产业区、中区和北塘企业总部九个园区（见表 7-10），总体规划面积达 408 平方千米（王森，2014）。十个园区具有定位准确、规划清晰、特色鲜明的空间格局，为天津经济技术开发区的持续发展提供了载体。

---

① 前进中的天津经济技术开发区 [J] . 天津人大，2013（9）：15.

在产业方面获得的国家级称号：
- 国家新型工业化产业示范基地（汽车）
- 国家新型工业化产业示范基地（电子信息）
- 国家新型工业化产业示范基地（石油化工）
- 汽车及零部件出口基地
- 外贸转型升级示范基地（中西药）
- 国家纳米技术产业化基地
- 国家现代服务业产业化基地

图7-3　天津经济开发区九大主导产业

资料来源：前进中的天津经济技术开发区［J］．天津大人，2013（9）：15.

表7-10　天津经济技术开发区各园区产业发展定位

各区名称	区域定位
东区	现代服务业中心、高水平先进制造业基地、高新技术研发转化基地和现代化的宜居生态城区
西区	先进制造业集聚区，天津开发区经济发展新增长点
临港工业区	世界级石化产业基地和港口综合功能区、中国北方石化产业枢纽港、海洋经济示范区、国家级循环经济示范园区
逸仙科学工业园	力争建成高端科技园区和高端科技研发转化基地
微电子工业区	电子信息产业发展的重要聚集区
现代产业区	先进制造业和高水平研发转化基地
南部新兴产业区	延伸开发区产业优势的重要载体
泰达慧谷	科技创新产业与高端技术产业集聚区，承接开发区高梯次产业转移
中区	石化末端产业为主，逐步融入高端装备制造、生物医药、电子信息、新能源新材料等战略性新兴产业，形成特色产业体系
北塘企业总部园区	大力发展总部经济、楼宇经济，力争加快建成现代服务业和高端研发转化基地

资料来源：王森．泰达"一区十园"统筹联动，广阔空间撑起发展棋局［N］．天津滨海时报，2014-12-05.

（四）转型与可持续发展

天津经济技术开发区面临着体制机制改革压力大、自主创新能力不足、产业升级与产城融合有待进一步完善等问题，因此未来应以建设"区域经济发展引领区"为目标，科学确定各分区功能定位，统筹考虑各园区土地空间、资源禀赋、区位优势、产业现状，以项目储备、落户为前提，兼顾开发区整体布局和发展需要，合理确定管理体制，合理安排开发建设时序，合理使用人力、物力、财力，统筹推动各园区开发建设，形成规划清晰、配套完善、分工互补、发展接续的良好格局。

第四节　中国（天津）自由贸易试验区

中国（天津）自由贸易试验区（以下简称"天津自贸试验区"）于2015年4月21日正式运行，这是继中国（上海）自由贸易试验区之后，中国政府批准的中国北方第一个自由贸易试验区。

一、战略定位与目标

天津自贸试验区的战略定位是以制度创新为核心任务，以可复制可推广为基本要求，努力成为服务"一带一路"建设、京津冀协同发展以及双循环格局的高水平对外开放平台、中国改革开放先行区和制度创新试验田、面向世界的高水平自由贸易园区。总体目标是经过三至五年的改革探索，将天津自贸试验区建设成为贸易自由、投资便利、高端产业集聚、金融服务完善、法制环境规范、监管高效便捷、辐射带动效应明显的国际一流自由贸易园区，在京津冀协同发展和中国经济转型发展中发挥示范引领作用。

自园区建立以来，天津自贸试验区坚持以制度创新为核心，以可复制可推广为基本要求，对照国际一流标准，在"放管服"改革、投资贸易便利化、产业金融和创新金融、前沿新兴产业创新孵化等方面取得了近400项可复制可推广的制度创新成果，实现了跨境投资、跨境融资、跨境发债、跨境人民币资金池、跨境外币资金池五个跨境金融便利化，着力打造国际化、市场化、法治化、便利化营商环境，积极服务京津冀协同发展战略。

截至 2018 年底，新注册企业 5.30 万家，其中外资企业 2453 家，注册资本 4431 亿元，用占全市 1% 的面积创造了占全市约 12% 的地区生产总值、近 10% 的一般预算收入、1/3 的外贸进出口额、2/3 的对外投资中方投资额、1/4 的实际利用外资额，已成为促进滨海新区乃至全市高质量发展的重要引擎。① 天津自贸试验区融资租赁业务全国领先，集聚融资租赁企业 3500 余家，租赁资产超过万亿元。区内聚集空中客车、德国汉莎等国际知名航空企业，已成为亚太地区重要的航空制造维修基地。平行进口汽车进口量和进口额占全国的 70% 以上。生物医药、数字经济、智能制造、新材料新技术、商业保理、股权基金等新兴产业蓬勃发展。

二、功能分区与主导产业

天津自贸试验区总面积 119.90 平方千米，涵盖三个片区，各个片区有着不同的发展重点与方向（孟广文，2019b）。

（1）天津港东疆片区。天津港东疆片区 30 平方千米（含东疆保税港区 10 平方千米），是北方国际航运中心和国际物流中心的核心功能区。重点发展航运物流、国际贸易、融资租赁等现代服务业。区内拥有国际船舶登记制度、国际航运税收政策、航运金融、租赁业务四大类 22 项创新试点政策。截至 2017 年 4 月，东疆片区新增企业 5289 家，总注册资本 4420.25 亿元，1 亿元以上的企业 967 家。从企业结构看，航运、物流、租赁、贸易结算及保理五大支柱型产业占总注册企业的 76.40%。

（2）天津机场片区。天津机场片区 43.10 平方千米（含天津港保税区空港部分 1 平方千米和滨海新区综合保税区 1.96 平方千米），是天津先进制造业企业和科技研发转化机构的重要集聚区。重点发展航空航天、装备制造、新一代信息技术等高端制造业和研发设计、航空物流等生产性服务业，形成了民用航空、装备制造、电子信息、生物医药、快速消费品和现代服务业等优势产业集群。自贸试验区挂牌至 2017 年第一季度，机场片区新增自贸试验区市场主体 11877 户，注册资本（金）2997.26 亿元。

---

① 天津自贸区四年新设企业 5.3 万家［EB/OL］.（2019-04-23）［2020-03-18］. https：// scftz. ccpit. org/ent/articles/1573.

（3）滨海新区中心商务片区。滨海新区中心商务片区 46.80 平方千米（含天津港保税区海港部分和保税物流园区 4 平方千米），既是天津金融改革创新集聚区，也是滨海新区城市核心区。重点发展以金融创新为主的现代服务业，是国内少数拥有金融"全牌照"区域；在建商务楼宇 63 座，已投入使用 10 座；基金、保理、租赁、资金结算等业态快速发展。截至 2017 年 4 月，新增市场主体 1.30 万家，占天津自贸区增量的 45.70%，注册资本金 3801.30 亿元，注册金额 5000 万元以上企业 1513 家，外资企业 269 家，初步形成了创新金融、科技互联网、国际贸易与跨境电商三大特色产业集群。

三、制度创新与发展趋势

自 2015 年 4 月 21 日建立以来，天津自由贸易试验区经历了两个阶段：第一阶段 1.0 版方案（2015~2017 年），颁布实施《中国（天津）自由贸易试验区总体方案》（以下简称《总体方案》）；第二阶段 2.0 版方案（2018 年至今），颁布实施《进一步深化中国（天津）自由贸易试验区改革开放方案》（以下简称《深改方案》）以及《国务院关于支持自由贸易试验区深化改革创新若干措施》（以下简称《若干措施》）（孟广文等，2021）。截至 2020 年 11 月，天津自贸试验区共有市场主体 81926 户，注册资本 3.11 万亿元，是设立之前历年登记市场主体的近 3 倍；累计实现税收 1635 亿元，累计实现进出口贸易额 11029.23 亿元。天津自贸试验区用占全市面积的 1%，创造了全市 10% 的 GDP、1/3 的外贸进出口总额、2/3 的中方对外投资额、46% 的实际利用外资额，近 10% 的一般预算收入，成为促进全市特别是滨海新区实现高质量发展的重要引擎。

（一）制度创新

一是服务国家改革开放，促进地方经济发展。为落实《总体方案》和《深改方案》，天津自由贸易试验区各分解出 90 项和 128 项创新任务。为全面承接国家创新赋权，在全面解读《若干措施》的基础上又分解出 39 项创新任务，开展自主创新任务 188 项，累计创新任务 445 项，创新实施率超 96%。从功能分类看，"放管服"改革 95 项，贸易便利化 152 项，对外开放和投资便利化 43 项，财税制度创新 8 项，金融开放创新 114 项，服务国家战略创新 33 项。截至 2020 年，《总体方案》《深改方案》和《若干措施》中的任务已基本完成。天津自贸试验区自 2015 年至 2020 年 9 月，累计实施 428 项制度创新措施，向国家上报

244 项试点成果和创新实践案例，向全国复制推广 37 项试点经验和实践案例，向天津市和相关区域复制推广 230 项经验案例，发布 65 个金融创新案例。2020 年，10 项成果入选国务院第六批全国复制推广试点经验，在为国家试制度、为区域谋发展中探索新路径，有力地发挥了国家制度创新"试验田"的作用。

二是服务国家战略，加强体制机制创新。天津自贸试验区不断优化体制机制，提高管理与决策效率。天津自贸试验区优化管理体制，实现管理扁平化，简化管理结构，提高了管理与决策效率。天津自贸试验区形成领导小组+自贸试验区管委会"1 办 1 局 3 片区"的工作架构，即推动管委会办公室与新区发改委合署办公，将经开区、保税区和东疆 3 个片区办事处改设为片区管理局，并分别下设片区工作局，具体承担自贸片区的总体协调和贸易、金融等方面的制度创新研究工作。此外，2019 年 9 月，经市委、市政府批准，成立中国（天津）自由贸易试验区政策与产业创新发展局（以下简称"创新发展局"），聚焦制度创新研究、产业培育、投资促进、改革方案设计报批、智库建立与咨询等方面，通过企业调研、创办刊物、设立京津冀论坛、建立专家库、举办自贸区大讲坛、课题招标以及提供咨政建议等工作，促进天津自贸试验区制度创新与产业发展取得积极有效成果。

与此同时，发挥平台作用，积极服务国家战略。实施通关便利化，打造"一带一路"黄金支点，支持自贸区"一带一路"企业综合服务中心和境外办事机构建设，开展国际产能合作，建设"京津冀+一带一路"海外工程出口基地。在全国率先实施京津冀区域通关一体化和物流流程综合优化改革，构建京津冀国际贸易大通道，完善中欧班列跨境电商、中转集拼、国际海铁联运功能，开展首单保税买断出口集拼业务。2019 年，进口和出口整体通关时间分别下降至 36.8 小时和 3.27 小时。研究制定《天津自贸试验区服务京津冀协同发展工作方案》和《天津自贸试验区服务京津冀协同发展的八项措施》等重点文件，总结推出 178 项区域联动发展的经验案例。

三是服务实体经济，有序推进金融领域开放创新。"金改 30 条"准予实施政策全部落地，跨境双向人民币资金池、全口径跨境融资宏观审慎管理、外资企业外汇资本金意愿结汇、资本项目外汇收入支取便利化等创新效果良好。探索金融创新，协助人民银行天津分行推动 FT 账户政策红利外溢，创新推出 FT 分公司模式，支持非天津自贸试验区企业在区内设立分公司后开立 FT 账户。开展离岸业务，如飞机和船舶离岸租赁债券登记，而且在全国率先开展外债便利化试点，允许 SPV 租赁公司共享母公司的外债额度。

四是对标国际通行规则，促进投资贸易自由化、便利化。外商投资制度与全国其他自贸区同步，实施了外商投资准入前国民待遇加负面清单管理制度，除特殊领域外，外商享受中资企业待遇，负面清单减少至 30 项。深入推进境外投资管理改革，3 亿美元以下的项目由核准改为备案，赋予天津自贸试验区三个片区境外投资市级备案、统计权限，实现"无纸化一日办结"，3 亿美元以上的需要报国家发展改革委审批。实施国际贸易"单一窗口"，率先实现与国家层面"单一窗口"标准规范融合对接，涵盖服务贸易和口岸作业各环节。探索口岸通关和物流流程综合优化改革，海关、检疫检验、海事、边检等部门协同推出 100 多项贸易便利化措施。探索开展邮轮公海游试点，成功试点首单国内采购食品配送国际邮轮创新业务，在全国率先设立邮轮母港进境免税店；首创海关区块链验证系统，例如空港的飞机维修，采用区块链技术将维修配件进出口的链条串联起来，用技术倒逼监管制度改革；落实航空维修"小时包修+标准件互换"创新举措，推进"批次进出，集中申报"政策；探索租赁方面的海关异地监管，天津与全国 12 个海关形成了异地监管的业务。

五是深化"放管服"改革，营造重商亲商惠商的营商环境。"放管股"改革方面，开展"证照分离"改革，实现全覆盖，全国首创最简告知承诺制，在全国率先实施经营许可"一址多证"、民非机构"多项合一"、税务办理"综合一窗"等措施。此外，推进人员往来便利，实施外国人工作许可、居留许可、永久居留"三证联办"。法制环境方面，制定出台《中国（天津）自由贸易试验区条例》，为推进制度创新提供法治保障。在区内成立北方地区首个自贸区法院，设立了自贸区的仲裁中心，包括贸仲委/海仲委自贸试验区仲裁中心、天津市仲裁委自贸试验区国际仲裁中心和知识产权仲裁中心、贸促会天津自贸试验区服务中心，成立了自贸区监察室。

六是开展压力与风险测试，防范系统性风险。开展与制度创新相配套的压力测试、风险测试，加强对风险防控的统筹协调和顶层设计，编制《制度创新风险防控措施清单》，梳理制度创新过程中的风险事项和风险点，提出有针对性的风险防控措施。重点加强金融、投资等重点领域和关键环节的风险防控，建立风险防控大数据平台，开展风险实时预警识别，提高风险防控水平，消除监管真空地带。

（二）战略性新兴产业的培育

围绕地方经济发展"瓶颈"，培育六大新兴产业：①融资租赁产业。东疆聚集各类租赁公司超过 3500 家，租赁资产突破 1 万亿元，占全国的近 1/3，飞机、船舶租赁占全国的 80%，发动机租赁占全国的近 100%，是全球第二大飞机租赁基地。②金融、类金融产业。中心商务片区集聚了类金融机构 2300 家，业务规模达到 2.6 万亿元。2020 年，亚投行数据综合业务基地、北方首家民营银行——金城银行、全国首批外资私募证券基金管理机构——韩华集团落地，机场片区有各类金融机构 1340 家，营业收入 240 亿元。③保税维修产业。天津空港片区有空客、中行直升机、汉莎等一批集航空维修、总装、培训于一体的航空项目，总计 68 个。保税维修项目起初主要是针对飞机而言的，现在还实现了船舶（临港片区）和医疗设备（空港片区）的保税维修。④国际贸易产业。一是平行进口汽车贸易全国第一。建设国际汽车贸易中心，平行进口汽车形成全产业服务链，制定出台全国首个自贸试验区汽车平行进口试点管理暂行办法——《中国（天津）自由贸易试验区汽车平行进口试点管理暂行办法》，全国首创保税仓储、标准符合性整改、全流程监管、第三方检验结果采信等创新，完成全国首单平行进口汽车保税增值出口业务、全国首单二手商务车出口业务、全国首单"融资租赁+汽车出口"等业务。二是冷链冻品进口，如猪、牛、羊肉等，全国排第二。⑤商业保理。业务规模超过 1000 亿元。全国首创保理公司接入央行征信系统、租赁兼营保理、保理服务跨境电商、保理线上债券确认融资、影视保理等创新，出台首个商业保理监管办法。⑥跨境电商。单量占全市 2600 万单的 99%，其中机场片区 2020 年全年超过 2100 万单，总交易额 35 亿元。此外，开展医疗器械注册人制度、优化实验用特殊物品准入许可、药品有限审评审批、药品上市许可人制度、进口非特殊用途化妆品备案管理以及管理权限下放、国际多中心临床试验等试点，试验用特殊物品实现 24 小时快速通关，区内集聚 200 多家医药健康企业。

（三）发展趋势

根据国家发展战略需要以及天津市"十四五"规划需求，天津自贸试验区按照"服务国家战略、促进双向循环、对标国际先进、立足实际需求、加强创新统筹、守住安全底线"的思路，围绕京津冀现代产业集聚区、国际国内经济双向循环的重要资源要素配置平台和中国特色社会主义的世界一流自由贸易园区的战略定位，着力优化总体空间布局，加快完善自由贸易制度体系，推进国际化、法制化、市场化平台建设，加快培育现代产业体系，增强资源要素配置功能，加强国际国内开放合作，推进自贸试验区制度、政策、功能、产业、服务创新升级，努力形成更多可复制可推广的试点经验，助推已复制推广的改革试点经验落到实处，强化区域辐射带动作用，加快向世界高水平自由贸易园区迈进的步伐。①

天津自贸试验区应建设为"自由贸易港"，为此应争取更多中央赋权、扩大制度创新领域、优化空间规模与结构、深化区域合作与创新。

（1）明确自贸区的行政地位，完善相关的法律。自贸区实行有别于周边地区的自由经济政策，需要有独立的行政地位与相应的法律来保护。根据世界自由贸易区与自由港发展经验，参照海南自由贸易港发展现状，天津自由贸易试验区未来应为自由贸易港建设争取国家更多的授权。研究制订"天津自由贸易港建设方案"，明确自由贸易试验区建设范围、产业领域、运营管理、海关监管、税收制度、外汇金融、劳动用工、知识产权保护等，为申报自由贸易港提供前期方案。

（2）扩大空间规模，优化空间结构。天津自由贸易港模式应是复合综合型自贸港，在空间上表现为主区与复区并列或镶嵌的格局。因此，一方面，为满足天津复制自由贸易试验区政策的需要，探讨扩大现有三个片区的范围，或者建立新片区；另一方面，为满足自由贸易港"境内关外"监管特征选择特定片区，或者新建片区，封闭管理。就天津自由贸易港建设而言，第一步可以选择东疆港片区进行海关封关监管，建立自由贸易港核心区。未来再根据需要，扩大天津自由贸易港核心区范围。

（3）深化区域合作与创新，在试验区内先行先试。考虑到国家发展需要和东北亚区域合作态势，以《区域全面经济伙伴关系协定》（RECP）和《中欧全面投资协定》（中欧CAI）为基础，一方面，为已经签订的自贸区与投资协定提供制度创新的试验；另一方面，为未来自贸区与投资协定的谈判提供前期准备

---

① 天津市国民经济和社会发展第十四个五年规划和二〇三五年远景目标纲要［EB/OL］.（2021-02-09）［2021-07-16］. http://credit.fzgg.tj.gov.cn/68/34491.html.

与探索。现阶段，天津自由贸易试验区应争取国家允许在这些领域先行先试。

在京津冀协同发展战略基础上，京津冀各个自由贸易试验区在功能与制度创新领域既要有分工，又要强化合作；京津冀各自贸区内部之间，也要实现内部分工与合作。天津自贸试验区应发挥首都门户、京津冀交通枢纽的优势，在深化制度创新领域，扩大改革开放步伐，先行先试，深入推进京津冀协同发展，发挥"试验田"的作用。

第五节　海关特殊监管区域

海关特殊监管区域是经国务院批准，设立在中华人民共和国关境内，赋予承接国际产业转移、连接国内国际两个市场的特殊功能和政策，由海关为主实施封闭监管的特定经济功能区域。海关特殊监管区域现有六种模式：保税区、出口加工区、保税物流园区、跨境工业园区、保税港区、综合保税区。本节首先分析天津海关特殊监管区域现状与问题，然后探讨其未来发展方向（孟广文，2007）。

一、概况

天津市经国家批准设立的海关特殊监管区域共有 5 种类型，分别是天津出口加工区（包括 A 区、B 区，分别位于天津开发区东区、西区）、天津港保税区、天津保税物流园区、天津东疆保税港区和天津滨海新区综合保税区（见表7-11）。除没有跨境工业园区外，天津海关特殊监管区域是国内类型最丰富、功能最齐全的地区之一。

表 7-11　天津海关特殊监管区域概况

名称	地理位置	面积（公顷）	成立时间	主导产业
天津港保税区	天津港港区	500	1991 年 5 月 12 日	临港加工、国际贸易、物流
天津出口加工区	天津开发区	254	2000 年 4 月 27 日	装备制造、家具、冶金
天津保税物流园区	天津港港区	46	2004 年 8 月 16 日	仓储物流

续表

名称	地理位置	面积 （公顷）	成立时间	主导产业
天津东疆保税港区	天津港东疆港区	1000	2006 年 8 月 31 日	交通运输、批发零售、租赁
天津滨海新区综合保税区	天津空港物流加工区	159.9	2008 年 3 月 10 日	民用航空、物流

资料来源：中国开发区审核公告目录（2018 年版）[EB/OL]．（2018-08-19）[2020-03-19]．http：//www.fogang.gov.cn/fggk/tzfg/tzzc/content/post_ 423210.html.

（一）天津出口加工区

天津出口加工区是 2000 年 4 月 27 日经国务院批准设立的首批 15 个出口加工区之一，于 2001 年 6 月 29 日顺利通过海关总署等国家八部委的联合验收，正式封关运作。2007 年国务院办公厅同意调整天津出口加工区规划范围，调整后的天津出口加工区面积为 2.54 平方千米。天津出口加工区 A 区位于天津经济技术开发区母区（东区）东北部，第一期开发面积为 1 平方千米。出口加工区与非出口加工区之间建立永久性围墙作为隔离设施。于 2001 年 6 月 29 日顺利通过海关总署等国家相关部委的联合验收，正式封关运作。天津出口加工区 B 区位于天津经济技术开发区西区东北部，面积 0.435 平方千米，于 2007 年 12 月 6 日顺利通过海关总署等国家相关部委的联合验收，正式封关运作。

天津出口加工区是一个由海关对进（出）区的货物及区内相关场所进行 24 小时监管的"境内关外"的特殊封闭区域。中央政府赋予了这个特殊经济区域特殊的优惠政策，旨在吸引更多从事加工贸易以及物流、研发、检测、维修、保税展示企业在此区域投资。作为环渤海经济圈的中心，天津出口加工区的地理位置具有战略意义。企业落户天津出口加工区，使进口的原料能够便利、迅速地进入出口加工区，生产的产品能很便利地运送到国外市场。

天津出口加工区是国务院批准设立在直辖市国家级经济技术开发区内的出口加工区，行政层次少，渠道直接，有利于通关和与政府部门的各项协调工作的进行。天津出口加工区管理委员会是天津市人民政府在此区域内设立的派出机关，负责此区域的一切行政管理。在管委会的领导下，所有职能部门将同基础设施、公用设施的供应部门一同为投资者提供最全面、优质的服务。

（二）天津港保税区

天津港保税区于 1991 年 5 月 12 日经国务院批准设立，是我国北方规模最大的保税区。它坐落在中国北方最大的国际贸易港口——天津港港区内,京津塘高速公路直入保税区,从保税区至天津滨海国际机场仅需 30 分钟,至北京首都机场仅需 90 分钟,拥有全国保税区中唯一与国家铁路干线相通的铁路。天津港保税区以海运、陆运、空运和铁路运输构成国际货物多式联运系统,形成了便捷的交通运输网络。

2017 年,保税区实现地区生产总值 1738 亿元,第二、第三产业结构比例为44∶56。民用航空、海洋经济、高端装备制造、快速消费品四大产业集聚效应明显。新一代信息技术、生命医药与健康、新能源等战略性新兴产业链条不断延展,发展势头良好。以现代物流、现代商贸、金融保险等为代表的生产性服务业稳步增长,初步实现规模化发展。天津港保税区拥有 CBW、华铁隆津泰和中轻腾发等一大批现代物流企业,已成为国际商品的重要集散地,形成了集货物仓储、分拨、配送为一体的现代物流运作模式,提高了贸易效率,降低了贸易成本,每年国际货物进出区总量达 50 多亿美元,2000 多个品种货物在保税区得到及时分拨配送。

2002 年 10 月,经天津市委、市政府批准设立天津空港物流加工区。天津空港物流加工区作为保税区的扩展区,位于天津滨海国际机场东北侧,具有良好的区位优势和便捷的交通条件。总用地控制面积约 42 平方千米,首期规划开发23.50 平方千米。按照总体规划,空港物流加工区分为仓储物流区、高新技术工业加工区、商务中介管理服务区和商住生活配套等功能区。

2017 年 12 月 22 日,天津市委决定临港经济区并入保税区(见图 7-4)。目前,天津港保税区辖空港、临港、海港三片区域,规划土地面积 287.40 平方千米,拥有 90 千米黄金海岸线,规划港口岸线约 70 千米,可实现吞吐能力 3 亿吨。中国(天津)自由贸易试验区机场片区位于天津港保税区(空港)内。

保税区具有海港、空港双重优势,具备自贸区、保税区、开发区、科技园区多重政策功能,是综合优势明显、极具活力的经济区域之一。空港区、临港区、海港保税区域分工明确,产业定位差异互补。其中,空港区域重点发展以民用航空为核心的高端制造业,延伸产业链,做大先进制造业规模;进一步完善城市功能,大力发展金融保险、总部商务、研发设计等现代服务业;打造人才高地,聚集信息服务、生物科技、人工智能等创新经济;完善航空物流区口岸功能,发展航空物流、电商快递等产业。临港区域依托中欧先进制造产业园建设，加强"一带一路"国际产能合作，发展口岸经济，壮大临港装备制造业；依托港口岸线资源，聚集大贸易、大物流，发展大宗商品交易、结算等服务业。海港保税区域发挥海关特殊监管区域功能优势，发展进出口贸易、平行车进口、跨境电商、期货保税交割等产业，建设国际贸易物流高地。[①]

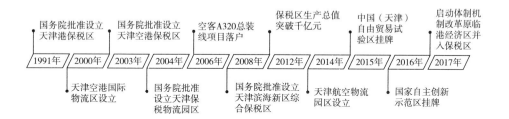

图 7-4　天津港保税区发展历程

资料来源：天津港保税区介绍资料 2018 ［EB/OL］．（2018-12-28）［2020-03-18］．https：//wen-ku. baidu. com/view/cf04fe457275a417866fb84ae45c3b3567ecddcb. html.

（三）天津保税物流园区

2004 年为了拓展天津港保税区的功能，解决区内企业不再享受出口退税优惠政策等问题。2004 年 8 月 16 日，在天津港保税区 5 平方千米范围内，建立了天津保税物流园区。天津保税物流园区位于保税区东北侧，与港口集装箱码头相连，港区一体，具有政策优势、功能优势和体制优势。

（1）政策优势。在进出口税收方面，比照实行出口加工区的相关政策，即国内货物进入园区视同出口，办理报关手续，实行退税；园区货物内销按货物进口的有关规定办理报关手续，货物按实际状态征税；区内货物自由流通，不征增值税和消费税。

（2）功能优势。天津保税物流区具有国际中转功能、国际配送功能、国际采购功能、国际贸易功能。国际中转功能是对进入园区的境外和国内货物进行分拆、集拼，开展进出口和中转货物集运，多国别货物快速集拼和国际联合快运等业务。国际配送功能是对进园的境外和国内货物进行分拣、分配、分销、

---

① 天津港保税区介绍资料 2018 ［EB/OL］．（2018-12-28）［2020-03-18］．https：//wenku. baidu. com/view/cf04fe457275a417866fb84ae45c3b3567ecddcb. html.

分送等配送分拨业务，或增值加工向境内外配送。国际采购功能是采购进入园区的境外和国内货物，经进出口集运的综合处理或增值加工，向境内外分销。国际贸易功能是园区企业可以开展进出口与转口贸易、园区与境外之间的货物贸易及服务贸易。

（3）体制优势。保税区管委会负责园区行政事务的管理，海关和检验检疫部门在园区设立办事机构，外管、国税、地税、公安、消防等其他保税区管理机构将职能延伸至园区，为企业提供各项必要的服务。园区采用一流的信息化管理，公共信息平台连接海关、检验检疫、外管、税务及银行等部门，设有集装箱卡车等各类货运车辆电子车牌自动识别系统及电子放行系统，实行进出货物一次申报、一次查验、一次放行，实现园区与港区之间直通。

天津保税物流园区的上述优势凸显，体现在园区的进出口总额上。华经产业研究院数据显示：2019 年 1 月至 7 月天津保税物流园区进出口总额为139712.3 万美元，同比下降 4.2%。其中，出口额为 11969.6 万美元，增幅为2.6%；进口额为 127742.7 万美元，降幅为 4.8%；进出口差额为 −115773.1 万美元。①

（四）天津东疆保税港区

2006 年 8 月 31 日，国务院批复设立天津东疆保税港区。东疆保税港区面积10 平方千米，是继上海洋山保税港区后，中国批准设立的第二个保税港区。这是经国务院批准成立的迄今为止面积最大、条件最好、政策最优、效率最高、通关最便捷、环境最宽松的保税港区。2007 年 12 月 11 日，包括 6 个集装箱泊位、物流加工区、海关监管及口岸办公设施等约 4 平方千米将已经建成投入使用，实现了东疆保税港区首期封关运作。

2008 年以来，东疆保税港区进入快速建设时期。在基础设施建设方面，已经累计投资超过 120 亿元，成陆面积 20 平方千米；在项目建设方面，年设计吞吐能力 400 万标准箱的太平洋国际码头已经建成投入运营。② 截至 2018 年 7 月底，天津东疆保税港区拥有租赁公司 3054 家，其中金融租赁公司 2 家，内外资

① 2019 年 1~7 月天津保税物流园区进出口总额 13.97 亿美元，逆差 11.58 亿美元［EB/OL］.（2019-09-07）［2020-03-18］. https://www.huaon.com/story/464546.

② 东疆保税港区将成滨海新区发展新引擎［EB/OL］.（2008-09-25）［2020-03-18］. https://tj.leju.com/2008-09-25/144185132.html.

融资租赁公司1182家，外商投资金融租赁公司1097家，内资试点融资租赁公司85家，累计注册资本达4855亿元。

东疆保税港区集保税区、出口加工区、保税物流园区功能于一体，在拥有开发区、保税区、高新技术产业园区等全部政策的同时，充分享受国家批准税收、口岸监管、外汇管理等方面的众多优惠政策。东疆保税港区借鉴国际自由贸易港区的发展模式，主要拓展国际中转、国际配送、国际采购、国际转口贸易和出口加工五大功能，重点发展现代物流业、进出口加工制造业和各类服务产业。

（五）天津滨海新区综合保税区

滨海新区综合保税区于2008年3月10日经国务院批准设立，位于天津空港物流加工区，占地1.96平方千米。滨海新区综合保税区与保税港区享受同样的政策，集保税区、保税物流园区和出口加工区功能于一体，是中国政策最优惠、功能最齐全、开放度最高的海关特殊监管区域，由天津港保税区管理委员会统一管理。

天津滨海新区综合保税区的建立是支持滨海新区开发开放的又一重要举措。它不仅可以有效地保证空客A320系列飞机总装线项目的顺利实施，而且对于聚集航空产业项目，大力发展空港国际物流业，加快建设北方航运中心和物流中心，将起到重要的促进作用。

随着天津滨海新区开发开放进一步加快，空客A320总装线项目的带动效应日益显现。综合保税区招商引资势头良好，已有国内外70多家航空企业前来考察，其中有明确投资意向的30多家，世界500强企业8家，注册落户10家，总投资达2亿美元。从国际经验看，具有保税政策是航空产业项目投资的重要条件，综合保税区为承接国际先进航空制造产业，打造滨海新区临空产业区核心区提供了政策支持和保障。

二、发展趋势

总体上说，天津海关特殊监管区域发展良好，但仍然存在一些问题有待解决，如区域协调发展有待加强、政策功能有待完善、监管服务有待优化、辐射带动作用有待提升，因此，迫切需要在功能升级和政策创新、吸引境内外投资、承接国内外产业转移、带动经济转型和结构优化、辐射带动周边经济发展等方面实现新突破，以适应新一轮深化改革的新形势。未来天津海关监管区域应做好以下工作：

第一，加快现有区域整合。调整优化天津滨海新区综合保税区规划红线，加快二期建设和验收。一是置换天津保税物流园区已批未用指标到天津滨海新区综合保税区南侧新征土地内，实现综合保税区扩区。二是升级天津保税物流园区为综合保税区。增加保税加工、维修、检测、研发和跨境贸易电子商务等功能，促进保税物流园区内业务由单一的保税物流向多元化方向发展，优化产业结构，完善产业链。三是整合天津出口加工区为综合保税区。出口加工区拓展保税物流、维修、检测、研发和跨境贸易电子商务等功能，整体升级为综合保税区。

第二，推动区域政策功能优化。根据国家赋予各海关特殊监管区域的特殊政策和功能，突出临近海、临空口岸的特点和区位优势，明确各区域功能和发展定位，找准产业发展方向，促进各区域错位发展、联动发展。一是东部片区，包括天津港保税区（海港）、天津东疆保税港区及现有的天津保税物流园区、天津出口加工区（A区、B区）。加快建设国家租赁创新示范区，支持各类租赁公司开展境内外大型设备、成套设备租赁业务；加快建设国家进口贸易促进创新示范区，发展全球采购与国际分拨、配送、转口贸易和国际中转业务；鼓励国内期货交易所开展业务，扩大期货保税交割试点品种，拓展仓单质押融资等功能，推动完善仓单质押融资所涉及的仓单确权等工作；开展大宗商品现货交易，探索建立与国际大宗商品交易相适应的外汇管理和海关监管制度；在严格执行货物进出口税收政策的前提下，探索在海关特殊监管区域内及区域外设立保税展示交易平台；开展境内外高技术、高附加值产品的维修及再制造业务试点；积极发展跨境电子商务，并完善相应的海关监管、检验检疫、退税、跨境支付、物流等支撑系统。扶持和培育外贸综合服务企业，为从事国际采购的中小企业提供通关、融资、退税、国际结算等服务。二是西部片区，包括天津港保税区（空港）、天津滨海新区综合保税区。依托保税功能，重点开展临空型保税加工产业和保税物流、保税贸易等；侧重发展航空制造业、临空高新技术产业和综合服务业，引进以飞机运输为中心的航材加工、航空配件、航空配套服务、飞机部件维修、基地服务，以及光电子、电子信息、IT（信息产业）等高附加值、对进出口空运依赖性强的先进制造业；发展全球采购，国际分拨、配送、转口贸易和国际中转，保税商品展示，跨境电子商务和航空融资租赁等业务。

第三，推动监管服务优化。一是加强监管部门协作。推动各海关特殊监管区域和口岸管理相关部门实现信息互换、监管互认、执法互助的"三互"合作。全面推进"一站式作业"通关模式改革。推动区域通关一体化改革，提升各海关特殊监管区域之间以及与非海关特殊监管区域之间的海关监管和检验检疫便利化水平。争取国家有关部门支持，协同口岸相关单位，深化国际贸易单一窗口建设，提高口岸服务水平。二是加强信息化建设。完善海关特殊监管区域辅助监管信息系统，天津海关要牵头海关特殊监管区域所属各功能区管委会，组织海关特殊监管区域各口岸管理单位，梳理明确业务管理措施和模式，形成业务管理需求，编制海关特殊监管区域信息系统建设方案，做好信息系统的建设和运行维护工作。

第六节　滨海高新技术产业开发区

一、概况

天津滨海高新技术产业开发区简称"天津高新区"于 1988 年经天津市委、市政府批准建立。1991 年被国务院批准为首批国家级高新技术产业开发区，2014 年 12 月获批国家自主创新示范区，[①] 2017 年获批建设国家双创示范基地。行政管理区域约 135 平方千米，包括华苑科技园、渤龙湖科技园（未来科技城核心区）、塘沽海洋科技园、京津合作示范区四个片区。

天津高新区是首批国家创新型科技园区，核心区未来科技城是中组部、国务院国资委牵头率先建设的中国 4 个未来科技城之一。[②] "十三五"期间，高新区着力打造节能与新能源汽车、新能源与节能环保、新一代信息技术、高端装备制造、海洋产业及现代服务业的"5+1"产业集群。[③]

---

① 天津滨海高新技术产业开发区［J］. 求知，2015（8）：2-3.

② 天津滨海高新技术产业开发区官网. 综合简介［EB/OL］.［2020-03-18］. http：//www. tht. gov. cn/channels/48. html.

③ 天津滨海高新技术产业开发区［J］. 求知，2016（6）：66-67.

华苑科技园坐落在天津市西南部,处于城市的上风口,是天津高新区的核心区,是市区内唯一成片开发的区域,规划面积11.58平方千米,其中华苑科技园环内2平方千米、环外9.58平方千米。华苑科技园是天津市第一个"无燃煤区"和"国家ISO14000环保示范区",拥有全国最大规模的孵化器群,孵化面积达120万平方米,孵化企业数达1580家。目前已吸引了众多世界知名企业前来投资办厂,西门子、丰田、三星、微软、三洋、NEC等世界500强企业24家入驻,企业总数已达3600家。①

渤龙湖科技园即未来科技城核心区,地处天津市区与滨海新区核心区的城市发展主轴的中间位置,规划面积30.50平方千米。距天津市区20千米,距滨海新区核心区15千米,距北京120千米。未来科技城核心区(原称"滨海高新区""天津高新区滨海科技园""天津未来科技城南区")是在国家推进滨海新区开发开放的背景下,于2006年8月由科技部和天津市政府共同建设的科技型园区,是天津高新区四个核心区之一。园区的发展定位是"三基地、三新城",即首都功能疏解的承接基地、国内外高端人才的创新创业基地、产业链完整的高端制造业的研发转化基地;链接全球创新要素资源的高端产业新城、彰显智慧活力的宜居乐业新城、凸显生态特色的文化旅游新城。园区的主导产业是新能源产业、新能源汽车及相关高端装备制造、新一代信息技术、节能环保、新材料、生物医药、文化旅游和生产性服务业等战略性新兴产业。②

塘沽海洋科技园成立于1992年,地处天津滨海新区核心区域,是全国唯一以发展海洋产业为主的国家级高新区,是天津国家海洋经济试点科技兴海示范基地、天津现代服务业示范基地、滨海新区大数据产业园。总体规划面积57.79平方千米,现已开发面积25平方千米。目前正在着力建设一个千亿级的海洋产业集群,两个百亿级的新一代信息技术和现代服务业集群,多个几十亿级的高端制造和总部经济集群,发展潜力不断增强。

京津合作示范区(又名中国·光年城)是京津两市加强经济社会发展合作的重点项目。2015年4月30日,中央政治局会议审议通过《京津冀协同发展规

① 天津滨海高新技术产业开发区官网.华苑科技园[EB/OL].[2020-03-18].http://www.tht.gov.cn/channels/90.html.

② 天津滨海高新技术产业开发区官网.渤龙湖科技园[EB/OL].[2020-03-18].http://www.tht.gov.cn/channels/98.html.

划纲要》，将京津合作示范区确定为非首都功能疏解"4+N"集中承载平台和试点示范项目。京津合作示范区占地 38 平方千米，总建筑面积约 2275 万平方米，投资 2500 亿元，建设周期 15 年，建成后预计常住人口约 31 万、就业人口约 18 万，2018 年 12 月 24 日，京津合作示范区建设全面启动。建成后的京津合作示范区将成为非首都功能疏解重要承载地、京津深化全方位合作重要平台和区域改革创新发展试验基地，成为京津冀世界级城市群体系中的重要节点城市。

二、发展趋势

据《2018 中国火炬统计年鉴》统计，2017 年天津滨海高新技术产业开发区工商注册企业数 15211 个，高新技术企业数 1458 个，营业收入 4472.53 亿元，工业总产值 2359.25 亿元，净利润 234.51 亿元，上缴税费 207.798 亿元，出口额 367.31 亿元。在企业研发与科技活动方面，滨海高新区科技活动经费内部支出 130.72 亿元，其中研发经费内部支出 75.51 亿元（科技部火炬高技术产业开发中心，2018）。

2019 年天津高新区固定资产投资增长 25%，一般公共预算收入增长 14.3%，营利性服务业收入增长 75%。滨海高新区集聚了以中科曙光、飞腾、麒麟、华为、奇虎 360 为代表的一批行业领军项目，引育了云账户、紫光云总部、腾讯 IDC 数据中心、立联信中国工厂、途牛北方研发中心等一批战略性新兴产业项目，初步形成了以新一代信息技术产业为主导，以新能源汽车、高端装备制造、生物医药为重点，以科技服务业为特色的产业体系。①

天津高新区积极落实京津冀协同发展战略，深化与北京首创集团、中关村科技园区管委会等方面的合作，加快推进京津合作示范区、滨海—中关村（天津自创区）创新中心建设，包括紫光云谷产业园、今日头条、中环半导体产业园、58 到家、国美智能家居总部等百余个重点项目相继落户，投资总额超过 300 亿元。

在落实"向东向海"战略方面，天津高新区两委总部于 2018 年 12 月率先搬迁到渤龙湖片区。同时，天津启动科技展示中心、沃尔玛山姆店等一批重点

---

①　李争粉．聚力"五大行动"天津高新区接下未来五年发展快进键[EB/OL]．[2020-01-13]．paper. chinahightech. com/pc/content/202001/13/content_35869. html.

项目建设，加快推进新城吾悦广场等配套项目建设，提升海洋片区综合配套水平，引导优质项目布局。

天津高新区科技型中小企业数量占全市 1/6，国家高新技术企业数量占全市近 1/4，市级以上研发机构数量占全市 1/8，上市企业数量占全市近 1/5，推动了科技创新"质"与"量"双提升。与此同时，高新区的人才引育也取得明显成效，吸引了两院院士等顶尖人才 40 余名，院士专家工作站、博士后工作站近70 家。

然而，天津滨海高新技术产业开发区存在着缺乏原始创新、技术收入占比偏低、以销售收入为主以及人才结构不合理、高端人才比例较低等问题。因此，未来发展应体现在以下四个方面：

第一，优化服务平台，拓宽人才引进渠道。完善高新区的服务平台和人才社会保障服务体系，减少科研人员的后顾之忧。探索研发、生产、合作三位一体的研发模式，加强与高校、科研院所的合作。在培育、挖掘现有人才潜力的同时，落实"不求所有、但求所用，不求常在、但求常来"的柔性引才理念。

第二，优化园区和产业发展方向，重塑区域发展蓝图。对华苑科技园、海洋科技园、渤龙湖科技园和京津合作示范区四个片区的规划进行全新梳理和战略性调整。同时，重新定位产业发展方向，结合人工智能、物联网、互联网、高端半导体等新兴产业的发展方向，对高新区下一步的产业发展进行重新规划和定位，既要立足于现有产业基础，又要战略性布局培育，出台在全国有冲击力和影响力的政策体系，塑造高新区的产业和创新品牌。

第三，完善企业培育体系，布局前沿技术。进一步构建和完善企业培育体系，把各个层次的企业培育计划和支持政策形成系统、落到实处。同时，高度关注新技术、新产业、新模式、新业态"四新"经济的发展，加快在类脑人工智能、量子计算等引领未来的前沿技术及颠覆性技术领域进行战略布局，在高新区形成创新主体爆发式增长的态势。

第四，坚持民生为本，营造一流创新环境。营造鼓励创新、包容失败的区域文化环境，改善营商环境，完善配套环境，提升城市宜居环境，巩固安全稳定环境。坚持开放合作，集中引进、布局一批支撑产业快速发展的龙头项目，构建和完善研发项目体系，加快构建中小创新项目体系，激发创新活力。

第七节 国家自主创新示范区

国家自主创新示范区是指在推进自主创新和高技术产业发展方面先行先试、探索经验、做出示范的区域。建设国家自主创新示范区对于进一步完善科技创新的体制机制，加快发展战略性新兴产业，推进创新驱动发展，加快转变经济发展方式等方面将发挥重要的引领、辐射和带动作用。天津国家自主创新示范区于 2015 年 2 月 26 日在天津滨海高新技术产业开发区揭牌设立，致力于打造京津冀科技干线新节点，打造一批具有全球影响力的创新型企业。本节首先分析天津国家自主创新示范区发展现状，然后探讨存在的问题与未来发展方向。

一、发展历程

早在天津滨海新区开发开放纳入国家发展战略的初期，天津就开始着手探索建立国家自主创新示范区。2008 年发布的《国务院关于天津滨海新区综合配套改革试验总体方案的批复》（国函〔2008〕26 号），原则同意《天津滨海新区综合配套改革试验总体方案》。

在此背景下，2008 年天津被国家发展改革委认定为综合性国家高新技术产业基地，重点围绕信息、生物、民用航空航天、新材料、新能源及高技术服务业等领域进行建设，2010 年，天津市出台了《天津市国家高技术产业基地建设指导意见》。在天津构建国家自主创新示范区的过程中，既有深入调查研究形成的指导性文件作为理论基础，也有多年实践探索基础上取得成功经验的实践基础。[①]

2014 年 12 月，国务院正式批复同意天津建设国家自主创新示范区。面对国家创新驱动发展和京津冀协同发展两个重大战略的双重机遇，天津国家自主创新示范区获批后，将作为国家创新驱动发展的试验区，成为本市全面推进创新驱动发展的新起点。根据国务院《关于同意支持天津滨海高新技术产业开发区

---

① 天津市国家高技术产业基地建设指导意见［EB/OL］.（2010-01-28）［2020-03-16］. http：//www. tj. gov. cn/zw/zfgb/qk/2010/3_ 3204/201811/t20181116_ 3637388. html.

建设国家自主创新示范区的批复》，天津市将进一步深化科技体制改革，广泛聚集国内外科技资源与创新要素，加快推进科技型中小企业发展，大力培育战略性新兴产业集群，培养引进高水平的创新人才队伍，构建富有活力的创新生态系统，努力建设具有国际影响力的产业创新中心和国家级区域创新中心。到2020年，天津国家自主创新示范区将力争形成"一区多园"的创新发展格局，成为自主创新能力显著增强、高端新兴产业发达、创新和服务体系完善、高水平创新人才聚集、知识产权保护环境优良、创新生态环境优化、富有创新发展活力的创新型园区，成为创新主体集聚区、产业发展先导区、转型升级引领区、开放创新示范区。

二、发展规划

2015年2月15日，天津市政府正式印发《天津国家自主创新示范区"一区二十一园"规划方案》。"一区"即天津国家自主创新示范区，"二十一园"即在各区县、滨海新区有关功能区分别规划建设21个分园。根据该方案，"一区二十一园"用地总面积244.67平方千米；核心区（包括华苑科技园、北辰科技园、南开科技园、武清科技园和塘沽海洋科技园）用地面积55.24平方千米，未来科技城为核心区的拓展区；21个分园（共31个片区）用地面积189.43平方千米，其中市内六区各分园用地面积9.15平方千米，滨海新区（包括开发区、空港经济区、东疆保税港区、中新天津生态城、中心商务区、临港经济区）各分园用地面积46.03平方千米，其他区县分园用地面积134.25平方千米。依据天津市级高新技术产业开发区认定管理办法，31个片区认定为市级高新区（白义霞，2016）。该方案还指出，天津将统一产业布局、统一管理创新，鼓励和促进各分园科技资源开放共享，要素合理流动，产业优势互补，大力建设"一线、两带、一城"的产业聚集区。其中，"一线"即京津科技新干线，从北京中关村到天津滨海新区，借助首都创新资源，构建本市高新技术产业发展中轴线。沿线重点布局武清区、宝坻区、北辰区、东丽区各分园及空港科技园、天津经济技术开发区科技园两个分园，重点建设京津协同创新载体，承接首都科技成果和资源溢出。依托特色园区、大院大所和龙头企业，发展电子信息、先进制造、生物医药、现代服务业等区域主导产业，做大高端装备、新能源新材料、节能环保等特色优势产业。

"两带"即围绕京津科技新干线主轴延伸形成的两条高新技术产业研发转化带。向西南延伸，重点布局华苑科技园及南开区、西青区、静海县各分园，发展以新能源新材料、新一代信息技术、科技服务业、高端装备制造等为代表的主导产业，培育发展大健康产业；向东延伸，重点布局津南区、东丽区、宁河县和蓟县各分园，形成以高端装备制造、汽车零部件、科技服务业、现代农业等行业为主导的若干个产业集群，促进周边高校及科研院所科技成果转化与资源开放共享。

"一城"指中心城区，包括和平区、河西区、南开区、河东区、河北区、红桥区各分园，依托中心城区高端工业布局及都市工业园区、科教资源聚集区等空间载体，以研发设计、科技咨询、文化创意、科技金融、创业孵化等科技服务业和现代服务业为主导，形成各具特色的空间与产业布局。

三、发展趋势

天津构建国家自主创新示范区虽拥有良好的基础和条件，但也存在内部同质化竞争、创新环境不足等问题，还面临着国内其他城市的竞争，因此天津应根据自身的优势条件和发展特点，在以下四个方面把握好国家自主创新示范区建设：[①]

第一，将天津优势产业作为构建国家自主创新示范区的切入点。以大飞机、直升机、无人机、大火箭及航天器为主要产业的航空航天产业，以力神电池、巴莫科技、砚津科技、贝特瑞能源、金牛电源材料及三安光电等著名品牌为代表的新能源产业，以天津曙光计算机自主研发的超级计算机曙光5000A和星云系列、产业化为代表的电子信息产业，以南车北车机车制造、中船重工、一重及太重重型装备为代表的新型重工装备制造业等高科技现代制造业，都应作为天津构建国家自主创新示范区的战略切入点。

第二，将京津联动发展作为构建国家自主创新示范区区域合作的支点。京津冀协同发展已纳入国家重大发展战略，京津联动发展是其核心内容。因此，在天津构建国家自主创新示范区的过程中，要运用好北京全国性科技创新中心

---

①　科技部关于印发《天津国家自主创新示范区发展规划纲要（2015—2020 年）》的通知［EB/OL］．（2016-01-06）［2020-03-17］．http：//www. most. gov. cn/fggw/zfwj/zfwj2015/201601/t20160105_123316. htm.

的功能，使天津滨海高新区与北京中关村实现强强联合。这不仅有利于天津的国家自主创新示范区在国内排头兵的地位得以增强，而且有利于提高我国高新技术产业与发达国家的竞争力。

第三，将自贸区建设与构建国家自主创新示范区有机结合。天津等城市已获批成为继上海自贸区之后的第二批国家级自贸区，而且天津自贸区的空间也由最初的东疆保税港区扩大到天津港保税区和中心商务区。在建设与发展过程中，天津应抓住机遇，在自贸区内构建一个具有自贸区性质的高科技园区，使之成为天津构建国家自主创新示范区的重要组成部分，从开放的体制和机制上促进天津国家自主创新示范区成为高度开放并与国际接轨的高科技园区。

第四，将核心区和拓展区有机结合，促进国家自主创新示范区发展。滨海新区先行先试的目的是带动天津乃至北方地区的经济发展。因此，在天津构建国家自主创新示范区的过程中，应把握好滨海高新区与天津其他科技园区的关系，使滨海高新区成为天津国家自主创新示范区的核心区，使中心城区、滨海新区及某些区县内具备条件的高科技园区成为天津国家自主创新示范区的拓展区。同时，还要在制度上使天津国家自主创新示范区的拓展区与核心区的发展有机结合，并享有同样的政策待遇，进一步加快天津国家自主创新示范区的建设步伐，推动天津经济的快速发展。

参考文献

［1］Guangwen Meng, Klaus Sachs. The achievements and problems of modern free economic zones in PR China-The example of TEDA（Tianjin Economic and Technological Development Area）［J］. Die Erde, 2005, 136（3）：217-244.

［2］Guangwen Meng. The theory and practice of free economic zones, a case study of Tianjin China［M］. Frankfurt：Peter Lang Publishing, 2003.

［3］白义霞. 天津国家自主创新示范区总体发展模式与战略构建［J］. 财经问题研究, 2016（S2）：10-17.

［4］陈金祥. 中国经济区：经济区空间演化机理及持续发展路径研究［M］. 北京：科学出版社, 2010.

［5］何树山. 天津开发区发展历程的回顾与展望［J］. 国际贸易论坛, 2009（4）：26-29.

［6］科技部火炬高技术产业开发中心.2018中国火炬统计年鉴［M］. 北京：中国统计

出版社，2018.

［7］孟广文，杜明明，赵钏，等.中国海外园区越南龙江工业园投资效益与启示［J］.经济地理，2019，39（6）：16-25.

［8］孟广文，建设东疆保税港区战略研究课题组.建设天津东疆保税港区的战略构想与对策［J］.天津大学学报（社会科学版），2007（4）：289-293.

［9］孟广文，王洪玲，杨爽.天津自由贸易试验区发展演化动力机制［J］.地理学报，2015，70（10）：1552-1565.

［10］孟广文，王艳红，杜明明，等.上海自由经济区发展历程与启示［J］.经济地理，2018，38（5）：1-10.

［11］孟广文，王艳红，刘竹青，等.天津自由贸易试验区产业集群发展分析［J］.中国发展，2019，19（3）：57-65.

［12］孟广文，杨开忠，朱福林，等.中国海南：从经济特区到综合复合型自由贸易港的嬗变［J］.地理研究，2018，37（12）：2363-2382.

［13］孟广文.建立中国自由贸易区的政治地理学理论基础及模式选择［J］.地理科学，2015，35（1）：19-29.

［14］孟广文.自由经济区演化模式及对天津滨海新区的启示［J］.地理学报，2009，64（12）：1499-1512.

［15］天津滨海高新技术产业开发区［J］.求知，2016（6）：66-67.

［16］天津师范大学自由经济区研究所.勇于探索，先行先试——天津自由贸易试验区制度创新实践［A］//中共天津市委宣传部，天津市社会科学界联合会.思想的力量——新时代党的创新理论天津实践.天津：天津人民出版社，2021.

［17］天津子牙循环经济产业区［J］.天津人大，2013（3）：2+49-50.

［18］王森.泰达"一区十园"统筹联动，广阔空间撑起发展棋局［N］.天津滨海时报，2014-12-05.

［19］杨文彬.论我国经济功能区协同治理模式的构建［J］.天津行政学院学报，2016，18（1）：52-58.

［20］赵绘存.天津经济技术开发区创新发展34年回顾与展望［J］.天津经济，2019（1）：3-13.

［21］朱虹，王淑敏.我国经济功能区类型及编码标准化研究［J］.标准科学，2018（11）：53-58.

第八章　区域经济合作与空间结构

本章将从京津冀、环渤海协同发展和主体功能规划两方面来阐述天津区域经济合作与空间格局。

第一节　区域经济合作与发展

本节围绕天津的区域经济合作发展现状，主要论述在京津冀、环渤海发展战略背景下天津区域经济的发展历程、优势和对接策略。

一、京津冀区域经济合作与协同发展

（一）京津冀区域经济合作与协同发展历程

京津冀地域面积 21.60 万平方千米，是中国经济、科技、文化最为发达的地区之一，也是中国经济最具活力、开放程度最高、创新能力最强、吸纳人口最多的区域之一。京津冀主要包括北京、天津、石家庄、唐山、秦皇岛、承德、张家口、保定、廊坊、沧州、衡水、邢台和邯郸 13 个城市，是北方入海主要通道，也是中国经济东西横向延展，由北向南推进的重要节点。2019 年，京津冀以全国 2.30% 的国土面积，承载了全国 8.08% 的人口，贡献了全国 8.6% 的国内生产总值。

京津冀协同发展是重大国家战略。2013 年 5 月，习近平同志在天津调研时提出，要谱写新时期社会主义现代化的京津"双城记"。2013 年 8 月，习近平同志在北戴河主持研究河北发展问题时，明确提出了要推动京津冀协同发展。2014 年 2 月 26 日，习近平同志视察北京并发表重要讲话，强调京津冀协同发展

是一个重大国家战略，并全面系统阐述了其重大意义、推进思路和重点任务。2015 年 2 月和 4 月，习近平同志先后主持召开中央财经领导小组会议、中央政治局常委会会议和中央政治局会议，研究审议《京津冀协同发展规划纲要》并发表重要讲话，进一步明确了有序疏解北京非首都功能、推动京津冀协同发展的目标、思路和方法。

　　2015 年 4 月 30 日，中央政治局会议审议通过了《京津冀协同发展规划纲要》（以下简称《规划纲要》）。《规划纲要》指明了京津冀地区发展的战略方向，明确了"一核、双城、三轴、四区、多节点"骨架。"一核"即指北京，"双城"是指北京、天津，"三轴"指的是京津、京保石、京唐秦三个产业发展带和城镇聚集轴，"四区"分别是中部核心功能区、东部滨海发展区、南部功能拓展区和西北部生态涵养区，"多节点"包括石家庄、唐山、保定、邯郸等区域性中心城市和张家口、承德、廊坊、秦皇岛、沧州、邢台、衡水等节点城市。

　　《规划纲要》指出，京津冀整体定位是"以首都为核心的世界级城市群、区域整体协同发展改革引领区、全国创新驱动经济增长新引擎、生态修复环境改善示范区"。三省市定位分别为，北京市："全国政治中心、文化中心、国际交往中心、科技创新中心"；天津市："全国先进制造研发基地、北方国际航运核心区、金融创新运营示范区、改革开放先行区"；河北省："全国现代商贸物流重要基地、产业转型升级试验区、新型城镇化与城乡统筹示范区、京津冀生态环境支撑区"。京津冀协同发展的目标是：到 2020 年，北京市常住人口控制在 2300 万人以内，北京"大城市病"等突出问题得到缓解；区域一体化交通网络基本形成，生态环境质量得到有效改善，产业联动发展取得重大进展。公共服务共建共享取得积极成效，协同发展机制有效运转，区域内发展差距趋于缩小，初步形成京津冀协同发展、互利共赢新局面。远期到 2030 年，首都核心功能更加优化，京津冀区域一体化格局基本形成，区域经济结构更加合理，生态环境质量总体良好，公共服务水平趋于均衡，成为具有较强国际竞争力和影响力的重要区域，在引领和支撑全国经济社会发展中发挥更大作用。

（二）京津冀区域经济合作与协同发展现状

　　京津冀地区是我国重要的政治、经济、文化、科技创新和国际交往中心，随着世界级城市群的建设，将在协调国际分工、引领"一带一路"发展中发挥举足轻重的作用。

1. 以产业结构服务化为导向的区域产业体系

近年来，京津冀地区产业结构中第三产业比重缓慢上升，第二产业和第一产业比重略有下降，总体经济结构呈现"三、二、一"的分布形态，由工业主导型经济向服务主导型经济逐步转变，服务业优势日益凸显。与长三角相比，京津冀呈现出第二产业占比偏低而服务化特征显著的状态（金鹿和王铮，2019）。

在京津冀城市群总体产业结构服务化的同时，区域内三个地区各自的产业结构不尽相同。北京形成了以第三产业为绝对主导，第二产业辅助发展的较为高级的现代城市产业结构。天津第三产业也明显高于第二产业，与北京相比，天津的第三产业增长仍具有较大的发展潜力。河北第二产业和第三产业经济发展较为均衡，经济呈现出工业和服务业齐头并进的发展模式（见表 8-1）。

表 8-1　2019 年京津冀地区三次产业增加值及与长三角地区的比较

单位：亿元

行业	北京	天津	河北	京津冀	长三角
第一产业	113.69	185.23	3518.44	3817.36	6497.54
第二产业	5715.06	4969.18	13597.26	24281.50	81136.27
第三产业	29542.53	8949.87	17988.82	56481.22	112504.77

资料来源：《中国统计年鉴 2020》。

据表 8-1 统计数据显示，2019 年京津冀区域三次产业结构为 4.5∶28.7∶66.8，第三产业增加值占 GDP 的比重比上年提高 5.5 个百分点，高于全国平均水平的 12.9 个百分点。其中，京津冀三地均超过 50%，分别为 83.5%、63.5% 和 51.3%。北京产业发展聚焦"高精尖"。规模以上工业中高技术制造业、战略性新兴产业增加值分别增长 9.3% 和 5.5%，对工业增长的贡献率分别为 74.7% 和 58.9%（二者有交叉）。规模以上现代服务业和高技术服务业法人单位收入分别增长 8.8% 和 10.2%，均高于服务业平均水平。天津新兴产业加快发展。规模以上工业中，智能制造工业增加值增长 8.2%，快于全市工业 4.8 个百分点。规模以上服务业中，新服务、高技术服务业、战略性新兴服务业营业收入均实现两位数增长，分别增长 14.8%、19.3% 和 12.4%。河北新动能不断集聚。工业战略性新兴产业增加值比上年增长 10.3%，快于规模以上工业 4.7 个百分点。其中，风能原动设备、城市轨道交通设备和显示器件制造的增幅均在 30% 以上。

高新技术制造业增加值增长 9.9%，占规模以上工业增加值的比重接近 2 成。①

2. 人口资源密集的城市群

从人口规模看，2019 年京津冀现有常住人口 1.13 亿人（北京 2154 万人，天津 1562 万人，河北 7592 万人），占全国人口比重基本保持在 8.08% 左右（金鹿、王铮，2019）。尽管小于长三角，但京津冀城市群是我国人口分布最为密集的特大城市群之一，区域内人口总量稳步增长，近三年人口自然增长进入减速阶段，京津人口以迁移增长为主，河北以自然增长为主（见表 8-2）。

表 8-2　2014~2019 年京津冀地区人口规模

年份	京津冀人口（亿人）	占全国比重（%）	人口自然增长率（‰）	长三角人口（亿人）	占全国比重（%）	人口自然增长率（‰）
2014	1.11	8.12	4.64	1.59	11.68	3.52
2015	1.11	8.15	2.93	1.59	11.65	3.16
2016	1.12	8.10	4.00	1.60	11.58	4.14
2017	1.12	8.09	4.32	1.61	11.58	3.95
2018	1.13	8.08	2.93	1.62	11.62	3.18
2019	1.13	8.08	2.92	1.63	11.68	2.86

资料来源：历年《中国统计年鉴》。

从人口结构特征看，京津冀城市群常住人口中，以 15~64 岁的劳动适龄人口所占比重最大，2019 年劳动适龄人口占比 71.27%，略高出全国平均水平（70.65%），劳动力资源相对密集；从人口抚养比看，2019 年京津冀城市群少年儿童与老年人口的总抚养比为 40.32%，低于全国平均水平（41.55%）（见表 8-3）。②

表 8-3　2019 年京津冀地区人口年龄构成

年份	各年龄组人口比重						抚养比（%）			
	0~14 岁		15~64 岁		65 岁及以上		少年儿童抚养比		老年人口抚养比	
	京津冀	全国	京津冀	全国	京津冀	全国	京津冀	全国	京津冀	全国
2019	16.06	16.78	71.27	70.65	12.68	12.57	22.53	23.75	17.79	17.80

注：人口年龄结构和抚养比是 2019 年全国人口变动情况抽样调查样本数据。

资料来源：《中国统计年鉴 2020》。

---

① 北京市统计局. 区域协同扎实推进　重点领域成效明显［EB/OL］.（2020-03-13）［2020-03-18］. http：//tjj. beijing. gov. cn/bwtt_ 31461/202003/t20200313_ 1700558. html.

② 国家统计局. 中国统计年鉴 2020［M］. 北京：中国统计出版社，2020.

从人口城乡结构看，近五年京津冀城市群城镇人口持续保持增长态势，但城镇人口增长率呈现逐年降低态势，城镇化进程趋于平缓。从城市群内部差异看，2019年北京、天津与河北的城镇化水平差异显著，北京、天津城镇人口比重分别为86.60%和83.48%，但河北城镇化率仅为57.62%，低于区域（66.70%）和全国（60.60%）平均水平。①

3. 科技创新资源聚集地

京津冀协同发展的根本动力在于创新驱动，协同创新是实现协同发展的核心所在（谢玮等，2018）。京津两地科技力量较为雄厚，有较强的科研开发和转化生产能力。北京高校和科研院所众多，所从事的科研门类齐全，近几年研发投入增长较快，所取得的科研成果数量位居全国前列。仅以科技成果产出为例，2019年，北京专利申请量与授权量分别为22.61万件和13.17万件，其中发明专利申请量与授权量分别为12.99万件和5.31万件。2019年，天津全年受理专利申请9.60万件，其中发明专利2.46万件；专利授权5.78万件，其中发明专利5025件。2019年，河北省专利申请量10.13万件，授权量5.78万件。②

在教育资源发展水平方面，京津冀地区，尤其是北京和天津科教资源密集。从整体而言，京津冀的优质高等教育资源分量远远超过了经济总量在全国的分量。在高等教育资源分布方面，2019年京津冀共有普通高校271所，其中北京93所、天津56所、河北122所。③北京是全国最大的教育中心、科学技术研究基地，科研院所360家，居全国第一。

从高端人才聚集看，截至2016年末，京津冀城市群聚集人才资源1300多万人，汇集了2/3以上的两院院士，是全国人才智力资源最密集的区域。2017年7月，京津冀三地人才工作领导小组联合发布了《京津冀人才一体化发展规划（2017—2030年）》（以下简称《规划》）。这是我国首个跨区域的人才规划，也是首个服务国家重大战略的人才专项规划。《规划》根据中央《京津冀协同发展规划纲要》和《关于深化人才发展体制机制改革的意见》精神制定，与《京津冀协同发展规划纲要》明确的"一核、双城、三轴、四区、多节点"空间格局相呼应，提出"一体、三极、六区、多城"的总体布局。《规划》提出，京津冀人才一体化发展的远期目标是：到2030年，三地区域人才结构更加合理，人

①②③ 国家统计局．中国统计年鉴2020［M］．北京：中国统计出版社，2020.

才资源市场统一规范，公共服务高效均衡，人才一体化发展模式成熟定型，人才国际竞争力大幅提升，基本建成"世界高端人才聚集区"。①

2019年，京津冀地区创新驱动持续发力：一是北京科技创新保持活跃。创新驱动发展指数连续8年稳步提升。中关村示范区先行先试，引导各分园聚焦主业，实现特色化发展。全年中关村国家自主创新示范区高新技术企业实现总收入6.5万亿元，增长10.5%，其中实现技术收入13061.3亿元，增长16.9%。二是天津创新驱动成效明显。智能科技、生物医药、新能源新材料产业发展三年行动计划扎实推进，国家新一代人工智能创新发展试验区获批建设。科技型企业发展壮大，国家高新技术企业、国家科技型中小企业总数均突破6000家，万人发明专利拥有量22.3件。三是河北科技创新实现新突破。综合创新生态体系加速形成，创新主体数量猛增，国家级高新技术企业新增数量超过2000家，总数是三年前历史总和的3.5倍；新增科技型中小企业1.1万家。推动京津冀创新资源共享、资质互认，共建省级以上创新平台98家、产业技术创新联盟76家。②

4. 形成互联互通与共建共享的基础设施体系

京津冀城市群基础设施建设一体化包括区际交通、通信、水利、能源等方面的互联互通与共建共享。通过网络化、智能化的综合交通运输网络体系，可靠性、安全性、经济性强的电力生产与供应网络体系，数字化、宽带化、综合化的信息基础设施网络，以及完备的防洪、除涝、抗旱、供水水利基础设施网络支撑城市群内产业一体化、市场一体化和城乡一体化进程。

交通一体化是京津冀协同发展的骨骼系统，加快构建三地快速、便捷、高效、安全、大容量、低成本的互联互通综合交通网络，为京津冀协同发展提供了坚实基础和条件保障。京津冀城市群已逐步形成了以轨道交通为骨干、公路为基础、航空运输相配合、港口协同为支撑的"一环、六放射、四纵、四横、十三航、四港"综合交通运输网络（谢玮等，2018）。

2019年，京津冀地区交通建设扎实推进。北京大兴国际机场高速、新机场

① 《京津冀人才一体化发展规划（2017—2030年）》发布［EB/OL］.（2017-07-07）［2020-03-18］. http：//www.cnr.cn/tj/ztjjj/tj/20170707/t20170707_523837798.shtml.

② 北京市统计局. 区域协同扎实推进　重点领域成效明显［EB/OL］.（2020-03-13）［2020-03-18］. http：//tjj.beijing.gov.cn/bwtt_31461/202003/t20200313_1700558.html.

北线高速（京开—京台）建成通车，京礼高速、京张铁路全线、京雄城际北京段开通运营；河北唐廊高速公路与天津连通，北京大兴国际机场北线高速公路廊坊段主体建成，G105 京冀和 G205 津冀接线段、G228 沧州段开工建设。① 津石、塘承高速公路全面开工，对符合条件的国际标准集装箱货车实行高速公路差异化收费；京滨、京唐高铁加快建设，3 条市域（郊）铁路纳入京津冀协同发展交通一体化规划修编，天津滨海国际机场新增加密航线 26 条。② 截至 2019 年末，三地公路里程合计达 23.5 万千米，比上年末增加 0.4 万千米，其中高速公路里程 9938.4 千米，增加 281.0 千米。③

从信息通信基础设施看，京津冀城市群覆盖面广、功能强大、用户种类多样的信息化体系初步形成。京津冀区域内 5G 规模组网工程已经开始。此外，天津滨海高新区管委会与国科量子通信网络有限公司、神州数码信息服务股份有限公司和科大国盾量子技术股份有限公司签署战略合作协议，推动"量子保密通信金融认证联合实验室"及"京津冀一体化"量子 CA 一证通系统、"天津市量子应用研发公共服务平台"建设。未来，将在城市群内形成量子保密通信骨干网及城域网（金鹿和王铮，2019）。

5. 率先实现生态环境协同治理格局

2010 年以来，以雾霾天气为代表的大气污染问题成为京津冀区域生态环境的核心问题，生态环境治理成为率先协同的领域。为了扩大京津冀城市群环境容量生态空间，加强生态环境保护合作，京津冀三省市加快打破行政区域限制，在已经启动大气污染防治协作机制的基础上，完善防护林建设、水资源保护、水环境治理、清洁能源使用等领域的合作机制，推进生态环境的联防联治，并取得了明显进展。

从大气环境治理看，京津冀城市群重点开展了环境污染联防联控，建立了一体化的环境准入和退出机制，制订了《京津冀大气污染防治方案》，并将山东、河南毗邻河北的部分区域纳入京津冀大气污染防治范围。同时，支持张承

---

① ③　北京市统计局. 区域协同扎实推进　重点领域成效明显［EB/OL］.（2020-03-13）［2020-03-18］. http: //tjj. beijing. gov. cn/bwtt_ 31461/202003/t20200313_ 1700558. html.

②　天津市统计局，国家统计局天津调查总队. 2019 年天津市国民经济和社会发展统计公报［EB/OL］.（2020-03-13）［2020-03-18］. http: //stats. tj. gov. cn/TJTJJ434/TJGB598/TJSTJGB33/202003/t20200313_ 2089152. html.

地区开展生态保护和修复，北京、天津和河北三省市制订了 2015～2017 年植树造林实施方案。2017 年，京津冀全年雾霾天气由 2013 年的超过 100 天下降为 42.30 天；PM2.5 浓度为 64 微克/立方米，同比下降 9.9%；PM10 浓度为 113 微克/立方米，同比下降 4.2%，空气质量得到改善。①

从水环境治理看，京津冀地区建立密云水库水源涵养区生态补偿机制，联手治理永定河。由北京市和河北省共同实施的首个合作共建水生态项目——"密云水库上游生态清洁小流域项目"已经落地实施，预计完成时项目区水土流失治理度达到 85%，新增污水处理能力 59.66 万吨。

三地联手建设京津冀生态环境支撑区，生态环境联防联治效果显现。京津保平原生态过渡带完成造林绿化 81 万亩，保廊沧与京津绿屏相连、绿廊相通一体化生态格局逐渐形成。2017 年京津冀区域绿色发展指数为 143.22，2013～2017 年平均上升幅度为 9.42 个点，表明在京津冀协同发展战略进入实施阶段后，生态环境的联防联治成效明显，区域绿色发展水平明显提高。

2019 年，京津冀地区生态环境持续改善。京津冀污染防治成效明显，北京完成第二个污水治理三年行动任务，提前实现"十三五"国家考核的水体比例目标，天津、河北地表水优良水体比例分别为 50% 和 58.1%，同比分别提高 10.0 个和 4.1 个百分点。与此同时，大气质量有所提升。京津冀区域 PM2.5 平均浓度为 50 微克/立方米，同比下降 9.1%，其中北京、河北 PM2.5 浓度分别为 42 微克/立方米和 50.2 微克/立方米，同比分别下降 17.6% 和 5.8%，天津 PM2.5 平均浓度总体保持稳定。② 此外，三地强化生态环保联防联控，京津冀河流跨界断面实现统一采样、统一监测，永定河综合治理与生态修复稳步推进，"通武廊"签订环境保护合作框架协议。③

（三）天津在京津冀协同发展战略中的定位与作用

1. 天津在京津冀区域经济合作与发展中的定位

2015 年出台的《京津冀协同发展规划纲要》中明确了天津的发展定位，将

① 《环渤海区域经济年鉴》编委会. 环渤海区域经济年鉴 2018 ［M］. 天津：天津科学技术出版社，2019.

② 北京市统计局. 区域协同扎实推进　重点领域成效明显 ［EB/OL］. （2020-03-13）［2020-03-18］. http://tjj. beijing. gov. cn/bwtt_ 31461/202003/t20200313_ 1700558. html.

③ 天津市统计局，国家统计局天津调查总队. 2019 年天津市国民经济和社会发展统计公报［EB/OL］. （2020 - 03 - 13）［2020 - 03 - 18］. http://stats. tj. gov. cn/TJTJJ434/TJGB598/TJSTJGB33/202003/t20200313_ 2089152. html.

天津定义为"全国先进制造研发基地、北方国际航运核心区、金融创新运营示范区、改革开放先行区"。在京津冀区域经济发展中,天津应把主动协调好与京冀经济发展的关系提高到战略高度来考虑,把握好与北京、河北联合发展的切入点,发挥好自身比较优势,提升综合实力,在区域经济发展中共同发挥积极的作用(孟广文,2015)。

(1)天津与北京的关系。天津在与北京的经济合作中,一是发挥好天津的港口、快速交通通道和土地的优势,主动为北京的内外贸易提供优质服务,承接北京转移的产业,努力成为北京扩大开放的通道和窗口;二是利用北京大专院校和科研机构集中、人才密集、资金充裕的优势,积极引进高新科技成果、人才和资金,提高天津的产业水平和经济素质;三是找准两市经济发展的共同点,在京津塘高速公路高新技术产业带、共同市场、京津冀旅游圈、生态环境等方面,统一协调,共同建设;四是加强产业调整,发展优势产业,区域分工合作,共同发展。

(2)天津与河北的关系。在津冀的经济合作中,一是充分利用天津的港口、人才、技术、市场等优势,积极在人才、技术上支持河北,更多地向河北开放市场;二是在资源利用上要主动加强与河北的合作,特别是在南水北调、引黄、引滦、防风固沙、海洋保护等事关天津命脉和长远发展的问题上,应相互沟通,协调利益,共同推进;三是利用天津的高新技术产业和现代制造业优势,主动向河北省转移衍生产业,把河北的钢铁优势、建材优势、矿产优势和天津市制造业优势结合起来,形成集群产业带;四是结合津冀经济发展的共同点,逐步扩大合作领域,深入研究天津港与河北省港口的功能定位和整合,优化配置资源,形成港口集群。

2. 天津推动京津冀合作与经济协同发展战略的对策

《天津市2015年国民经济和社会发展计划》中提到了全力实施京津冀协同发展重大战略,拓展经济发展新空间。《国民经济和社会发展第十三个五年规划方案》中进一步强调了推进建设京津冀协同创新共同体的目标:北京重点发展知识经济、服务经济、绿色经济,加快构建高精尖产业结构;天津优化发展先进制造业、战略性新兴产业和现代服务业,建设全国先进制造研发基地和金融创新运营示范区;河北积极承接北京非首都功能转移和京津科技成果转化,重点建设全国现代商贸物流重要基地、新型工业化基地和产业转型升级试验区;

一是抓住北京去"中心化"的机遇，加快建设北方经济中心。习近平同志在2014年初对北京工作做出重要批示，进一步明确了北京首都核心功能是国家的"政治中心、文化中心、国际交往中心和科技创新中心"。天津应通过全力建设现代制造研发转化基地、北方国际金融中心、国际贸易中心、国际航运中心和国际物流中心来确立天津作为北方经济中心的枢纽地位，更好地发挥服务北方、带动区域发展的作用。

二是抓住北京功能疏解的机遇，建设宜业宜居之城，增强对优质高端资源的吸引力。北京需要的是发展空间，河北需要的是发展机会，天津需要的是提升质量。北京现在主要是把一些非首都核心功能向外疏解，如满足全国市场需求的教育、医疗、科技、养老等功能。天津应进一步集聚来自首都的优质高端资源，把现代产业、现代物流、现代金融等做大做强。

三是加强海空港合作，提升天津经济枢纽地位，助推北方经济中心建设。天津要成为北方经济中心，必须是资金流、信息流、货流、人流的集散地，并作为经济枢纽，通过对资源的优化配置推动北方地区经济发展。天津应该以东疆保税港为载体，促进北方金融中心、国际贸易中心、国际航运中心和国际物流中心的建设；加强天津海港与北京空港的对接合作，实现海陆空联运；主动邀请北京共建天津港，把北京大量的货源吸引到天津港；加强与河北港口的分工合作，如建立港口战略联盟；加强天津铁路与北京铁路交通枢纽的对接，如将部分北京铁路中转的客流量分流到天津等。

四是调整空间战略布局，对接北京、相向发展，在天津的西北部培育新增长点。天津近年来的发展重心一直在东部滨海新区，随着滨海新区的发展壮大，应适时地调整城市空间布局，将发展重心"向西向北"转移，对接北京、相向发展，在武清、宝坻和蓟县（蓟州区）培育新增长点。

五是全力实施京津冀协同发展重大战略，拓展经济发展新空间。加快落实国家重大战略，力争尽快实现突破。推进交通互联互通，开展京滨铁路至天津西站联络线、津承铁路等项目前期工作，新建一批港口码头、航道，加密、新开机场客货运航线航班。推进生态联防联控，开展北运河绿色生态河流廊道治理与七里海、南大港、北大港保护修复，综合治理海河污染，启动大黄堡湿地保护与恢复建设工程等五个湿地保护项目，继续实施引滦生态补偿工程，完善蓟县（蓟州区）生态涵养区补偿机制，依托子牙循环产业园区统筹建设跨地区的再生资源统一回收循环体系，实施武清区国家生态文明先行示范区、冀津循环经济产业示范区建设。推进产业对接互补，加快完善"1+11"格局产业对接合作平台基础设施和服务功能，设立支持京津冀产业合作的产业投资基金，加强商贸物流、农业协同发展等公共信息服务平台建设，搞好天津滨海国际机场航空物流园，推动渤化集团内蒙古能源化工综合基地建设。继续做好对口支援帮扶工作，支持企业到中西部设立分支机构和生产基地。

二、环渤海区域经济合作与发展

环渤海地区位于中国大陆太平洋西岸，一般是指环绕渤海湾的辽东半岛、山东半岛、京津冀，包括山西省以及内蒙古自治区（以下简称"内蒙古"）中东部地区的广大经济区域，其具体范围包括河北、辽宁、山东、山西、内蒙古、北京、天津共五省（区）二市。全区面积186万平方千米，2019年末常住总人口3.2亿人。

环渤海地区位于我国华北、东北、西北三大区域接合部，幅员广阔、连接海陆，地理位置重要、区位条件优越、自然资源丰富、产业基础雄厚，是我国最具综合优势和发展潜力的经济增长极之一，在对外开放和现代化建设全局中具有重要战略地位。

（一）环渤海区域战略地位和比较优势

1. 全国政治文化中心所在地

环渤海地区华北平原北部超大城市北京，是中华人民共和国首都、直辖市，是全国政治中心、文化中心、国际交往中心、科技创新中心和全国经济调控中心。北京是中国共产党中央委员会、中华人民共和国中央人民政府和全国人民代表大会办公地，也是全国各部委、各军兵种总部、各群团组织总部、人民银行和四大国有商业银行总行及世界各国使馆和著名跨国公司总部所在地。

北京历史悠久，文化灿烂，是首批国家历史文化名城、中国四大古都之一和世界上拥有世界文化遗产数量最多的城市，3000多年建城史孕育了故宫、天坛、八达岭长城、颐和园、天安门广场、人民大会堂等众多名胜古迹。早在七十万年前，北京周口店地区就出现了原始人群部落"北京人"。公元前1045年，北京成为蓟、燕等诸侯国都城。公元938年以来，北京先后成为辽陪都、金中都、元大都、明清国都。1949年10月1日，成为中华人民共和国首都。

天津是首都北京的出海口、我国北方重要对外贸易门户，全国四大直辖市之一。工商业基础雄厚，历史文化资源丰富，民俗特色突出，战略地位重要。2006 年加快天津滨海新区开发开放纳入国家重大发展战略，助推了天津以及京津冀、环渤海地区的发展。

以京津两大直辖市为核心的京津冀地区是环渤海区域的中心。国务院于2015 年先后组织制定了《京津冀协同发展纲要》和《环渤海地区经济社会发展纲要》，进一步明确了京津冀、环渤海地区总体发展战略以及各地的功能定位，京津冀协同发展成为新时期国家重大发展战略。

2. 具有优越区位与交通条件

从国内看，该区域位于华北、东北、西北三区域的接合部，以华北、西北和东北地区为广阔腹地；有 5657 千米的大陆海岸线，占全国大陆海岸线总长的1/3，是我国北方地区进入太平洋走向世界最便捷的海上门户。从国际看，环渤海区域位于东北亚地区的中心部位，东邻朝鲜半岛，与日本列岛隔海相望是我国与日本、朝鲜等东北亚国家开展国际交流与合作的重要通道；同时，该地区还是新亚欧大陆桥的东部端点，有众多港口可以作为陆桥上岸的起点港。

环渤海区域内拥有由 60 多个大小港口构成的功能完善的港口群，由辽宁、京津冀和山东沿海港口群组成，与世界 160 多个国家、数百个港口有着贸易往来，是我国对外开放口岸最集中的港口群。该区域沿海岸线已经建成了以天津港、大连港和青岛港为主枢纽港，结构紧密、实力雄厚的港航运输体系。

区域内由十多条铁路主干线、地方线和联络线构筑的铁路网纵横交错，横贯东西南北，铁路营运里程的平均密度远远高于全国平均水平；高速公路四通八达，发展迅速；航空运输网络较发达，北京、天津、大连、沈阳、青岛、济南、太原、呼和浩特等城市都建有现代化国际机场，能起降各种大型飞机，并与世界主要的国家和地区建立了定期航线；区域性的京津城际轨道交通于 2008年 8 月正式通车，此后又相继建成开通京沈、京秦、津保等高铁。

3. 自然和人文科技资源丰富

渤海海域面积 770 万公顷，是我国最大的内海，盛产多种鱼虾和贝类等水产品；拥有 3365 万公顷的滩涂资源和一般海水盐度超过 30% 的海盐资源；蕴藏着 100 多种非能源矿产资源，铁、铝土矿、铜、锌、铌、稀土、菱镁矿、硼、天然碱、海盐、芒硝和耐火黏土等的储量位居全国前列。渤海海域已探明石油资源储量约 46 亿吨，环渤海区域石油和天然气基础储量分别达 7 亿多吨和 5294.9 亿立方米，分别占全国基础储量的 28.11% 和 18.79%。煤炭基础储量 2055.8 亿吨，占全国基础储量的约 62%。

区域内拥有高等院校 376 所，占全国的 27%，不仅集中了全国一流水平的科研、教学机构和各类人才，而且是全国最大的图书资料和科技信息中心。仅北京、天津和辽宁三省市各类科技人员就占全国的 29.40%，其中从事研发的工程师人数是全国平均水平的两倍多。众多国际一流的科研机构、高等院校、研发人才云集于此。旅游资源富集，北京的故宫和长城，天津蓟县的中上元古界国家级自然区，河北的承德避暑山庄与北戴河，山东的泰山，辽宁大连的老虎滩，山西的晋祠、五台山、平遥古城，都是闻名遐迩的旅游胜地。

4. 大中城市与城市群密集

环渤海区域是我国城市密集的三大地区之一，以京津两个直辖市为轴心，大连、青岛、烟台、秦皇岛等沿海开放城市为扇面，沈阳、太原、石家庄、济南、呼和浩特等省会城市为区域支点，构成了我国北方最重要的集政治、经济、文化、国际交往于一体的外向型、多功能的密集的城市群落。域内的城市数量占全国总数的 1/4；有 13 个百万人口以上的大城市，占全国的 40%；环渤海区域人口密度达到 202.60 人/平方千米，高出全国平均水平近 50%。按照京津冀协同发展规划纲要发展目标的要求，随着首都功能疏解、天津滨海新区进一步开发开放，以及辽中南和山东半岛等城市群不断发展壮大，该区域将形成世界级城市群。

5. 中国重要经济区和产业基地

根据区域内五省二市统计公报的数据显示，该地区 2019 年 GDP 总值 214796.27 亿元，约占全国的 21.73%。环渤海地区与世界大多数国家有着广泛的联系，2017 年实际直接利用外资达 714.64 亿美元，占全国的 54.5%；排名前两位的分别是天津市和山东省，实际直接利用外资分别为 243.29 亿美元和 178.57 亿美元，分别比上年增长 86.7% 和 6.1%。①

环渤海区域形成了面向世界的技术先进的制造业基地和我国最具发展潜力

---

① 《环渤海区域经济年鉴》编委会. 环渤海区域经济年鉴 2018 ［M］. 天津：天津科学技术出版社，2019.

的经济区域。环渤海区域是我国最大的工业密集区，重要的重化工业、装备制造业和高新技术产业基地。目前已经形成以高新技术产业、电子信息产业、汽车制造业、机械制造业为主导的产业集群和各具特色的产业带。北京的信息产业，天津的 IT 制造业和化工产业，河北的制药业，山东的家电、电子产业，山西和内蒙古的能源产业、乳制品业，辽宁的装备制造业均在全国占有重要地位。2017 年该区域以占全国 13.3% 的国土面积和 23% 的人口贡献了占全国 25.6% 的工业总增加值（孟广文，2009）。

6. 未来中国经济发展第三极

环渤海区域经济增长迅速，我国华北、东北和西部地区丰富的资源、巨大的市场为环渤海区域的经济发展提供了广阔的空间。特别是随着天津滨海新区开发开放步伐加快和京津冀协同发展战略的实施，对中西部的带动作用正在进一步增强。在未来若干年的发展中，环渤海地区有望成为对我国乃至东北亚地区极具影响力的经济隆起地带。

（二）环渤海地区经济合作发展历程

环渤海区域经济合作自 20 世纪 80 年代中期起步，至今已有 40 多年的历史。相对于"长三角""珠三角"地区政府主导、企业主体共同参与的区域经济合作模式，环渤海地区经济合作则更多地体现在"自下而上"的推进上，多年来依托环渤海地区经济联合市长联席会组织，逐步拓宽合作领域，提升合作水平。

1992 年，党的十四大首次提出把环渤海地区作为我国加快开放的重点地区之一。1996 年，国民经济和社会发展"九五"计划和 2010 年远景目标纲要提出要依托沿海大中城市，形成以辽东半岛、山东半岛、京津冀为主的环渤海综合经济圈。2006 年 4 月 17 日至 18 日在天津召开的环渤海地区经济联合市长联席会第十二次会议通过的《推进环渤海区域合作的天津倡议》，被理论界人士指称"具有里程碑意义"。2013 年 6 月，李克强总理在河北省石家庄市主持召开的环渤海省份经济工作座谈会上指出，环渤海经济带贯通南北、连接陆海，作用独特、区位优越、基础雄厚，正处于转型发展的关键阶段，是中国经济最有潜力的新增长极之一，并要求国务院有关部门统筹研究制定环渤海经济带规划，中央、地方、企业等各方共同努力，把环渤海地区打造成为我国经济增长和转型升级的新引擎。会议明确，把山西和内蒙古 2 省区也纳入环渤海规划，推动整个区域协调均衡发展。2013 年以来，国家发展改革委会同国务院有关部门和地方开展了《环渤海地区合作发展纲要》的研究编制工作。2015 年 9 月 15 日，国务院以国函〔2015〕146 号正式批复《环渤海地区合作发展纲要》。

（三）环渤海地区合作发展纲要

在新的历史条件下，加快环渤海地区合作发展，是推动落实京津冀协同发展重大国家战略和深入实施区域发展总体战略的重要举措，事关国家改革开放和区域协调发展大局。[①]

一是有利于打破行政分割，在更大范围内优化配置资源要素，统筹解决京津冀和环渤海地区发展面临的突出矛盾与共性问题，积极探索区域合作新机制；二是有利于充分发挥七省（区、市）各自比较优势，提升地区整体实力和综合竞争力，带动东北、西北、华北地区加快转型发展，呼应长三角、珠三角等地区开发开放，培育形成我国经济增长和转型升级新引擎；三是有利于促进重点领域合作取得率先突破，优化经济发展空间格局，推动区域城乡协调发展，为全国区域合作探索新路径；四是有利于发挥区位优势，大力实施"一带一路"建设，深化对内对外开放，在更高层次上参与国际分工，加快培育我国参与国际经济合作竞争新优势。

1. 环渤海地区合作发展的主要目标

加快环渤海地区合作发展的主要目标是：到 2025 年，环渤海地区合作发展体制机制更加完善，基础设施、城乡建设、生态环保、产业发展、公共服务、对外开放一体化水平迈上新台阶，统一开放大市场基本形成，合作广度深度明显拓展。基本实现基本公共服务均等化，环渤海地区成为拉动我国经济增长和转型升级的重要引擎。到 2030 年，京津冀区域一体化格局基本形成。环渤海地区协同发展取得明显成效，区域合作发展体制机制顺畅运行，基本公共服务均等化水平进一步提升，区域城乡收入差距显著缩小成为我国具有重要影响力的经济合作区。

2. 环渤海地区合作发展的空间布局

在空间上将环渤海地区划分为沿海合作区和内陆协作区。沿海合作区包括北京、天津、河北、辽宁、山东五省（市），这是环渤海地区紧密圈，重点建设

---

① 打造中国经济增长和转型升级新引擎——国家发展改革委地区经济司负责人就《环渤海地区合作发展纲要》答记者问［EB/OL］.（2015-10-12）［2020-03-18］. https://www.ndrc.gov.cn/xwdt/xwfb/201510/t20151012_955747.html.

京津冀协同发展区、辽中南地区和山东半岛地区三大区域，打造环渤海地区的核心区域和对外开放战略前沿，成为辐射带动整个区域合作发展的重要引擎。内陆协作区包括山西、内蒙古两地，这是环渤海地区的拓展区，重点建设太原城市群和呼包鄂榆两大区域，打造环渤海地区与中西部、东北地区联动发展的重要平台和联系纽带，成为保障环渤海地区持续发展的战略空间和强力支撑。同时，要依托综合交通运输通道，重点打造京沈—京石、京津呼（和浩特）新（疆）、青（岛）济（南）石（家庄）太（原）三大发展轴以及沿海、沿边两大开放带，发挥重要轴带对促进环渤海地区合作发展的支撑引导作用。概括起来，环渤海地区就是要形成以京津冀地区为核心，以辽中南、山东半岛地区为两翼，以山西和内蒙古为腹地，带动"三北"、辐射东北亚、对接"一带一路"的空间开发新格局。

3. 环渤海地区合作发展的重点任务

一是加快跨区域重大基础设施建设。协同推进交通、能源、水利、信息等跨区域重大基础设施建设，完善铁路、公路、水运、航空、交通枢纽等交通网络，强化能源保障，提高水利支撑，健全信息体制，增强对区域合作发展的支撑保障作用。二是加强生态环境保护联防联治。持续推进生态环境保护和节能减排，重点开展生态屏障建设、大气污染防治、近岸海域环境综合整治等工作，共同创建天蓝水净、人与自然和谐相融的美好家园。三是推进产业对接合作。把握有序疏解北京非首都功能契机，坚持市场主导和政府引导，推进产业一体化发展，推进产业转移承接，共建科技创新体系。四是构建开放型经济新格局。充分发挥既沿海又沿边的区位优势，共同构建海陆统筹、东西互济的对外开放新格局。五是完善统一市场体系。加快消除地区间隐形壁垒，抓紧建立统一完善的市场经济体系，充分发挥市场配置资源的决定性作用，为全面推进环渤海地区合作发展奠定坚实的制度基础。六是统筹城乡区域协调发展。重点加强公共服务资源共享和制度对接，将环渤海地区建设成为城乡统筹、发展协调、社会稳定、公平和谐的示范区。

三、"一带一路"建设与天津发展新机遇

（一）"一带一路"建设背景下天津的发展优势

"一带一路"是"丝绸之路经济带"和"21世纪海上丝绸之路"的简称。

2013 年 9 月和 10 月，习近平同志在出访中亚和东南亚国家期间，先后提出共建"丝绸之路经济带"和"21 世纪海上丝绸之路"的重大倡议，得到国际社会高度关注。丝绸之路经济带建设涵盖东南亚经济整合、涵盖东北亚经济整合，并最终融合在一起通向欧洲，形成欧亚大陆经济整合的大趋势。21 世纪海上丝绸之路经济带建设从海上联通欧亚非三个大陆和丝绸之路经济带建设形成一个海上、陆地的闭环。

"一带一路"倡议是党中央、国务院根据全球形势深刻变化、统筹国内国际两个大局作出的重大决策，对于天津具有重要意义。天津在"一带一路"建设中具有独特的地理位置和优势。首先，天津是中蒙俄经济走廊的东部起点；其次，天津是新的亚欧大陆桥经济走廊的重要节点；最后，天津是 21 世纪海上丝绸之路和丝绸之路经济带陆海交汇的支撑点。天津港是"一带一路"重点布局的 15 个港口之一，产业基础雄厚，配套设施完善，拥有众多优越条件参与"一带一路"建设。滨海新区作为国家发展战略，是天津发展战略的龙头和引擎，既是"一带一路"建设的受益者，也是"一带一路"建设的参与者，区位优势明显，发展潜力巨大。

以港口为起点，以大陆为桥，通过快速海铁换装，缩短物流空间以及时间距离，是港口城市发展面临的重大机遇。港口作为天津的一个核心战略资源，在"21 世纪海上丝绸之路"上面临着国内其他港口激烈的竞争，且目前各港口占据的位置格局已经基本形成。天津应充分发挥港口优势，依托以天津港为桥头堡的新亚欧大陆桥作为天津对接和服务"一带一路"沿线内陆省份的启动点。因为与大连方案、绥芬河方案和连云港方案相比，天津港是沿海港口中大陆桥运输路径最多、运距最短、运量最大的港口，而且全程运距最短，因此运费最低，使天津港具有明显的成本与效率优势。在政策和功能优势方面，作为天津自贸试验区三大片区之一的天津东疆保税港区的建设，令天津港的政策优势和功能优势更加突出。

（二）"一带一路"建设与天津对接策略

2015 年 11 月，天津市出台了《天津市参与丝绸之路经济带和 21 世纪海上丝绸之路建设实施方案》。近期，天津市又通过了《天津市融入"一带一路"建设 2019 年工作要点》。目前，天津应着力构建以下两条大陆桥通道：一是从天津港出发向北经二连浩特和满洲里口岸出境，进入蒙古国、俄罗斯再至欧洲的北通道；二是从天津港出发向西经阿拉山口出境，通过中亚至欧洲的西通道。为此，天津应加快内陆地区的无水港建设步伐，在已有的20多个内陆无水港的基础上，向中亚和欧洲地区扩展，形成沿大陆桥分布的无水港体系；在国家相关部门支持下，积极推动建立国际联运业务协调机制，通过定期联席会议等制度，统筹解决运输中涉及的海关监管、商品检验等问题。

另外，应以天津自贸试验区建设为契机，在实施"一带一路"建设中提升扩展天津的国际港口经济功能：一是用好自贸区的政策和规则。用好自贸区在航运、物流、贸易、金融租赁、现代服务业投资和其他服务业创新发展等方面的特殊政策，充分运用滨海新区在电子信息、装备制造等先进制造业方面的基础条件，发展高端临港产业，提高航运商品附加值，实现"价值创造和增值"。二是增强港口核心竞争力。提高以港口为核心的国际贸易、航运、物流、通关、金融和信息等服务业水平，降低流通成本，吸引更多"一带一路"国家和地区经天津自贸区发展加工和转口贸易。三是充分利用自贸区金融环境优势。借鉴广州港、上海港转型发展的经验，改善融资和交易的条件，通过资本的运营来提升对沿途资源的控制力，向腹地延伸港口经济服务。四是完善港口集疏运体系。借助实施"一带一路"建设的机遇，在铁路、公路、航空等方面推动枢纽通道建设，建成综合大交通服务网络，提升现代物流水平。

第二节 主体功能区规划

2012年9月，天津市人民政府印发了《天津市主体功能区规划》。该规划指出，今后十年，要在国家将天津市整体确定为国家级优化开发区域的总体框架下，结合天津市不同区域的资源环境承载能力、现有开发强度和未来发展潜力，通过实施城市总体发展战略，实施有差别的开发举措，着力推进形成优化发展区域、重点开发区域、生态涵养发展区域、禁止开发区域四大类主体功能空间开发格局。

一、优化发展区域

优化发展区域包括土地开发强度很高、资源环境承载能力相对较弱的中心城区以及具有较大开发潜力、近期要加快建设和发展的地区。在该区域应进一步提高产业层次和水平，提升城市载体功能，积极承载转移人口，美化城市面貌，成为全市功能提升、空间拓展、服务及带动周边地区的重要区域。

（1）区域范围。优化发展区域包括和平区、河东区、河西区、南开区、河北区、红桥区、东丽区、西青区、津南区、北辰区、武清区、宝坻区、静海县①（不包括上述区县纳入重点开发区域部分）。该区域总面积 6444 平方千米，占全市陆域面积的 54.10%。

（2）功能定位。优化发展区域的功能定位是：城市经济与人口的重要载体，现代化城市标志区，城乡一体化发展的示范区，经济实力快速提升的重要区域。优化发展区域应加快转变经济发展方式，着力推动产业结构优化升级，大力发展金融、商贸流通、文化创意、休闲旅游等服务经济，大力发展先进制造业和现代农业；以中心城区为核心，以新城、中心城区外围城镇组团、示范小城镇、中心镇为载体，加快城镇化进程，推进基础设施和公共服务向农村地区延伸；加强生态建设和环境保护，改善人居环境，全面提升综合服务功能，成为全市重要的人口和经济聚集区域。

（3）发展战略。一是提升中心城区发展水平。中心城区包括市内六区及环城四区外环线内部分。该区域是天津市的行政文化中心、现代服务中心，要加快实施"一主两副、沿河拓展、功能提升"的发展策略，进一步优化城市空间布局，完善基础设施，发展高端产业，提升城市功能，建设成为经济繁荣、设施完备、社会文明、生态宜居的现代化城市标志区（见表8-4）。二是加快推进其他区域的发展。中心城区以外的其他区域，包括环城四区外环线以外部分、武清区、宝坻区和静海县（不包括上述区县纳入重点开发区域部分）。这些区域有良好的发展空间和条件，要加快提升产业能级，积极承接市区转移人口，推进城乡一体化进程，建设成为中心城区和滨海新区的功能扩展区和产业配套基地、城乡一体化发展的示范区、区县经济实力快速提升的重要区域（见表8-5）。

---

① 在《天津市主体功能区规划》中，静海县即为现在的静海区。

表 8-4　天津优化发展区中心城区发展战略

原则	具体内容
优化城市空间布局结构	加快小白楼、解放路、南站、文化中心等地区的城市主中心建设，建成高端人才和产业集聚、商务商贸发达、最繁荣繁华的地区。加快建设西站地区综合性城市副中心，建成商务金融和高档商业服务集聚、文化休闲居住为一体的城区，带动中心城区西北部地区加快发展；加快建设海河柳林地区综合性城市副中心，建成商务会展、娱乐休闲、创意研发的集聚区。通过两个城市副中心的建设，缓解城市主中心人口及交通压力
大力发展高端服务业	围绕城市定位，发挥中心城区历史悠久、人才密集、资源集中等特点，优先发展高技术服务业，大力发展金融、商务商贸、旅游休闲、文化创意、会展、科教研发等服务业，大力发展楼宇经济和总部经济，重点打造中心城区中心商务区、文化商贸城、智慧城等一批不同规模的现代服务业集聚区，形成以高端服务业为主的产业结构，发挥好对全市产业发展的引领作用和对区域发展的服务辐射作用
大力发展都市型工业	加快建设和平科技产业园、南开工业园、河东二号桥工业园、河北张兴庄工业园、河西陈塘科技商务区、红桥光荣道科技产业园等一批都市工业园区，发展信息软件、生物医药、印刷、精密仪器制造等产业，解决都市产业空心化问题，缓解城市人口就业压力
改造提升城区环境	合理安排交通、居住、公共设施、产业发展空间，扩大绿色生态空间。加快城市轨道交通、快速路网建设，提高城市交通便捷化水平，优化市民出行方式。加强市容环境治理和城市森林、公园绿地、景观河道建设，美化城市环境。加强社区建设和管理，提高基本公共服务水平，打造和谐宜居城区

表 8-5　天津优化发展区其他区域发展战略

原则	具体内容
加快构建现代产业体系	借助区位和产业优势，以区县经济开发区和示范工业园区为依托，积极承接中心城区、滨海新区在产业、科教、商贸文化等方面的辐射和延伸，大力发展电子信息、生物医药、汽车零部件等先进制造业和高新技术产业，发展现代物流、批发仓储、休闲旅游等服务业，建设一批各具特色的产业功能区，构筑高端化高质化高新化产业结构
加强京津冀地区经济对接	发挥武清区、北辰区、东丽区处于京津主轴的优势，加强与北京市、河北省廊坊市的合作，积极承接北京市的转移产业，吸纳京津主城区转移人口，建设高新技术产业和先进制造业基地。推进宝坻区、静海县与河北省周边区域的交通路网衔接和产业对接
统筹城乡基础设施建设和布局	完善地铁、轻轨、高速公路、城市快速路网、电力、供热、供排水等基础设施，推进城市公用设施向农村地区延伸。加快中心城区北部新区、中心城区外围城镇组团开发建设。完善公共服务设施，提高农村地区教育、卫生、文化、体育等社会事业发展水平。加强生态建设和环境保护，严格保护湿地、水源地

续表

原则	具体内容
提升农村城镇化和农业现代化水平	加快新城、示范小城镇建设，积极推进农村人口向城镇转移，切实改善农村居民生产生活方式。加快农业结构战略性调整，加强新型节能日光温室、现代畜牧业示范园区、优势水产品养殖示范园区建设，大力发展设施农业和生态、观光等特色农业。保护好耕地，保证基本粮田种植面积，增加高标准蔬菜种植面积

二、重点开发区域

重点开发区域是指经济基础条件较好、资源环境承载能力较强、发展潜力较大的滨海新区、国家级经济技术开发区等区域。在该区域要进一步完善基础设施，优化投资创业环境，加快大项目好项目建设，促进产业集群发展，逐步成为支撑区域经济发展的重要载体，经济快速增长区和崛起区，辐射带动北方地区经济发展的龙头地区。

（1）区域范围。重点开发区域包括：滨海新区（2270平方千米），9个①国家级经济开发区，子牙循环经济产业区，② 海河教育园区（见表8-6）。该区域总面积2454.10平方千米，占全市陆域面积的20.60%。

（2）功能定位。重点开发区域的功能定位是：支撑全市经济发展的重要增长极，现代制造业和研发转化基地，重要的服务业和教育科研集聚区，循环经济示范区，辐射带动北方地区经济发展的龙头地区，改革开放先行试验区，我国北方对外开放的门户。重点开发区域要以加快推进滨海新区开发开放为核心，以9个国家级经济开发区、子牙循环经济产业区、海河教育园区的开发建设为支撑，在优化结构、提高效益、降低消耗、保护环境的基础上，着力增强自主创新能力，积极承接先进的高水平的产业转移，着力构筑高端化高质化高新化产业结构，成为先进生产要素集聚、科技研发转化能力突出、现代服务功能完善、投资创业环境一流、内外资源循环互动的地区。要进一步加强基础设施建设，优化服务功能布局，成为经济发达、功能完善、环境优美的地区。

---

① 现在已发展为10个国家级经济开发区。
② 在《天津市主体功能区规划》中，子牙循环经济产业区已于2012年12月晋升为国家级经济技术开发区。

表8-6 天津市重点开发区域

名称		所在区县	面积（平方千米）
天津滨海新区（2270平方千米）		滨海新区及东丽区、津南区的部分地区	2270.00
国家级经济开发区	天津经济技术开发区	滨海新区	37.09
	天津滨海高新区（包括高新区华苑产业区、高新区武清开发区、塘沽海洋高新区、北辰科技园）	滨海新区、南开区、北辰区、武清区	55.24
	天津港保税区	滨海新区	5.00
	天津滨海新区综合保税区	滨海新区	2.00
	天津东疆保税港区	滨海新区	10.00
	天津出口加工区	滨海新区	2.54
	天津保税物流园区	滨海新区	1.50
	天津西青经济开发区（包括西青经济开发区、大寺工业园、天津开发区微电子工业区）	西青区	16.88
	天津武清经济开发区（包括武清经济开发区、天津开发区逸仙科学工业园）	武清区	13.28
	子牙循环经济产业区	静海县	50.00
天津海河教育园区		津南区	37.00

注：扣除面积重叠或交叉部分，重点开发区域面积2454.10平方千米。

（3）发展战略。一是全力推进天津滨海新区开发开放。紧紧围绕滨海新区功能定位，全面加快各功能区开发建设，深入推进综合配套改革，着力构筑领先优势，率先转变经济发展方式，不断增强对全市和区域发展的龙头带动作用，争创高端产业聚集区、科技创新领航区、生态文明示范区、改革开放先行区、和谐社会首善区，努力当好贯彻落实科学发展观的排头兵（见表8-7）。二是加快推进其他区域开发建设，包括9个国家级经济技术开发、子牙循环经济产业区以及海河教育园（见表8-8）。

表8-7 天津滨海新区发展战略

原则	具体内容
建设高水平的现代制造业和研发转化基地	瞄准国内外制造业发展前沿，顺应产业调整趋势，科学确定各产业功能区发展重点，形成各具特色、优势互补的发展格局。加快建设高端产业聚集区，大力发展航空航天、石油化工、新能源、电子信息、汽车及装备制造、生物医药、海洋科技、节能环保等产业。推进国家创新型城区试点，加快聚集国家级和世界知名科研机构，搞好重大科技成果转化，成为科技创新领航区

续表

原则	具体内容
建设北方国际航运中心和国际物流中心	加强海港、空港基础设施建设,建设港城分离的交通网络,发展海、空、铁、陆多式联运。建设物流园区,整合提升海港、空港和海关特殊监管区域的综合优势,成为服务辐射能力强、运转效率高的北方国际航运中心和国际物流中心
建设我国北方对外开放的门户	充分利用两个市场、两种资源,努力增强服务环渤海和北方地区扩大开放的能力。促进东疆保税港区向自由贸易港转型,发展国际转口贸易、国际旅游、离岸金融等业务。完善大通关体系,拓展"无水港"布局,推进港口功能、保税功能和口岸功能延伸,发展大陆桥运输。积极营造国际化的发展环境,尽快把滨海新区建设成为我国北方对外开放的门户
加快推进综合配套改革实验区建设	全面实施滨海新区综合配套改革试验总体方案,深化金融改革创新、深化土地管理制度、涉外经济体制、科技体制、城乡一体化、社会领域等重点领域和关键环节的改革,切实发挥好在改革开放中先行先试的重要作用

表 8-8　其他区域发展战略

原则	具体内容
加快 9 个国家级经济开发区建设	进一步发挥政策优势,加大招商引资力度,吸引和集聚一批大项目好项目。重点发展航空航天、电子信息、装备制造、生物医药、新能源、新材料、仓储物流等产业,带动相关配套和下游企业落户发展,构建相对完整和独立的产业链,形成若干特色突出、优势明显的产业集群。提高自主创新能力,积极引进研发中心、技术服务中心,打造高素质人才聚集地,发展高新技术产业
加快子牙循环经济产业区开发建设	进一步完善基础设施,以资源充分循环利用为目标,根据产业链关联程度,合理规划和开发建设一批产业功能区。重点发展废旧机电产品拆解及深加工、废旧家电与电子信息产品拆解加工、报废汽车拆解加工与再制造、废旧轮胎及塑料再生利用、节能环保与新能源五大产业,着力打造成为生态、环保、低碳、宜居的国家循环经济示范区和国家城市矿产示范基地
加快海河教育园区开发建设	深入落实部市共建协议,加快南开大学、天津大学新校区建设和高职院校、天津广播电视大学等院校建设,整合优化配置高等教育、职业教育资源,着力提升教育服务职能。完善相关政策,依托园区积极构建产学研一体化平台,大力发展教育培训、文化创意、科技研发等优势产业。把海河教育园区建设成为国家职业教育改革创新示范区、高等教育大学示范区、高端科技研发创新示范区

三、生态涵养发展区域（限制开发区）

生态涵养发展区域是指具有较好的农业生产条件,并对全市生态安全起着重要作用的区域。在该区域应以提供农产品、生态产品为主体功能,因地制宜发展资源环境可承载的特色产业；加强生态建设和环境保护，成为人与自然和谐相处的示范区。

（1）区域范围。生态涵养发展区域包括蓟县、宁河县。① 该区域总面积3021.60平方千米，占全市陆域面积的25.30%。

（2）功能定位。生态涵养发展区域的功能定位是：保障生态安全和农产品供给的重要区域，天津市重要的风景旅游区，人与自然和谐相处的示范区，未来城市空间拓展的后备区域。

生态涵养发展区域要充分发挥资源优势，坚持保护优先、适度开发、集约开发的原则，进一步优化城镇布局，发展适宜产业，加强生态建设和环境保护，成为农村居民安居乐业、生态环境优美的地区。

（3）发展战略。一是加强生态建设和环境保护。坚持生态优先原则，加强生物多样性和森林、水资源的涵养保护，严格控制山地、林地开发占用。搞好环境保护，增加植被，预防和治理水土流失。加快村镇、河流沿岸、道路绿化和农田防护林网建设。蓟县要加强天津"后花园"建设，建成天津市重要的生态保育区和生态旅游区。宁河县（宁河区）要严格保护七里海湿地等生态资源，修复自然生态。二是发展特色产业。大力发展资源消耗低、环境污染少的高新技术产业，以及轻工纺织、绿色和有机食品产业。发挥传统优势，挖掘自然和人文资源，发展休闲度假旅游等服务业。三是加强农业发展。保护好耕地和基本农田，稳定粮食生产，增加高标准蔬菜种植面积，发展生态农业、休闲观光农业、畜牧和水产养殖业及农产品加工业，加强水生生物资源养护，提高农业设施化、园区化水平。四是加快农村城镇化步伐。通过示范小城镇的引导作用，加快中心镇和一般镇建设，推进农村人口向城镇有序转移。

四、禁止开发区域

禁止开发区域是指依法设立的各级各类自然文化资源保护区域；其他需要特殊保护、禁止进行工业化城镇化开发，并点状分布于其他主体功能区之中的重点生态功能区。在该区域要严格控制人为因素对自然生态的干扰，严禁不符合主体功能定位的各类开发活动，成为天津市保护自然文化资源的重要区域。

---

① 《天津市主体功能区规划》中的蓟县、宁河县即为现在的蓟州区、宁河区。

（1）区域范围。禁止开发区域包括：市级以上自然保护区、水源保护区、风景名胜区、森林公园、地质公园、湿地公园等自然文化资源保护区域，呈点状分布（见表8-9）。该区域总面积1491.65平方千米，占全市陆域面积的12.50%。

表8-9　天津市禁止开发区域名录

名称	所在区县	面积（平方千米）	类型
天津古海岸与湿地国家级自然保护区	滨海新区、津南区、宝坻区、宁河县	359.13	国家级自然保护区
天津八仙山国家级自然保护区	蓟县	53.60	国家级自然保护区
天津蓟县中、上元古界国家级自然保护区	蓟县	9.00	国家级自然保护区
盘山风景名胜区	蓟县	106.00	国家级风景名胜区
天津九龙山国家森林公园	蓟县	21.26	国家森林公园
天津蓟县国家地质公园	蓟县	342.00	国家地质公园
大黄堡湿地自然保护区	武清区	112.00	市级自然保护区
青龙湾固沙林自然保护区	宝坻区	4.16	市级自然保护区
北大港湿地自然保护区	滨海新区	348.87	市级自然保护区
静海团泊鸟类自然保护区	静海县	60.40	市级自然保护区
于桥水库水源保护区	蓟县	165.60	市级水源保护区
尔王庄水库水源保护区	宝坻区、北辰区	17.20	市级水源保护区
引滦输水明渠水源保护区	宝坻区、北辰区	67.40	市级水源保护区
子牙河水源保护区	红桥区、北辰区、西青区	5.00	市级水源保护区
南水北调中线天津干线天津段两侧水源保护区	武清区、西青区、北辰区	9.89	市级水源保护区

注：扣除面积重叠部分，禁止开发区域面积1491.65平方千米〔八仙山国家级自然保护区，蓟县（现蓟州区）中、上元古界国家级自然保护区，盘山风景名胜区，九龙山国家森林公园的面积已经包括在蓟县（现蓟州区）国家地质公园面积当中，不再重复计算〕。

（2）功能定位。禁止开发区域的功能定位是：保护自然文化资源的重要区域，珍贵动植物基因资源和生物多样性的保护地，生态安全的保障地。

（3）发展战略。禁止开发区要依据法律法规规定和相关规划实施强制性保护，严格控制人为因素对自然生态的干扰，严禁不符合主体功能定位的开发活动。加强水域生态修复和水生生物资源养护，维持生物多样性。要引导人口逐步向城镇有序转移，实现污染物"零排放"，提高环境质量，保障生态和环境安全。

参考文献

［1］《环渤海区域经济年鉴》编委会．环渤海区域经济年鉴2018［M］．天津：天津科学技术出版社，2019.

［2］金鹿，王铮．京津冀建设世界级城市群的发展阶段与对策研究［J］．天津经济，2019（5）：4-5.

［3］连玉明．构建环渤海大湾区，引领以首都为核心的世界级城市群建设［A］//《环渤海区域经济年鉴》编委会．环渤海区域经济年鉴2018．天津：天津科学技术出版社，2019.

［4］孟广文，杨开忠，金凤君，等．雄安新区：地理学的机遇与挑战［J］．地理研究，2017，36（6）：1003-1013.

［5］孟广文．京津冀区域经济发展与合作研究［J］．环渤海经济瞭望，2009（6）：1-4.

［6］孟广文．京津冀双向双核城市群梯次发展战略研究［A］//《京津冀协同发展的目标与路径》编委会．2015京津冀协同发展前沿研究论丛：京津冀协同发展的目标与路径．天津：天津人民出版社，2015.

［7］孟广文，等．天津市主体功能区规划［R］．天津市发展与改革委员会，2008.

［8］孙久文．雄安新区在京津冀协同发展中的定位［J］．甘肃社会科学，2019（2）：61.

［9］谢玮，张燕，肖翊．京津冀共下"一盘棋"2018京津冀协同发展论坛全景报道［J］．中国经济周刊，2018（30）：15-34.

［10］叶振宇．雄安新区与京、津、冀的关系及合作途径［J］．河北大学学报（哲学社会科学版），2017，42（4）：90.

［11］国家统计局．中国统计年鉴2019［M］．北京：中国统计出版社，2019.

［12］国家住房和城乡建设部．中国城市建设统计年鉴2016［M］．北京：中国统计出版社，2017.

第九章　城乡融合与新型城镇化

　　城乡一体化或城乡融合发展是生产力发展到一定阶段的必然要求和人类历史发展的必然现象，是城乡之间逐渐形成统一规划、分工合作、互为依托、协调发展、共同繁荣的社会经济有机整体。其目的在于改善城乡功能和结构，实现城乡生产要素的合理配置和自由流动，协调城乡利益结构和利益再分配，从而加快工业化、城市化和现代化进程，逐步改变城乡分割、各自为政的城乡二元结构，缩小城乡差别。在天津城乡融合发展过程中，一方面是原有城市区域的更新改造，再城市化；另一方面是城市扩张，使原本的乡村地区城市化或城镇化。在这一过程中，乡村地区城镇化形成了最具创新特色的模式与经验。本章从天津城镇体系格局与特征、天津乡村城市化模式以及天津乡村城市化典型案例三部分归纳天津城乡融合发展和新型城镇化建设模式和实践经验。

第一节　城镇体系格局与特征

一、城镇体系规模等级与功能定位

　　《天津市城市总体规划（2005—2020 年）》（以下简称《总体规划》）以实现城乡和区域的统筹发展为目标，根据天津城镇人口和城镇发展的特征，在"一轴两带三区"空间布局结构的基础上，明确提出以中心城区和滨海新区核心区为主副中心，建立由主副中心、新城、中心镇和一般建制镇组成的四级城镇体系，按照循序渐进，节约用地，集约发展，合理布局的原则，因地制宜地稳步推进城镇化，逐步改变城乡二元结构，提高城镇化水平。① 2018 年、2019 年、2020 年天津市城镇化率分别达到 83.15%、83.38%和 84.7%。

（一）天津城镇体系主中心——中心城区

中心城区是指分布在外环线以内的区域，用地面积为 371 平方千米。本区域主体部分为市内六区，边缘部分包括东丽、西青、津南和北辰环城四区的一部分。该区域是天津城市的行政文化中心和商贸服务中心，是反映中国近代史的历史文化名城，具有综合性服务职能。中心城区集中了全市大部分的公共设施，是全市人口和城镇建设最密集的地区，2020 年常住人口规模达到 405.72 万人。

根据天津的城市定位，天津的中心城区将建成辐射我国北方地区的现代服务业重要聚集区，体现国际港口城市繁荣繁华的标志区，实施科教兴市的主导区，传承天津历史文化的核心区以及高品质的宜居生态区。作为天津政治、文化、金融和商贸中心，该区域重点发展金融、商贸、信息、文化、科研、教育、房地产及高新技术产业，是天津城市功能的主要载体。

《总体规划》指出，中心城区是城市发展的主中心。规划以"巩固提高国家环保模范城市成果、积极创建国家卫生城市和国家园林城市，改善就业、住房、出行状况，建设宜居城市"为目标，实施海河综合开发改造，加强历史文化名城保护，加快城市住宅建设，优化公共设施布局，调整工业、仓储用地布局，完善道路交通系统，加强环境建设，加快"城中村"改造，调整城市功能布局与产业结构，提升金融、商贸、科教、信息、旅游等现代服务职能，适当发展都市型工业，突出城市文化特色，改善生活环境。

（二）天津城镇体系副中心——滨海新区核心区

天津滨海新区包括塘沽区、汉沽区、大港区和坐落在其行政区划范围内的天津经济技术开发区、天津港区、天津港保税区以及东丽区的无瑕街、空港物流区和津南区的葛沽镇。区域总面积为 2270 平方千米，2020 年常住人口已超过 206 万人。

滨海新区按照全市"一基地三区"的定位围绕建设"经济发达之都、创新创业之都、绿色宜居之都、魅力人文之都、和谐幸福之都"的目标，充分发挥

---

① 天津市人民政府．天津市城市总体规划（2005—2020 年）［R］．2006.

龙头带动作用，努力使各项工作走在全市前列，逐步实现国家赋予滨海新区的功能定位，向国际化创新型宜居生态新城区大步迈进。滨海新区核心区包括塘沽城区和天津经济技术开发区、天津港保税区，占地面积约 70 平方千米，2017 年底常住人口规模达 298.42 万人，是天津城市体系的副中心。核心区以科技研发转化为重点，大力发展高新技术产业和现代制造业，充用利用商务、金融、物流、中介等现代服务业增强港口的服务职能和城市的综合功能。

（三）天津城镇体系重要节点——新城

蓟县（现蓟州区）、宝坻、武清、宁河、汉沽、西青、津南、静海、大港、京津和团泊新城是已经建成及正在建设的新城，是天津城市发展轴带上的重要节点，人口发展规模为 10 万~30 万人。这里土地资源较市区丰富，人口密度较市区小，交通、电力等基础设施配套齐全，且工业发达，是中心城区工业转移的重要基地。近年来，许多新城城市化发展迅速，成为全市主要的人口迁入区，为农村剩余劳动力的转移提供了空间。新城是各区县政治、经济、文化中心和重要的功能区，承担着疏解中心城人口、聚集新的产业、带动区域城镇发展的任务。

《总体规划》指出，新城将按照中等城市标准进行建设，充分利用滨海新区开发开放带来的机遇，优化产业布局，促进产业结构升级，增强发展动力，全面提高竞争力，形成多极增长格局和各具特色现代化新城。规划建设 11 个新城，分别为蓟县（现蓟州区）、宝坻、武清、宁河、汉沽、西青、津南、静海、大港、京津和团泊新城。其中，汉沽新城和宁河新城要统一规划，实现基础设施共享，共同建设芦汉新城。

（四）天津城镇体系重要基点——中心镇

中心镇是天津建制镇中基础发展良好、区位条件优越、发展潜力较大的一些城镇，人口规模一般在 3 万~10 万人，是天津城镇体系中的基点。为改变天津原来小城镇分散发展的状况，实现小城镇的集中发展，天津将大寺、双港等 30 个中心镇根据其不同条件，发展加工工业、交通运输、商品流通和社会化服务等，形成商贸型、交通型、旅游型等职能特色突出的新型城镇。同时，加强中心镇基础设施和公共设施建设，逐步实现土地集约、产业集聚和人口集中，形成聚集效益和区域竞争优势。

（五）天津城镇体系重要基础——一般建制镇

《总体规划》确定一般建制镇重点发展为大城市服务的劳动密集型工业和第三产业，并提出：注重保护生态环境，改善投资环境。推动农村城镇化，实施迁村并点，采取一定的优惠政策，鼓励山区、生态保护区、蓄滞洪区内的人口逐步向新城和中心镇转移。整理农村建设用地，逐步将农村建设用地转化为城镇建设用地、耕地、生态用地等，减少对农用土地、生态用地占用，切实保护耕地。

（六）天津城镇体系空间格局

进入 21 世纪以来，我国进入城市化快速发展时期。天津以实现城乡和区域统筹发展为目标，按照循序渐进、节约用地、集约发展、合理布局的原则，因地制宜地稳步推进城镇化，逐步改变城乡二元结构，提高城乡一体化水平。随着中心城区人口和产业的对外扩散、转移，天津环城地区充分发挥毗邻中心城市的区位优势，其发展快于一般地区的农村城市化发展速度。

天津城镇体系空间格局是：在东西方向上沿着"武清—中心城区—塘沽城区"这一主轴发展；在南北方向上分别建立了"宁河—汉沽—塘沽—大港东部沿海发展带"和"蓟州—宝坻—中心城区——静海西部发展带"。在这些城镇发展的轴、带之间，分别建有北部"蓟县（现蓟州区）山地生态环境建设区"、中部"七里海—大黄堡洼湿地生态环境建设区"和南部"团泊洼水库—北大港水库湿地生态环境建设区"，基本形成了一轴两带三区的空间结构。

二、城乡一体化发展现状与经验

作为超大型城市，天津的城乡一体化标准和大中小城市有所不同。超大型城市的城乡一体化趋势应该是城市逐步融合乡村，表现为乡村经济比重逐渐减小、空间范围萎缩，而生活水平与生活方式日益城市化。

（一）发展现状

21 世纪以来，随着工业化发展进入高级阶段，天津城镇化也进入快速发展时期，城乡一体化取得较大进展。具体而言，天津城乡一体化主要包括城乡经济活动、城乡社会生活、城乡规划建设与城乡管理等方面的一体化。

（1）城乡产业一体化。由于城市地区以发展第二产业及第三产业为主，而乡村地区以发展第一产业为主，因此以第一产业产值代替乡村地区的发展，第

二、第三产业产值代替城市地区的发展。从经济总量来看，天津第一产业的比重越来越低，2020年第一产业的比重仅占经济总量的1.5%，而第二、第三产业的比重高达98.5%，乡村地区的经济地位持续下降。从全社会固定资产投资来看，城镇与乡村的固定资产投资总量均呈现增长的趋势，其中城镇地区投资总量增长较快，而农村地区增长则较慢。具体来说，城镇固定资产投资从2001年的688.7亿元增加至2017年的11274.69亿元，增加了15倍多，而农村固定资产投资从2001年的16.40亿元增加至2016年的23.03亿元，到2017年缩减至14.22亿元，农村地区固定资产投资总量的增长速度远低于城市地区。总体而言，天津乡村城镇化趋势明显。

（2）城乡社会一体化。从人均可支配收入来看，2001年以来，天津市城乡居民的人均可支配收入呈现逐步增长的趋势，但城镇居民的人均可支配收入要远高于农村居民。城镇居民人均可支配收入从2001年的8959元增加至2020年的47659元，增加了38700元，年均增加2037元。而农村居民人均可支配收入从2001年的4825元增加至2020年的25691元，增加20866元，年均增加1098元，年均增加量远低于城镇居民。2001年以来，天津市城乡居民人均消费支出呈现逐年增长的趋势，而且城镇明显高于农村，且绝对差距还在不断扩大，但是农村的增长速度快于城镇。城镇居民人均消费支出从2001年的8231元增加至2019年的34811元，增加了26580元，年均增加1477元，年均增长率为8.34%；农村居民人均消费支出从2001年的3267元增加至2019年的17843元，增加了14576元，年均增加810元，年均增长率为9.89%。这表明农村居民的消费能力提升速度快于城镇居民。从社会保障制度来看，农村最低生活保障标准不断提高，农村社会基本养老保险制度基本建立，新型农村合作医疗农民参合率达到90%以上，区县级医院、预防保健机构和乡镇卫生院的标准化建设水平逐渐提高，农村文化、体育、卫生等设施不断完善。2019年，天津市正式出台和实施《天津市城乡居民基本养老保障规定》和《天津市城乡居民基本医疗保险规定》，实现了社会保障制度从城镇到农村、从职工到居民的全覆盖。

（3）城乡空间一体化。天津市中心城区和县城建成区面积不断增加，镇、乡、村庄建成区面积不断减少，但村庄建成区的比重仍然偏高。2006~2017年，天津市城市建成区面积从539.98平方千米增加至1087.57平方千米，增加了547.59平方千米，年均增加49.78平方千米；镇建成区面积从354平方千米减少至 287 平方千米，减少了 67 平方千米，年均减少 6.09 平方千米；乡建成区面积从 34 平方千米减少至 5 平方千米，减少了 29 平方千米，年均减少 2.64 平方千米；村庄建成区面积从 623 平方千米减少至 582 平方千米，减少了 41 平方千米，年均减少 3.73 平方千米。从比重来看，村庄建成区面积与城市建成区面积相当，且合计占城乡建设用地比重高达 80% 左右。因此，村庄建设用地应当是平衡城乡建设用地的最佳着眼点。

（二）成功经验

经过 21 世纪以来的实践，天津城乡一体化积累了一整套经验，即以新城和小城镇建设为重点，以尊重农民意愿为前提，以政策创新，尤其是土地政策创新为突破口（宅基地换房），新城和小城镇综合化及配套化发展，重视产业发展和园区建设。[①]

（1）以新城和小城镇建设为重点。全国各地在新农村建设和城乡一体化方面的探索表明，单纯就农村谈农民出路问题、就农业谈农民增收问题，都会难以避免地遇到政策回旋余地小、投资大、见效慢等障碍。用城市化的思路将农民集中起来，减少了公共服务均等化过程中的成本支出，也加速了城乡要素市场一体化、就业市场一体化和社会保障一体化的过程。天津通过发展新城和建设小城镇加强了城乡联系，在更大范围内实现了土地、劳动力、资金等生产要素的优化配置，有序转移了农村富余劳动力，为以工促农、以城带乡、城乡共同繁荣发展奠定了重要基础。

（2）以尊重农民意愿为前提。农民是新农村建设的主体，也是小城镇建设的主体，农民进城以及农民市民化是城市化的重要内容。因此，推进城市化进程，统筹城乡发展，首先必须尊重农民自身的意愿，尊重他们的选择，满足他们的合理诉求。

天津市在统筹城乡发展的过程中，强调充分听取农民的意见和建议，尊重他们的意愿，保障他们的利益，满足他们的需求。在实施"以宅基地换房"的过程中始终贯穿"两个自愿"的原则：首先是换房，农民自己申请，要自愿；其次是自愿整理好自己的宅基地，事先要有法律手续，要签协议。如天津市第二批"九镇三村"试点小城镇（津南区葛沽镇、八里台镇，西青区张家窝镇，

---

① 天津市城市规划设计研究院．"十三五"天津市新型城镇化发展研究［R］．2015.

北辰区双街镇，汉沽区茶淀镇，宝坻区马家店庄镇，静海县团泊镇，宁河县芦台镇，蓟县泗溜镇、毛家峪村、田家峪村和玉石庄村）建设过程中，就明确要求试点方案必须征求农民意见，有90%以上的农民赞成才能开展试点工作。要提前让农民见到房型设计图，并做好登记、确认等工作，确保公开透明，让农民放心、满意。对农民意愿的尊重，不但减少了统筹城乡发展过程中阻力，保障了新城建设和小城镇建设的顺利推进，也有利于构建城乡良性互动长效机制。

（3）以政策创新，尤其是土地政策创新为突破口。在传统的政策框架下，城乡要素流动受到多重制约。要改变城乡割裂发展的状况就必须在政策设计上有所突破。城乡土地制度差异是城乡要素市场割裂最重要的制约因素。因此，统筹城乡发展首先必须在土地利用和开发方面有新的思路和举措。新城建设过程中的开发模式创新和小城镇建设过程中的"以宅基地换房"是天津市统筹城乡发展过程中政策创新的两大亮点。

"以宅基地换房"建设农村小城镇，就是在国家现行政策框架内，坚持承包责任制不变、可耕种土地不减、尊重农民意愿的原则，高水平规划、设计和建设有特色、适于产业聚集和生态宜居的新型小城镇。农民以其宅基地（村庄建设用地）按照规定的置换标准换取小城镇中的一套住宅，迁入小城镇居住（刘辉群，2010）。农民原有的宅基地统一组织整理复耕，实现耕地占补平衡。新的小城镇，除了农民住宅区外，还规划出一块可供市场开发的出让土地，用土地出让收入来平衡小城镇的建设资金，从而实现人口向城镇集中，工业向小区集中，耕地向种田大户集中，农民由一产向二产、三产转移，明显改善生活、居住环境，提高文明程度，享受城市化成果，真正实现安居、乐业、有保障。以东丽区华明镇为例，华明镇将全镇12071亩宅基地全部复垦为耕地，土地出让收益达到50亿元；新的小城镇建设占用土地8427亩，建设资金40亿元，通过宅基换房，实现了土地和资金的双平衡。

（4）新城和小城镇综合化配套化发展。现代城市规划中的"新城"已经与传统意义上的卫星城和产业园区有了根本区别。现代城市规划在功能分区上强调融合发展，避免传统意义上的严格功能分区，有机、混沌构成了当代城市空间的典型特征。

天津市在发展新城和建设小城镇的过程中，既强调天津市全域的统筹和协调发展，又注重城镇自身的相对独立性，将人口和产业配套、职住平衡作为重要目标。九个郊区中心城市原本就是所在区的政治、经济、文化中心，延续着综合化的发展模式。京津新城是集工业园、商贸、教育、体闲会展及文化居住于一体的现代化国际移民卫星新城。团泊新城则是以休闲、旅游、生态为特点，以浓绿、重水、环保为特色，集休闲度假、体育运动、娱乐健身、商住会议、教育培训、科技研发功能于一体的中国北方水上旅游城市，也坚持了综合化、配套化的发展方向。

在小城镇建设过程中，天津也强调要充分考虑经济社会和人的全面发展需要，努力保留农村的优点，克服农村的缺点，引入城市的优点，抛弃城市的弊病，科学划分居住、服务、产业等功能区，形成有特色的功能分区。以华明示范镇为例，该镇选址在空港物流区对面、高速公路与津汉公路相交处，交通便利，区位优势明显，适应了本镇村民从事物流业的传统，考虑了经济社会发展的长远需求。镇内科学划分了居住、服务、就业的区域功能布局，合理安排了居住、商业、学校以及休闲娱乐场所等配套设施（孟广文，2012）。

（5）重视产业发展和园区建设。产业发展是城镇发展的根基，是农村城市化和城乡一体化的重要动力。园区建设既为产业发展提供了基本载体，又对专业化集聚发展提出了要求。通过园区建设带动产业发展，是节约建设用地、形成规模优势、减少生态环境影响的必然要求。

2007年的《关于加快天津市乡镇工业区发展的意见》要求，新建小城镇的产业发展强调利用原有产业基础，发挥自身优势，并按照产业结构调整的要求，努力形成"一镇一业""一村一品"，真正实现产业立镇、产业兴镇，不断提高农民收入，实现可持续发展。[①] 比如，东丽区华明镇试点，规划考虑就业方向是邻近的空港物流加工区和具有自身传统特色的运输物流服务区；小站镇试点，规划了"小站练兵"旅游产业园和具有优势的阀门制造工业小区。

2009年出台的《关于整合提升发展区县示范工业园区的若干意见》针对103家乡镇工业园区普遍存在的布局散、规模小、水平低、资源消耗大、污染点源多等问题，决定对全市区县工业园区进行资源整合，选择一批基础条件和发展前景好的工业园区作为全市重点支持的区县示范工业园区，在政策上予以扶

---

① 天津市人民政府. 关于加快我市乡镇工业区发展的意见（津政发〔2007〕70号）［R］. 2007.

持，加大投入力度，促进健康发展，尽快培育成新的经济增长点。①

第二节　乡村城市化新模式

在经济发展和城市化的道路上，天津经历了中华人民共和国成立初期的均衡发展和改革开放后的非均衡发展阶段后，目前进入统筹城乡协调发展阶段。2000 年以来，特别是 2003 年党的十六届四中全会以来，天津加快了农村城市化进程，逐步加大了新城建设和小城镇建设的投入。2005 年以来，天津在结合本地实际和总结往年经验的基础上，围绕突破农村小城镇建设中普遍存在的土地和资金约束等难题，经过反复调查研究，坚持城乡一体化发展战略，走出了"以宅基地换房"、"三区"联动、"三改一化"、农村金融改革四步走建设示范小城镇模式。这四步走模式层层递进、环环相扣、相辅相成，是一条符合天津特点的超大城市农村城镇化的新路子，也为中国超大城市农村城乡一体化提供了新思路和新途径。通过"四步走"，农民的生产生活方式和农村经济社会形态发生了根本性变化，实现了就地就近转移就业，农民过上了安居乐业有保障的生活，同时增加了财政来源，促进了集体经济的发展，实现了小城镇的可持续发展（马春华，2011；郑力嘉，2012）。

一、示范小城镇建设模式

宅基地换房建设示范小城镇是指在国家现行的政策框架内，村民以其宅基地按照规定的标准置换小城镇中的住宅，迁入小城镇居住，建设适应农村经济和社会发展、适于产业聚集和生态宜居的小城镇。示范小城镇建设坚持土地承包责任制不变、可耕种土地不减、尊重村民意愿、维护农村集体经济组织和村民合法权益的原则（何邕健，2011）。

经天津市政府审议通过的示范小城镇试点共计 4 批 54 个，迁并村庄共计 695 个，可实现 210 平方千米农村建设用地、108 万农村人口的城镇化改造。在

---

① 天津市人民政府. 关于整合提升发展区县示范工业园区的若干意见（津政发〔2009〕30 号）〔R〕. 2009.

建设用地中，安置区总用地规模约 53 平方千米，出让区用地规模约 157 平方千米，规划安置区总建筑规模共约 6000 万平方米，形成了"众星拱月"的组团式发展模式。

二、小城镇"三区"联动模式

位于大城市郊区的小城镇凭借其优越的地理区位，更容易承接大城市的功能外溢，加速城市与乡村之间各类资源要素的流动连通，打破城乡脱节格局，消除城乡差别。"三区联动"即是把城镇建设、产业园区发展及现代设施农业三者统筹协调运作的一种设想，是以城镇化为依托，工业区为中心，设施农业为基地，多种资源聚集共享、互补融合为特征的城镇化、工业化和农村现代化的协调发展过程。"三区联动"模式通过将谷类资源要素的集中建设（农民向居住社区集中、工业向示范园区集中、设施农业向产业园区集中），联动推进城镇化、工业化和农业现代化（见图9-1），通过"三化"并举统筹破解"三化"问题。同时，又根据不同城镇的资源禀赋和发展特色因地制宜、分类引导，实现"三区"发展的联动推进、协调互补。2012 年，天津整合建设 31 个示范工业园区，一大批高水平项目落户投产，成为郊区县经济发展新的增长点。建成 22 个现代农业示范园区、155 个养殖示范园区，全市设施农业达到 60 万亩。

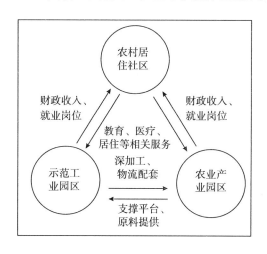

图 9-1　天津乡村城镇化"三区"联动方式

资料来源：王宇宁，运迎霞. 城乡统筹视角下大城市郊区小城镇发展模式探索：以天津市"三区联动"为例 [J]. 现代城市研究，2013（5）：32-35.

（1）农民向居住社区集中——以城镇化带动农民生活方式转变。农村低密度、分散式的布局模式不仅浪费土地资源，而且使公共设施难以集中配置，不利于居民生活水平的提高。通过整合分散的农村居民点，在尊重农民意愿的前提下，通过"宅基地换房"将农民向居住社区集中，完善城镇基础设施建设及社会保障体系，打造生态宜居的优良环境，全面提升居民生活条件，共享城市生活方式，"化"农民为市民。

（2）工业向示范园区集中——以工业化带动农村经济发展模式转变。城镇化创造需求，工业化创造供给。通过将"规模小、分散化、低效益"的乡镇企业整合进示范工业园区，并承接中心城区的产业转移，大力发展产业链经济，加快产业集群化进程，构建战略性新兴产业基地，不仅对农村剩余劳动力进行了就地转移，增加农民收入，而且转变了农村以农业作为支柱产业的经济发展模式。

（3）设施农业向产业园区集中——以农业现代化带动农业发展方式转变。通过建成各具特色的集生产、生活、生态、文化、教育等功能于一体的现代农业示范园，推广先进技术、提升科技成果转化能力、开展节约循环利用资源以及拓展农业休闲观光旅游等功能，不仅提高了土地、劳动、资本等生产要素的投入效率，而且优化了农业产业结构，降低了资源消耗，改善了生态环境。

三、小城镇"三改一化"模式

"宅基地换房"和"三区"联动战略实施后，农村旧的组织形态、管理模式、各项政策体制已经不再适合新的形势，且在一定程度上影响城乡资源要素的有序流动和一体化发展。为此，天津市又探索开展了"三改一化"改革，即农业户口改为非农业户口、农村集体经济组织改成股份制、村委会改为居委会，实行城乡一体化。"三改一化"的探索，是对城乡二元体制的全面挑战和突破，是对人员身份、组织形式、运行方式、管理模式的深刻转换，在体制机制上迈出了关键一步，推动实现完全意义上的城乡一体化。截止到2014年，天津市已在21个街镇、141个村开展了试点，尽管社会保障标准较低，但农民成为拥有薪金、股金、租金、保障金的"四金"新市民。

（1）农业户口改非农业户口——"农改非"。放宽城镇居民落户条件，实行以居住地划分城镇户口和农村户口的户籍登记政策。凡是在小城镇有合法固定的住所,有稳定的职业或生活来源,并且已完成农村集体经济组织成员资格界定的,经农民申请后,均可以办理"农转非"。"农改非"后,村民在保持原有待遇的基础上增加了市民待遇,在就业、医疗、社会保障、入学、参军等各个方面享受与市民同等待遇。

(2)村委会改居委会——"村改居"。村集体经济组织股份制改造和村民户籍"农转非"后,依照法定程序撤销村民委员会,组建社区居民委员会,并相应地建立社区党组织和群众社团组织。

(3)农村集体经济改股份制经济——"集改股"。核心在于明晰产权主体和对经营管理行为进行规范,重点在于理顺分配关系,主要内容包括产权明晰、管理监督、股份量化、分配收益、管理股权、股权确定、运营资产、分配股权、核资清产等,通过新的集体资产管理体制及运行机制的建立,提高经营效益,促进农民增收和集体经济效益的不断提高。

四、小城镇农村金融改革模式

"宅基地换房"建设示范小城镇、"三区"联动和"三改一化"改革之后,农民参与金融活动的条件逐步成熟,金融服务需求与日俱增。为此,天津又深化农村金融改革,设立村镇银行。2012 年天津市政府出台《关于促进我市村镇银行发展的意见》,通过一系列"含金量"很高的政策措施,改进和加强农村金融服务,加快实现"草根银行"在全市重要乡镇营业网点全覆盖。① 按照"本土化、民营化、专业化"的发展模式,2014 年新设立和改制 11 家村镇银行,累计达到 13 家,实现了涉农区县全覆盖,提高为"三农"和小微企业服务水平,让农民拥有更多金融话语权。

村镇银行是"土生土长"的本地银行,它的草根特性更能适应农村的生态环境。通过让农民参与金融活动,盘活农村经济资源,促进农民增收、农村增活力,还可以有效地解决当前金融服务和企业融资之间不对称的矛盾,以"草根银行"服务"草根经济",弥补农村金融服务短板,打造覆盖全面、治理灵活、服务高效的新型农村金融体系。

---

① 天津市人民政府.关于促进我市村镇银行发展意见(津政办发〔2012〕107 号)〔R〕.2012.

<h1 style="text-align:center">第三节　乡村城市化典型案例</h1>

依据不同区域特征与发展目标，天津乡村城市化形成了不同的模式和典型案例。本节选择华明镇示范小城镇模式、武清与宝坻新城撤村建居模式以及蓟州区郭家沟村新农村建设模式作为典型案例进行分析。

一、华明镇示范小城镇模式

华明镇位于天津中心城区和滨海新区之间，与滨海国际机场、空港经济区、东丽湖风景区相邻。项目总占地面积561.80公顷，总建筑面积418.90万平方米，是天津首例示范小城镇，也是典型案例。建设新型小城镇、统筹城乡发展，东丽区华明镇6年共走了四步：第一步，以宅基地换房，建设示范小城镇；第二步，"三区"联动发展；第三步，实施"三改一化"改革；第四步，农村金融改革创新（孟广文，2012）。

（一）具体做法

1. 第一步：以宅基地换房，建设新型小城镇

华明镇由12个村庄组成。由于缺乏规划，村庄居住空间杂乱，群众的生活环境较差，又因为空港物流加工区征地等原因，社会矛盾突出。华明镇2006年4月开始建设，共建设农民安置住宅和配套公建180万平方米，2007年底建成，12个村的4.6万农民告别老屋，迁入新居，过上了新生活。

（1）设计一套切合实际的政策。为推进小城镇建设，天津提出了26字方针：承包责任制不变，可耕种土地不减，尊重农民意愿，以宅基地换房。承包责任制不变，就是国家确定的家庭联产承包责任制这项基本制度不能改变；可耕种土地不减，就是不能踩18亿亩的耕地红线，只使用农村存量建设用地；尊重农民意愿，就是农民不同意、不高兴、不满意的事情坚决不做；以宅基地换房，就是通过土地置换的办法解决问题。尽量做到政府不投入，农民不花钱，就能过上城市生活。

以宅基地换房是天津推进城镇化建设的核心（天津市发展和改革委员会调研组，2011）。在现行法律和国家政策框架内，以不减少耕地为前提，高标准规划建设现代化、有特色、适合产业聚集和生态宜居的小城镇。农民以其宅基地，按照规定的置换标准无偿换取小城镇中的新住宅，迁入小城镇居住。农民原有的宅基地进行统一复耕，实现耕地总量不变、质量不减、占补平衡。新的小城镇除了农民住宅外，还规划出一块可供市场开发的土地，用土地出让收入平衡小城镇建设资金。

为解决新建小城镇土地指标问题，实行了土地增减挂钩的办法（张平，2013）。就是将农村建设用地减少与城镇建设用地增加挂起钩来，实现动态平衡。国土资源部把华明镇列为全国第一批挂钩试点，专门安排了 427 公顷的建设用地周转指标。目前华明镇通过宅基地复垦，已将土地指标全部归还。

（2）做好高水平规划设计。华明镇的规划突出了布局特色、生态特色、文化特色、服务特色和管理特色。在空间布局上，选址在空港物流加工区对面，预留足够的产业发展空间，满足小城镇长远发展需求。在生态环境上，结合原有的湿地特色，规划了小城镇湿地公园，保留了原来田埂上的数千株旱柳、果树，大面积选植适合本地生长的树种和花草，规划各种小区公园和花坛绿地。在节能环保上，180 万平方米的农民住宅和公共建筑，全部按照"三步节能"标准设计，节能效率达到 65.00%。为农民一次性安装太阳能热水器 9000 套。污水处理、中水利用，使用清洁能源，天然气使用率达到 100.00%。在文化传承上，规划建设华明博物馆，保留乡土文化记忆，让每个农民都留下原来居住的资料。在公共服务上，规划建设九年一贯制学校、幼儿园、医院、老年公寓、文化广场、农民职业技能培训学校、超市、邮电局、储蓄所以及社区图书室、文化室等设施。在城镇管理上，规划时提前考虑管理需求，为未来的小城镇管理提供条件。设计带地下室的房屋和农用车停车场，为老年人规划建设带电梯的楼房，配备完善的安防措施。

（3）政府与农民合作共赢。东丽区政府组建了滨丽建设公司，作为小城镇的投融资和建设主体，以小城镇的经营性出让土地及未来收益作质押，向银行融资，最后以土地收益归还贷款，并负责组织小城镇的建设施工。同时，坚持一切为了农民、依靠农民，充分调动广大农民参与的积极性。规划编制、政策制定请农民参与讨论，房型设计反复征求农民意见，项目建设请农民代表参与监督，拆迁还迁、房屋丈量、评估认定、选房分房等全部公开透明。

2. 第二步："三区"联动，实现小城镇可持续发展

城镇化不是简单的迁村并点，盖一批房子让农民居住，必须有经济活动，有就业、有财政收入，才能可持续。在解决了农民安居问题的基础上，华明镇利用宅基地换房节约出来的土地指标和复垦的土地，建设了示范工业园区和农业产业园区，使农民居住社区、示范工业园区、农业产业园区"三区"联动发展，提高了农民收入，增加了财政来源，实现了小城镇可持续发展。2017 年，华明镇地区生产总值 103.50 亿元，是 2006 年的 5 倍。

（1）建设示范工业园区。华明示范工业园区规划占地 10 平方千米，已吸引 1400 多家企业，国家电网、中国北车、霍尼韦尔、包头稀土研究院等大型央企和世界 500 强企业纷纷落户。截至 2012 年 9 月，实现了"九通一平"，园区基础设施和项目投资超过 200 亿元，安置就业 8500 人。

（2）建设农业产业园区。在宅基地复垦的土地上，不再种植一般的大田作物，而是发展附加值高的现代设施农业，搞大棚蔬菜、花卉种植等。截至 2012 年 9 月，已建大棚 8176 亩，投入资金 26 亿元。例如，在胡张庄、永和两个村复垦土地上建设了节能温室 542 栋，解决农民就业 1500 人，每年提供有机蔬菜 120 万公斤，瓜果 400 万公斤；在赤土村复垦土地上建设了滨海花卉基地，总规模 120 平方米，是亚洲最大的集中花卉温室，一期 30 万平方米智能温室已经建成。

（3）加强社区管理和服务。农民搬进新的小城镇后，生活方式发生了很大变化，必须加强社会管理和公共服务，增强农民的归属感和幸福感。在管理体制上，改变传统村庄管理模式，以 3000 户为一个社区、以 300 户为一个邻里，组建新型社区管理体制。在管理方式上，实行市容环卫、园林绿化管干分离，通过招投标方式选定养管队伍。在行政执法上，借鉴香港一顶"大壳帽"管到底的做法，实行一支队伍管全部。在公共服务上，建立社区居民活动室、图书室，成立戏曲、书画等民间组织。对农民开展各种类型的职业技能培训，成立了建筑农民工学校。农民转为市民后，建立劳动保障服务站，提供职业技能培训和劳动就业信息。

3. 第三步："三改一化"，农民待遇加市民待遇

实施"三区"联动发展，使农民的生产生活方式和农村经济社会形态发生了根本性变化，在此基础上，就有条件改变农村集体经济组织形态和管理模式、

村委会管理体制和农民户籍身份了。2011 年华明镇开始探索"三改一化"改革。"三改"，就是"集改股""农改非""村改居"；"一化"，就是消除"二元"体制，实现真正意义上的城乡一体化。截至 2012 年 9 月，华明镇农民的财产性收入大幅增加，原居住的一套老宅价值为 4 万~5 万元，置换小城镇 1~2 套大产权住房，平均每套价值为 50 万~60 万元。实际就业率达到 92.00%。全镇实现医疗保险全覆盖，男 60 岁、女 55 岁以上居民每月领取养老金 575 元。2015 年，农民人均纯收入 3.5 万元（全市平均水平 1.85 万元）。

（1）基本内容。"集改股"，就是实施集体经济组织股份制改革，主要是以明晰产权主体、理顺分配关系、规范经营管理行为为核心，以清产核资、明晰产权、确定股权、量化股份、股权分配、股权管理、资产运营、收益分配、监督管理等为主要内容，建立起新的集体资产管理体制和运行机制，提高经营效益，促进集体经济发展和农民持续增收。

"农改非"，就是将农业户口改变为非农户口，主要是改革户籍登记制度。凡是在小城镇有合法固定住所、有稳定职业或生活来源、已完成集体经济组织股份制改革的农民，均可申请办理"农转非"手续。

"村改居"，就是撤销原有的村委会，组建社区居委会，主要是在完成村集体经济组织股份制改革和村民户籍"农转非"之后，依照法定程序撤销村民委员会，组建社区居民委员会，并相应地建立社区党组织和群众社团组织。

（2）政策叠加。"三改一化"是农民待遇加市民待遇。

农民保留的待遇主要包括：农村集体经济组织成员待遇；土地承包权；农村计划生育政策和奖励扶助政策；农村五保供养人员救助待遇。

市民待遇主要包括在医疗保险、养老保险、就业保障、优抚、伤残、退伍安置等方面享有城市居民待遇；农村低保人员和特困家庭享受城市救助标准。

（3）"四金"农民。"三改一化"之后，华明镇居民拥有了"四金"：薪金、股金、租金、保障金。城里人有的，他们都有；城里人没有的，他们也有。用农民的话说，就是"一样的土地，不一样的生活"。

4. 第四步：村镇银行，"草根银行"服务"草根经济"

随着城镇化步伐不断加快，对深化金融改革提出了新的要求。建设村镇银行，是统筹城乡发展、深化农村改革的又一项重要举措，这虽是一个小题目，却是一个大战略。2012 年 5 月 28 日，华明村镇银行成立，注册资本 5 亿元，其中东丽区农村集体经济组织持股 51.00%，山东寿光农商行持股 40.00%，其他股东持股 9.00%。成立 3 个月就实现净利润 120 万元。

（1）"草根银行"服务"草根经济"。面广量大的中小企业是草根经济。草根经济对于就业保障、社会稳定具有非常重要的意义。我国现有的企业构成和金融服务体系是两个不同的"金字塔"，一个是正"金字塔"，另一个是倒"金字塔"。大银行很难覆盖量大面广的农村小微企业，小微企业普遍存在融资难问题。另外，由于金融服务的触角向农村、向基层延伸得不够，造成了地下钱庄、高利贷等违规违法现象，形成了金融风险和社会风险。

（2）设立村镇银行坚持两个核心原则。一是要让农民有较多的金融话语权。村镇银行扎根在农村，对小微企业知根知底，可以高效服务，有效管理，使农村经济社会如虎添翼。二是要支持村镇银行做强做大。在政策上给予优惠，使其具有良好的发展环境。

（二）成效

2008 年，华明镇入选上海世博会城市最佳实践区。华明展馆入门处有一幅"万张笑脸"的电子屏，全部来自华明镇的普通农民，真实、纯朴、发自内心，成为世博会亮点。世博会期间，200 多万人次参观了华明馆，5 万多人留言称好。

华明镇以宅基地换房办法建设小城镇、"三区"联动、"三改一化"、农村金融改革等做法，已经在天津全市面上推广。截至 2012 年 9 月，市政府已累计批准了四批 43 个镇（共 799 个村）开展示范小城镇试点，共规划建设农民安置住宅 5400 万平方米，总投资 3000 亿元。

"四步走"的效果主要包括以下七个方面：一是集约节约利用土地。华明镇通过宅基地换房，村庄占地面积减少了 2/3。如果全市农村都按照这个办法实行，可以节约用地 362 平方千米。二是有效节约能源资源。华明镇与同样规模的小城镇相比，每年节约标准煤近 2 万吨，减少二氧化碳排放 5 万吨、二氧化硫排放 478 吨，节水 50 万吨。三是增加就业岗位提高农民收入。华明镇通过"三区"联动，使有就业愿望和能力的人基本上都能实现就业，2011 年全镇人均纯收入是 2006 年的 1.7 倍。四是使农民普遍享受到城市生活。华明镇农民在小城镇安居乐业有保障，各种公共服务设施齐全，生活方便，过上了城市生活。五是有效纾解城市交通和公共服务压力。农民在小城镇工作生活，减少了人口向城市流动，减轻了城市的交通和公共服务压力。六是对中心城区房价产生平抑作用。小城镇建设满足了农民的住房需求，避免了农民涌入中心城区买房，同时又吸引了中心城区居民到这里来居住，缓解了住房供需矛盾，起到了平抑房价的作用。七是扩大内需明显拉动经济发展。华明镇建设投入（包括农民搬迁费用）约50亿元，带动了冶金、建材、建筑、装备、家电、家具、家政等相关产业的发展。华明示范工业园区预计投资300亿元。一个小城镇就投入350亿元，对内需的拉动非常明显。

二、撤村建居模式

（一）武清新城

2009年7月，由北京住总集团与天津运城投资公司投资组建的天津京城投资开发有限公司成立，此举是政企间城镇化建设的共识，是政府行政资源同组织动员能力和北京住总集团全产业链经营一体化优势的结合。随后，京城公司在"十二五"期间借力住总集团，依托武清政府，作为杨村旧城改造项目的实施主体，积极推进撤村建居，在杨村街道下属17个村庄集中率先推进城镇化建设。为了切实保障群众利益，制定出台了《武清区撤村建居房屋拆迁补偿安置办法》和配套实施细则，对住宅房屋实行"拆一还一加优惠"的拆迁补偿安置政策，并明确了还迁住宅政府回购政策，增加了还迁方式的多样性，解决了部分困难户的实际问题。同时，实行拆迁奖励、搬家补助政策，并按租房标准给予过渡期临时安置补助费。此外，还出台了相应的政策，切实解决拆迁户就医、就学、低保等实际问题。同步引入国际、国内房地产开发、商业商贸等业界龙头企业进驻武清，参与新城开发建设。随着居民居住环境和居住方式的转变，武清区在社会管理上也不断加大力度，建立了社区居委会和社区服务中心。

（二）宝坻新城

宝坻区在不断推动新城拓展的同时，稳步推进城中村改造，提高新城建设用地的利用效率，解决城中村的居住环境、治安和社会保障问题。2015年宝坻新城启动城中村和平房宿舍区搬迁改造工程，计划用3年时间，总投资400多亿元，搬迁改造60个城中村和24个平房宿舍区，打破原有村庄界限，分批建设总建筑面积320万平方米的高标准还迁社区9个，将农村导入城市、融入城市，2

万多户城中村和平房宿舍区居民直接受益。同时，通过搬迁改造，整理盘活城市存量土地约 1.8 万亩，强力推动城市有机更新，提升城市功能和品质，为宝坻新城融入京津冀协同发展赢得巨大潜力和空间。作为京津冀协同发展京唐秦发展轴重要节点城市，宝坻新城城中村和平房宿舍区搬迁改造吸引了京津冀大批实力企业竞相参与。截至 2015 年，已和北京住总、中铁房产、中凯置业 3 家公司签订合作协议，确定了 6 个开发片区。

三、新农村建设模式

蓟州郭家沟村位于蓟州下营镇东部，近年来按照"保留原住民、不大拆大建、采用本地传统建筑风格、突出自然生态"的建设要求，以"规划引领、一村一品、政府引导、市场运作、农企捆绑、集约经营"的原则，实施旅游提升工程。具体采取了以下三种途径：

第一，通过高起点规划、高水平建设，改善乡村旅游环境和村容村貌。2011 年郭家沟村制定了以打造"京津地区最具北方民居特色的水乡旅游目的地"为定位的旅游发展规划，投资 4270 万元，新建游客接待中心、停车场、综合服务中心、工艺品作坊等设施，实现了旅游环境的极大改善。此外，实施垃圾及污水处理、房屋外沿改造、外墙保温、路面浆砌、绿化美化、打造休闲农业景观景点等多项工程，提升村庄的特色化、景观化和基础设施现代化水平。

第二，通过完善功能、培育产业，实现农业资源向旅游资源转变。一是发展高端农业。通过反租倒包、租赁、使用权入股等形式，将各家各户分散经营的土地等资源，统一流转到村旅游公司名下。村旅游公司通过招商引资，引入龙头企业，植入高效生态休闲产业，并按照"一村一业"发展要求，调整种植结构，最大限度地实现区域化种植、规模化发展、专业化生产、产业化经营。二是促进农旅融合。围绕农业体验、产品生产、新品展示、娱乐购物、民风民俗等，充分挖掘农业的文化功能，发展文化创意农业，变单一农业生产为吸引市民体验、休闲的文化活动，促进农旅的深度融合（王宇宁，2013）。三是形成产业体系。概括起来就是三个"一"，即充分发挥资源优势，打造一项"拳头"产品，并通过实施品牌化经营，提高乡村旅游竞争力；丰富和拓展乡村旅游内涵，推出一个产品系列，提高乡村旅游感染力；围绕"吃、住、行、游、购、娱"六要素，构建一条综合产业链，提高乡村旅游吸引力。

第三，通过农企合作、互利共赢，实现农民增收多元化。一是通过规划建设，在推动村庄更加生态宜居的基础上，实现农民家庭财产普遍增值，财产性收入普遍增长。二是通过公司化运营、品牌化营销，实现经营收入的快速增加，通过从事接待服务、产业经营管理，实现工资性收入增加。三是以土地入股的形式参与公司经营，实现农民变股民，股金收入增加。除此之外，还有土地租赁收入、商品销售收入等。与建设旅游精品村之前相比，农民人均纯收入至少将实现 2~3 倍的增长。另外，蓟州区郭家沟村在规划建设过程中得到了"百千万工程"旅游特色村专项扶持资金，天津银行将其作为创新农村金融服务试点地区，为该村基础设施改造发放贷款 3000 万元。2012 年 9 月，郭家沟旅游村已正式对外开放。该村的改造探索了天津市远郊农村地区城镇化的新模式，成为以休闲农业、旅游观光为特色的新农村建设示范点，对全县乃至全市的新农村建设起到示范带动作用。

参考文献

［1］何邕健，马健，刘洋，李芳，张蓉．天津小城镇建设的"华明模式"评析［J］．城市问题，2011（1）：52-56.

［2］何邕健.1990 年以来天津城镇化格局演进研究［D］．天津：天津大学博士学位论文，2012.

［3］李小建．经济地理学［M］．北京：高等教育出版社，1999.

［4］刘辉群，常树荣．推进天津市城乡一体化发展的路径与策略——基于"宅基地换房"视角［J］．天津商业大学学报，2010，30（4）：32-35.

［5］马春华，田凤强，郭珊．天津市区县示范工业园区规划探索［J］．规划师，2011（8）：36-45.

［6］孟广文，盖盛男，王洪玲，等．天津市华明镇土地开发整理模式研究［J］．经济地理，2012，32（4）：143-148.

［7］天津市城市规划设计研究院．"十三五"天津市新型城镇化发展研究［R］.2015.

［8］天津市发展和改革委员会调研组．一样的土地，不一样的生活——天津市东丽区华明镇探索宅基地换房纪实［J］．小城镇建设，2011（6）：20-27.

［9］天津市人民政府．关于促进我市村镇银行发展意见（津政办发〔2012〕107 号）［R］.2012.

［10］天津市人民政府．关于加快我市乡镇工业区发展的意见（津政发〔2007〕70 号）

［R］.2007.

　　［11］天津市人民政府.关于整合提升发展区县示范工业园区的若干意见（津政发〔2009〕30号）［R］.2009.

　　［12］天津市人民政府.天津市城市总体规划（2005—2020）［R］.2006.

　　［13］王宇宁，运迎霞.城乡统筹视角下大城市郊区小城镇发展模式探索：以天津市"三区联动"为例［J］.现代城市研究，2013（5）：32-35.

　　［14］张平.大城市周边农村城镇化政策创新研究：以天津市为例［J］.现代经济探讨，2013（3）：54-58.

　　［15］郑力嘉，朱陆.天津市农村城镇化现状及对策初探［J］.天津经济，2012（6）：41-43.

第十章　未来发展与展望

改革开放以来,天津不断深化与扩大天津滨海新区开发开放,深度融入京津冀协同发展战略,积极参与"一带一路"建设,不断探索自由贸易试验区建设,努力推动自主创新战略,使天津社会经济发展取得了较大成就。总体上看,天津社会经济发展维持着较高水平的发展,在经济规模、人均 GDP、高端制造业、航运与物流、金融创新以及宜居城市建设等领域处于全国领先水平。然而,由于国际经济贸易格局新变化,天津原有依靠投资、出口、内需支撑的增长模式难以为继,经济发展模式转型与产业升级压力剧增,出现了经济增长放缓的"新常态",因此天津未来发展也面临着巨大挑战。继续扩大开放,深化改革、寻找新的制度创新与全球化红利是未来天津经济可持续发展的必然选择。天津需实行"再外向型发展战略",即由被动融入到主动推动全球化,由制造业开放向服务业开放转变,由劳动密集型商品输出向适用技术、资本、设备、管理经验与标准输出转变,促进经济增长方式转型与产业升级,实现可持续发展(孟广文等,2018)。

第一节　社会经济发展目标

依据国际经济贸易新格局以及国家社会经济发展大背景,天津经济发展既要发挥国家战略以及天津滨海新区开发开放战略的优势,围绕"一基地三区"发展定位,发挥社会经济规模、效益、结构、创新等优势,同时围绕完善营商环境、经济规模与质量、自主创新、生态宜居、公共服务以及人文建设等方面,确立新的发展目标。

一、"十三五"时期以来社会经济发展成就

"十三五"时期以来，面对国际政治经济新格局，中国宏观调控政策的连续性、稳定性进一步增强，天津全面实施京津冀协同发展，积极融入"一带一路"建设，推进自由贸易试验区、国家自主创新示范区建设，扩大滨海新区开发开放和深化改革，使天津经济保持平稳运行、产业逐步升级、发展方式转向创新驱动。2018 年，天津经济综合实力得到增强，"三二一"产业格局基本形成，全市生产总值增长 3.60%，一般公共收入下降 10.40%，规模以上工业利润增长 22.40%，固定资产投资增长 0.50%，外贸进出口增长 12.80%，实际利用外资增长 5%，新增就业 48.95 万人，居民人均可支配收入增长 8.70%，城市居民消费价格上涨 2.10%，节能减排降碳达到进度要求。①

二、"十三五"时期以来社会经济发展挑战

由于国际经济与贸易新格局变化，地缘政治博弈影响加深，国内经济进入新常态的特征更加明显，产业结构加快调整，动力机制发生转换，增长速度有所放缓，天津投资拉动减弱、资源约束强化、增长动力不足等问题日益突出，经济下行压力加大，面临诸多风险挑战，主要是综合实力还不够强，经济总量不大，产业结构不够优化；创新能力亟待提升，民营经济发展不充分，全社会创新创造创业活力有待进一步加强；资源环境约束趋紧，污染问题仍然比较突出；居民增收难度加大，社会保障体系不够完善，公共服务水平不够高，基层社会治理有待加强；安全基础比较薄弱，安全生产形势依然严峻；市民文明素质和社会文明程度仍需提高，人才发展总体水平不高，高层次人才尤其是领军型人才紧缺。②

三、未来社会经济发展战略目标

天津要基本实现"一基地三区"定位，全面建成高质量小康社会。具体来

---

① 天津市发展和改革委员会. 关于天津市 2018 年国民经济和社会发展计划执行情况与 2019 年国民经济和社会发展计划草案的报告［R］. 2019.

② 天津市人民政府. 天津市 2018 年政府工作报告［R］. 2018.

说，主要包括以下五个方面①：

（1）建设高质高效、持续发展的经济发达之都。经济保持平稳较快增长，实体经济不断壮大，产业结构优化升级，质量效益明显提高，协同发展取得新进展，开放型经济和城市国际化程度达到新水平，综合实力和城市影响力大幅提升，全市生产总值年均增长8.50%，服务业增加值占全市生产总值比重超过55%。

（2）建设充满活力、竞争力强的创新创业之都。创新创业生态系统更加完善，创新人才大量集聚，自主创新能力显著增强，创新创造活力竞相迸发，全社会研发经费支出占全市生产总值比重达到3.50%，综合科技进步水平保持全国前列。

（3）建设生态良好、环境优美的绿色宜居之都。生态文明建设加快推进，资源节约型、环境友好型的空间格局、产业结构、生产方式、生活方式基本形成，空气质量、水质达标率显著提高，林木绿化率大幅提升。

（4）建设文化繁荣、社会文明的魅力人文之都。社会主义核心价值观深入人心，爱国诚信、务实创新、开放包容、崇德尊法的社会风尚更加浓厚，市民思想道德素质、科学文化素质、健康素质明显提高，文化软实力显著增强。

（5）建设共有共享、安全安定的和谐幸福之都。公共服务体系更加完善、均等化水平稳步提高，民主法制更加健全，生产生活安全有序，居民收入增长和经济增长、劳动报酬提高和劳动生产率提高保持同步，居民主要健康指标达到世界先进水平，人民生活更加殷实。

实现上述目标，要把创新作为引领发展的第一动力，把协调作为持续健康发展的内在要求，把绿色作为永续发展的必要条件，把开放作为繁荣发展的必由之路，把共享作为改革发展的根本目的，以发展理念创新引领发展方式创新，不断开拓发展新境界；要聚集发展新要素，培育增长新动力，优势做优、强项做强、特色做特，把战略机遇期转化为调结构转方式的突破期、持续发展的黄金期。

---

① 天津市人民政府．天津市国民经济和社会发展第十三个五年规划纲要［Z］．2016.

第二节　社会经济发展战略构想

天津未来发展要围绕"一基地三区"发展定位,从经济创新发展、区域与体系协同发展、绿色与生态发展、改革与开放发展以及民生与安全发展几方面,落实发展目标。[①]

一、着力创新发展,打造经济升级版

坚持推动以科技创新为核心的全面创新,积极培育新产业、新业态、新技术、新模式,促进三次产业融合发展,构筑现代产业发展新体系,建设全国产业创新中心和国际创新城市。

(一)培育创新发展新动力

深入实施创新驱动发展战略,发挥科技创新的引领支撑作用,促进产业链、创新链、资金链、服务链融合,推动大众创业、万众创新。全力推进国家自主创新示范区建设,加快形成"一区多园"发展格局,推动与自贸区联动发展,成为创新主体集聚区、产业发展先导区、转型升级引领区、开放创新示范区。以重大创新平台建设为抓手,集聚一批国家级科研院所和高端研发机构,提升一批重点实验室、工程中心、生产力促进中心、科技孵化器,打造一批产业技术研究院和创新战略联盟,加强应用基础与前沿技术研究,深入实施智能制造、新药创制等一批重大科技专项和创新示范工程。建设京津冀协同创新共同体。建立企业主导的产业技术创新机制,加快培育一批具有国际竞争力的创新型领军企业,打造科技小巨人升级版,引导高新技术企业向规模化、高质化发展。鼓励发展众创、众包、众扶、众筹,开展众创空间示范工程建设,把滨海新区"双创特区"建设成为高水平创新创业示范区。实施科技成果处置权收益权改革,推进科研院所改革,建立健全科技和金融结合机制,更好地发挥中小微企业贷款风险补偿机制作用,大力发展天使、创业、产业投资,鼓励支持科技企业股改上市、再融资和并购重组。加强知识产权保护和运用,营造激励创新的

---

① 天津市人民政府. 天津市国民经济和社会发展第十三个五年规划纲要 [Z]. 2016.

良好生态。

（二）打造先进制造新高地

瞄准世界先进水平，引导制造业朝着分工细化、协作紧密方向发展，建设全国先进制造研发基地。加快构建结构优化、布局合理、特色鲜明的产业体系，壮大发展装备制造、新一代信息技术、航空航天、生物医药、新能源、新材料、节能环保等高端产业，加快发展机器人、3D打印设备、智能终端、新能源汽车等新兴产业，改造提升现代石化、现代冶金、轻工纺织等传统产业。深入实施万企转型升级行动加快推进钢铁、水泥等重点行业淘汰落后产能和化解过剩产能。大力发展服务型制造，引导企业从产品供应商向整体解决方案提供商转变，促进制造业价值链向研发设计、营销服务两端延伸。大力发展智能制造，推进信息化与工业化深度融合，建设智能工厂/数字化车间，鼓励发展个性化定制、云制造新型制造模式，促进制造企业向柔性、智能、数字生产转变。实施质量强市战略，推进名品名牌名企名家创建工程和标准化提升计划、工业强基工程，加快重大质量改进和技术改造，发展壮大一批国际知名品牌和核心竞争力强的企业，做强天津制造。

（三）构建现代服务经济新体系

坚持生产性服务业和生活性服务业并重，改造提升传统服务业和培育壮大新兴服务业并举，推动现代服务业上规模、上水平。建设全国金融创新运营示范区，推动金融制度、产品、工具和服务模式持续创新，大力发展融资租赁、商业保理等新型金融业态，积极发展产权、股权、现货交易市场，促进各类金融要素平台集聚。大力发展直接融资，积极推进企业上市和发行债券融资。加强金融监管，增强防范金融风险能力。推动生产性服务业向专业化和价值链高端延伸，加快发展现代物流、电子商务、科技服务等重点产业，积极培育服务外包、会展经济、商务咨询、通用航空等新增长点，增强对先进制造业全过程服务能力。推动生活性服务业向精细和高品质转变，积极扩大居民消费，培育休闲旅游、文化消费、体育健身等消费业态，优化商贸流通、住宿餐饮等网络布局，促进快递业加快发展，提升社区服务能力，构建安全、智慧、便捷的居民消费服务体系。有序开放服务业领域，鼓励引导各类社会资本投入，加大政府向社会力量购买服务力度，优化服务业发展环境。

（四）促进现代都市型农业新发展

加大政策、科技支持力度，通过调整种植结构、农业经营模式、价值实现形式，给予政策、科技支持，实现农业生产规模和效益的双提高。推进"一减三增"，大力发展生态农业、休闲观光农业，提高设施农业规模化标准化水平。促进农业功能向二三产业拓展，推进物联网、大数据等新一代信息技术在农业生产全过程应用，大力发展冷链物流等新型业态。加大科技兴农力度，加快发展现代种业和生物农业，培育壮大农业高新技术产业。搞好农村水利建设和高标准农田建设，提升农业机械化装备水平。推进农业经营方式创新，加快培育农民合作社、农业产业化龙头企业、家庭农场、专业大户等新型经营主体，培养新型职业农民，推进农民承包土地经营权规范有序流转，发展多种形式适度规模经营。

（五）拓展海洋经济发展新空间

坚持陆海统筹发展，全面推进海洋经济科学发展示范区建设。加快形成海洋装备制造、海水利用等先进制造产业集群，积极发展海洋现代服务业，提升发展海洋渔业。深入推进科技兴海，建成全国海洋科技创新和成果转化集聚区。高效集约利用海域岸线资源，实施海岸生态保护和修复、河道入海口污染控制与生态修复工程。加强海洋防灾减灾体系和应急能力建设。

二、着力协调发展，提升发展整体效能

全力实施京津冀协同发展战略，坚持城乡一体、城市化与信息化融合、安全与生产同步、物质文明和精神文明并重，不断增强发展的整体性。

（一）深化京津冀协同发展

立足大局，坚持目标同向、措施一体、优势互补、互利共赢，积极承接北京非首都功能疏解，强化京津双城联动，加强与河北合作，打造高端产业发展带、城镇聚集轴和核心功能区。加快推进交通一体化发展，构建以海空两港为核心、轨道交通为骨干、公路运输为主体、多种运输方式有效衔接的海陆空立体交通网络，打造京津冀1小时通勤圈，推进交通智能管理、运输服务、安全保障一体化。加强北方国际航运核心区建设，建设国际一流枢纽海港，完善集疏运体系，形成"北集南散"港口功能布局，深化港口群、机场群合作，大力发展航运服务业，强化辐射功能。加强区域生态环境保护，推进生态环保规划、

标准、监测、执法一体化。推动产业升级转移，积极对接北京创新资源和优质产业，主动向河北延伸产业链条，推进未来科技城京津合作示范区等对接平台建设，实现产业互补发展、错位发展、共赢发展。

（二）推进城乡一体化发展

主动融入京津冀城市群建设，构建以双城、辅城和中等城市、特色小城镇、美丽乡村为骨架的现代城乡体系。深化落实"双城双港、相向拓展、一轴两带、南北生态"空间发展战略，健全城乡一体发展、多层面联动发展的体制机制。全面提升中心城区功能，坚持内涵集约式发展，大力发展创意产业、商贸、金融等业态，建设开发更多带动性强的特色楼宇和示范楼宇，提高服务经济社会发展能力。进一步增强滨海新区综合实力和竞争力，做优做强先进制造、国际航运、国际贸易、金融创新等功能，加快中心商务区等重点区域综合开发，创新与区县联动共赢合作模式，向国际化创新型宜居新城区迈进。壮大区县综合实力，大力培育特色产业和优势企业，推进示范工业园区转型升级、集约发展。加快盘活空房空楼空企空地和老厂房老村庄老轨道闲置资源。推进以人为核心的新型城镇化，加快示范小城镇建设，坚持"三区联动"发展，建设别致多样、干净整洁、留住乡愁的美丽乡村。

（三）加快城市化与信息化融合发展

以建设世界级城市为目标，全面提高城市规划、建设、管理水平。把以人为本、尊重自然、传承历史、绿色低碳理念融入规划，推进城市总体规划与经济社会发展规划、土地利用规划等相互衔接，深化重点地区、重点项目城市设计。加速构建现代综合交通体系，提升海港能级，建设区域枢纽机场，推动高铁、市郊铁路、城市轨道"三网融合"，完善"八横六纵"高速公路网，推进国省道提级改造，优化城市路网结构。优先发展公共交通，规划建设慢行交通体系，加强停车设施建设和管理。在具备条件的区域推进地下综合管廊建设，加快建设"海绵城市"。深化城市土地整理管理体制改革，下放土地整理、投融资等权限。加快新一代信息基础设施建设，实施"互联网+"行动计划和大数据共建共享工程，发展物联网技术和应用，搭建一体化电子政务平台，打造智慧城区、智慧社区、智慧乡村，推进城市管理和服务体系网络化、信息化、智能化。加强城市精细化管理，推进城市管理目标、方法、模式现代化，全面提升城市品质。

（四）推进安全保障和生产建设同步发展

牢固树立安全发展观念，强化事前预防、常态管理、科技防控，厘清管理边界，严格落实企业主体责任、部门监管责任、政府属地责任，构建"大安全"工作格局。实施主体责任、制度规范、设施建设、全员教育、科技支撑和专家检查的"5+1"综合举措，建立"管住管好"的安全长效机制，明显提升事故风险防控水平，显著增强安全保障能力。实施危险化学品、工业重点领域、交通运输、建筑施工、公共场所、城市公共设施、食品药品、公共消防等安全工程，建设安全天津。

三、着力绿色发展，建设生态宜居城市

大力加强生态文明建设，形成绿色发展的空间格局、产业格局、生产方式、生活方式和制度体系，打造水绕津城、城在林中、天蓝水清、郁郁葱葱宜居环境。

（一）完善绿色空间格局

全面落实主体功能区规划，以功能定位约束空间规划、开发强度、用途用量，统筹人口分布、经济布局、土地利用、环境保护，打造生产、生活空间和生态空间相互协调的空间格局。严守生态用地保护红线，严格控制国土开发强度，建立空间治理体系，实行差别化市场准入政策，明确禁止开发区域、生态涵养发展区域，明确优化开发区域、重点开发区域禁止和限制发展的产业。

（二）构筑绿色屏障

坚持防治结合、标本兼治，全力推进大气、水、土壤污染防治行动计划，强化工业固体废弃物、危险废物污染防控，加强农业面源污染防治，开展农村连片综合治理。完善环境执法监督体系，提高环境质量监测与污染物监控能力，加强防灾减灾预警系统建设，完善突发环境事件应急预案体系和应急监测预警机制。坚持以保护优先、自然恢复为主，实施山水林田湖生态保护和修复工程，推进大绿工程，建设环城镇、环村庄、沿轨道、沿公路、沿河道的生态绿廊，全面提升自然生态系统稳定性和生态服务功能。

（三）推动低碳循环发展

实行能源和水资源消耗、建设用地等总量和强度双控管理，大幅降低能源、水、土地消耗强度。加强能源节约和综合利用，全面推动冶金、化工、建材等

主要能耗行业和各类园区节能改造。加快调整能源结构，削减煤炭消费总量，推动煤炭等化石能源清洁高效利用，提高天然气供应比例，积极发展风能、太阳能、地热能等非化石能源，加强区域能源合作，实施"外电入津"战略。加快建设节水型城市。加强土地利用规划管控、市场调节、标准控制和考核监管。主动控制碳排放，发展绿色建筑、低碳交通、清洁生产，全面加强城市、园区、社区低碳建设，倡导低碳生活，推进碳排放权交易市场建设。建设国家循环经济示范城市，构建循环经济产业体系，建设子牙循环经济产业区。复制推广中新生态城国家绿色发展示范区建设经验。推动绿色供应链体系建设，建好亚太经合组织绿色供应链合作网络天津示范中心。

（四）健全生态文明制度体系

加强地方立法，完善地方环境法规标准体系。探索建立体现资源生态价值的有偿使用机制，建立永久性保护生态区域生态补偿机制，推动建立引滦工程水环境补偿机制。积极推进排污权交易试点。探索建立自然资源资产产权和用途管制、自然资源资产负债表、离任审计等制度，完善差异化绩效考评办法，落实生态文明建设党政领导一岗双责制和生态环境损害责任终身追究制。

四、着力开放发展，增创改革开放新优势

坚持以改革促开放、以开放促改革，深化重点领域和关键环节改革，加快构建开放型经济新体制，建设改革开放先行区。

（一）高水平建设自由贸易试验区

以制度创新为核心任务，以可复制可推广为基本要求，推进行政高效化、投资自由化、贸易便利化、金融国际化，建设成为制度创新新高地、转型升级新引擎、开放经济新动力、区域协同新平台、"一带一路"新支点。创新投资管理体制，推进准入前国民待遇加负面清单管理模式，探索建立与国际通行做法接轨的基本制度框架。完善国际贸易服务功能，创新口岸监管服务模式，全面实施"单一窗口"和通关一体化。持续推进金融开放创新，建立自由贸易账户体系，加快推进人民币资本项目可兑换、利率市场化和人民币跨境使用等改革试点。制定实施天津自由贸易试验区条例。

（二）推进经济领域重点改革

深化行政管理体制改革，持续推进简政放权、放管结合、优化服务，提高

政府效能。继续推进商事制度改革，加强事中事后监管。加快事业单位分类改革。分类推进国有企业改革，加快完善现代企业制度，深化企业内部改革，激发企业活力，推动国有资本合理流动优化配置，打造一批具有较强国际竞争力的大集团，加快清理劣势企业和低效资产以管资本为主加强国有资产监管。促进民营经济加快发展，鼓励民营企业依法进入更多领域，引入非国有资本参与国有企业改革。鼓励基础设施、社会事业等领域项目向社会资本开放，推广政府和社会资本合作模式。深化财税体制改革，建立全面规范、公开透明预算制度，完善政府全口径预算体系。明确市和区县两级政府事权范围，完善转移支付制度。加快构建地方税体系，推进税收征管改革。建立规范的政府举债融资体制。推进重要公用事业和公益性服务价格改革，健全政府定价制度。完善市场监管体系，实现全过程监管。加快构建征信体系。

（三）主动融入"一带一路"建设

发挥中蒙俄经济走廊东部起点、海上丝绸之路战略支点作用，深化与沿线国家和地区务实合作，加快建设成为战略枢纽。推动基础设施互联互通，打造多式联运跨境交通走廊，畅通"津新欧""津蒙俄"等运输通道，建设"信息丝绸之路"。深化对外投资、产品出口、工程承包和劳务合作，推动轨道交通、汽车制造、工程机械等装备制造业"走出去"。建设境外能源综合保障基地和农林生物质资源基地，加快苏伊士合作区拓展区和聚龙印尼产业园发展，密切人文交流和科技教育合作。

（四）发展更高层次的开放型经济

优化投资环境，推动引资、引技、引智有机结合。实施500强招商工程，鼓励在津设立地区性总部、研发中心、销售中心、物流中心和结算中心。推动外贸转型升级，大力培育新增长点，巩固传统市场，开拓新兴市场，加快发展口岸贸易、离岸贸易和服务贸易，推动外贸向优质优价、优进优出转变。加快进口贸易促进创新示范区建设。建设跨境电子商务服务试点城市。深化与国际友城、港澳台和华侨华人交流合作，打造台湾商品北方集散中心。加强与环渤海地区、东部沿海地区合作发展。

五、着力共享发展，更好保障和改善民生

按照人人参与、人人尽力、人人享有的要求，坚守底线、突出重点、完善

制度、引导预期，促进公平正义，增进人民福祉。

（一）率先实现教育现代化

落实立德树人根本任务，把增强学生社会责任感、创新精神、实践能力贯穿到国民教育全过程。促进基础教育优质协调发展，支持普惠性幼儿园发展，促进城乡义务教育一体化均衡发展，推动普通高中多样化特色发展，实施特殊教育提升计划。推动高等教育内涵式发展，提升高校创新能力和学科专业水平，支持南开大学、天津大学建设世界一流大学，使若干高校和优势学科达到或接近一流水平。大力发展职业教育，建设国家现代职业教育改革创新示范区，鼓励具备条件的普通本科高校向应用型转变。完善终身教育体系，建设学习型社会。推进考试招生制度改革，完善办学体制，建设现代学校制度，支持和规范民办教育发展。

（二）实现更高质量就业

坚持就业优先，着力解决结构性就业矛盾，促进机会公平的充分就业。落实高校毕业生就业促进和创业引领计划，推进农村转移劳动力、城镇就业困难人员和退役军人就业，加强对灵活就业、新就业形态的支持。统筹人力资源市场，完善公共就业服务体系，加强信息服务平台建设。推行企业新型学徒制，提高技术工人待遇。构建和谐劳动关系，维护职工和企业合法权益。

（三）增加城乡居民收入

深化收入分配制度改革，持续实施增加群众收入的政策措施。健全科学的工资水平决定机制、正常增长机制、支付保障机制，完善最低工资增长机制，完善市场评价要素贡献并按贡献分配的机制，完善适应机关事业单位特点的工资制度。多渠道增加城乡居民财产性收入。

（四）完善社会保障制度

以增强公平性、适应流动性、保证可持续性为重点，建成更加完善的覆盖城乡全体居民的社会保障体系。实施全民参保计划，完善个体从业人员和农民工等群体参保政策，建立社会保险待遇正常调整机制。完善基本养老保险制度，稳妥实施机关事业单位养老保险制度改革，完善城镇职工基本养老保险个人账户制度，发展企业年金、职业年金、商业养老保险。健全医疗保险稳定可持续筹资和报销比例调整机制，完善城乡居民大病保险制度。改革医保支付方式，发挥医保控费作用。完善社会保障财政投入制度，加强社会保险基金监管，完善社会保险跨省市转移接续政策。健全城乡居民最低生活保障等社会救助体系，发展适度普惠型社会福利事业，做好优抚安置工作，支持慈善事业发展。健全住房保障供应体系，扩大保障性安居工程覆盖面，让居民住得更加安心舒适。

（五）提高群众健康水平

按照保基本、强基层、建机制要求，完善基本医疗卫生制度。深化医药卫生体制改革，实行医疗、医药、医保联动，推进医药分开。强化公益属性，推进公立医院综合改革。优化医疗卫生机构布局，实行分级诊疗制度，推动医药卫生资源向基层流动，加快解决儿科医生、全科医生等短缺问题，推进非营利性民营医院与公立医院同等待遇。坚持传承创新，促进中医药事业健康发展。强化公共卫生工作，加强慢性病、传染病、职业病综合防治，提高妇幼健康水平，健全心理健康疏导，增强卫生应急能力。健全严密高效、社会共治的食品药品安全治理体系，让人民群众吃得安全、用得放心。广泛开展全民健身运动，提升竞技体育水平，加快发展体育产业。

（六）提升人口综合服务管理水平

完善居住证制度，有序推进外来人口市民化，引导人口合理分布。开展应对人口老龄化行动，建设以居家为基础、社区为依托、机构为补充的多层次养老服务体系，大力发展老年服务产业。推动医疗卫生和养老服务相结合。保障妇女和未成年人权益。支持残疾人事业发展。

（七）加强和创新社会治理

完善社会治理体系，健全基层综合服务管理平台，推进社会治理精细化，提升基层公共服务标准化、便利化水平。加强基层社区建设，完善社区服务体系，推进城乡社区综合服务站建设。充分发挥社会组织作用，扩大直接登记范围，支持和规范社会组织承接政府购买服务。加强基础制度建设，建立健全人口信息系统、统一社会信用代码制度和相关实名登记制度，健全社会心理服务体系和疏导机制、危机干预机制。提高街镇综合执法能力。加快建设社会治安防控体系，完善社会矛盾排查预警和调处化解综合机制，落实重大决策社会稳定风险评估制度，加强和改进信访工作。依法严密防范和惩治各类违法犯罪活动，提升平安天津建设法治化、现代化水平。

第三节　生态建设与可持续发展

随着社会经济的发展，天津城市面临着人口、资源、环境与社会经济如何协调和可持续发展的挑战。如何结合天津市的整体发展过程为天津市的经济社会发展提供生态环境支持是促进天津市可持续发展亟待规划并实施的重要命题。

一、加强体系建设，保障能源供应安全

（一）天津能源供应体系建设目标

天津能源供应体系建设目标包括能源安全、节约、可持续和多元化发展四方面。保证能源安全稳定供应是天津市能源发展的首要目标。因此，应积极借鉴国内外先进经验建立稳定的资源供应渠道，建立能源储备系统、能源供应的预警机制和能源危机应急机制，确保能源供应安全。

另外，应以提高能源效率为核心，以转变经济发展方式、调整经济结构、加快技术进步为根本，构建能源资源节约型的产业结构、发展方式和消费模式。建立节能型的产业体系，落实节能目标责任制和评价考核体系。完善节能技术推广机制，鼓励节能技术和产品的研发。同时，应积极发展电力，加快发展石油天然气，大力发展新能源和可再生能源，优化能源结构，实现多能互补，保证能源的稳定供应。以保障石油安全为核心、立足自身的同时，应积极开拓新的石油供应基地，与国际产油大国开展良好合作，实现能源进口渠道的多元化。

（二）天津能源体系建设保障措施

天津能源体系建设要从调整产业结构，转变增长方式；树立节能理念，合理使用能源；深化体制改革，完善价格体系以及建立应急体制，保障能源安全四方面入手。

调整产业结构和转变增长方式是互相联系、互相制约的两个方面。三大产业中，工业增长过快，在工业中，高耗能的重工业增长过快，这就使对能源的消耗和对环境的污染呈现"双高"的状态。从宏观层面来看，应当从调整产业结构入手，抑制高耗能产业盲目发展，加大服务业和高技术产业在国民经济中的比重。具体而言，通过产业结构的调整，"关停并转"一批高耗能、高污染的

小型工业，降低工业和其他产业用煤总量；逐步淘汰落后的生产能力，严格执行节能环保法规和标准，最终实现低能耗的经济增长。

贯彻节能理念是节能工作的首要任务。随着生产发展和人民生活水平的提高，对能源消费的需求大大提高，因而不能忽视生产领域和生活领域的节能，优质生活不能以能源的过度消耗为代价。应倡导一种与能源发展相协调的、科学的生产生活方式，通过普及节能产品和设备，做到需求合理、消费适度，从而提升全社会的节能水平，不断增强可持续发展的能力。与此同时，节能工作还需要政府的积极推动，既包括对节能的直接投入，也包括制定和严格执行法律、法规和标准。明确能源使用的鼓励、限制、淘汰等级别，进行节能评估，推广能源管理，强制企业加大节能减排的投入，对于节能环保型企业采取经济激励措施等。

健全能源产品的定价机制，对于能源供需的影响也颇为重要。对存在较充分竞争的能源产品放开价格管制，由市场的供求关系确定这部分能源产品的价格；对具有垄断特征的能源产品实行合理的价格管制，并以市场的可接受程度作为价格管制的主要依据。通过税收政策、环保政策、价格管制方式改革等措施，形成各种能源产品的合理比价关系，完善能源产品价格体系（侯小菲，2019）。

保障能源安全方面，针对资源情况，确立完整的涵盖能源资源利用、能源供应、能源安全等多方面内容的能源战略，指导全市能源工作。加强市场信息监测，整合全市煤、电、油、气、热等资源的信息，及时准确判断经济运行状态和发展趋势，建立快速反应的经济运行调度中心。要充分利用市场机制灵敏反映市场供需关系变化和优化资源配置的功能，通过对市场价格、建设投资等市场信息的采集，及早发现风险的隐患，降低能源安全的成本。实现运行管理制度化、运行监测信息化、预测预警规范化，提高能源供应系统的应急预防与处理能力，保证天津市能源终端需求。

二、守住生态红线，构建安全生态网络

通过对卫星遥感影像的前后对比与解译可以发现，2004～2019年，天津城镇空间拓展速度快，生态用地面积不断减少。从数据统计来看，湿地面积减少647平方千米，耕地面积减少87平方千米。同时，空气质量仍然较差，主要原

因是燃煤污染较重，汽车尾气污染凸显，工业污染累积效应明显，扬尘污染突出。

面对上述一系列生态问题，应该坚守生态红线，通过构建生态网络来解决天津的生态问题。作为改善生态环境的重要举措，划定永久性生态保护区域就是明确禁区和控制区，坚决遏制不合理的开发行为，进一步提升环境承载力，为长远发展预留更多空间。生态网络即是由核心区、连接区、缓冲区和恢复区共同组成的一个密切联系的系统，可通过对该系统的配置和管理来恢复和维持整个自然区的生态功能和保护生物多样性。

天津市把生态城市建设提升到了重要高度，在总体规划及战略规划中明确了市域生态格局和生态结构。2013 年天津颁布实施《美丽天津建设纲要》，以有效保护生态资源，促进经济、社会、生态和谐可持续发展，在全市范围内划定生态用地保护红线，对山、河、湖、湿地、公园及林带等实行永久性保护。[1]

为落实《美丽天津建设纲要》，天津市构筑了"两带、三区、多廊"生态安全格局。"两带"即西北部防风阻沙生态带、东部滨海防护生态带；"三区"即北部蓟州区山地生态保护区、中部七里海—大黄堡洼生态保护区和南部团泊水库—北大港生态保护区；"多廊"即依托水系形成的多条生态廊道。结合上位规划，在对天津市生态用地现状充分调研的基础上，确定了《天津市生态用地保护红线划定方案》的整体结构，进而通过生态用地保护红线的划定，构建天津市"三区、两带、多廊、多园"的生态保护体系，形成碧野环绕、绿廊相间、绿园镶嵌、生态连片的实施效果，为落实"南北生态"战略、实现天津市生态城市定位和可持续发展奠定基础。

为切实贯彻落实习近平"两山理论"，2019 年天津市规划和自然资源局组织编制并颁布了《天津市双城中间绿色生态屏障区规划（2018—2035 年）》方案。根据规划的总体目标，屏障区总面积 736 平方千米，现状水域、林草地、农用地、建设用地内绿地等蓝绿空间占总用地的 62%。通过联通天津北部盘山——于桥水库生态建设保护区、中部七里海——大黄堡生态湿地保护区、南部团泊洼——北大港生态湿地保护区，构筑京津冀环首都生态屏障带；优化城

① 中共天津市委，天津市人民政府．美丽天津建设纲要［EB/OL］．（2013-08-06）［2020-03-18］．http：//cpc．people．com．cn/n/2013/0806/c64387-22457026-3．html．

市结构，避免连绵发展；以生态环境提升促进绿色创新发展，将双城中间绿色生态屏障区建设成为"生态屏障，津沽绿谷"。到 2035 年，实现屏障区内蓝绿空间面积占比不低于 70%（远景 2050 年达到 80%）；一级管控区森林覆盖率不低于 30%；地表水主要指标达到 Ⅳ 类，局部达到 Ⅲ 类；保障生态和农业年用水量 3.21 亿吨；生活垃圾处理率达到 100%。根据规划布局，屏障区规划形成"一轴、两廊、两带、三区、多组团"的总体空间格局，呈现"水丰、绿茂、成林、成片"的生态景观特色。①

三、保护水资源，完善水资源生态环境

超大型城市独特的"缺水"问题是天津城市建设发展亟待解决的问题之一。要改善水资源和水环境现状，实现建设生态宜居"五个现代化天津"的目标，需要在区域协调、城市规划、城市建设、空间布局、产业结构、再生水利用、生态修复、环境污染治理等多方面采取措施，以便有效缓解天津市面临的"水"问题。具体来说，应从以下两个方面着手。

一方面，要多种途径增加水资源总量。一是加强区域协调，增加入境水资源总量。生态补水总量严重不足，导致河道水系循环变慢，河流自净能力减弱，水环境容量缩减，加之上游下泄污水和本地区污水的排放，造成水环境质量恶化。2018 年，全市纳入考核的主要河流，劣 Ⅴ 类断面比例高达 31%，这严重制约了天津市水生态环境的改善。为了加快改善水生态环境质量，天津市不断优化水资源配置，近年来不断加大生态用水供给，但由于区域水资源短缺，建议进一步争取国家的支持，增加外调水资源，这是增加水资源量重要的途径之一。二是加快提升城市污水处理能力，提高再生水的利用水平。天津市每年可产生再生水近 9.5 亿立方米，再生水利用有很大的空间。相关措施有：改变当前的再生水利用规划，加快再生水作为非饮用水的利用，重点促进再生水在工业生产、生态景观、城市绿化、道路清扫、车辆冲洗以及建筑施工等领域的应用。调整再生水利用政策，鼓励优先使用再生水并出台相应的鼓励措施。调整再生水利用管网布局，实施点对点的再生水管网布局。加快生活社区再生水利用，

---

① 天津市生态环境局 . 天津市双城中间绿色生态屏障区规划（2018—2035 年）［EB/OL］.（2019-04-23）［2020-03-24］. http：//www.tj.gov.cn/xw/bdyw/201904/t20190423_3653333.html.

有条件的地区实施大型污水处理厂的直接供给，加强城市管网覆盖，对于一般的社区，建议实行局部小型再生水生产设施建设，实现局部再生水的循环利用。

另一方面，要节约利用水资源。一是严守水资源开发利用控制红线和用水效率控制红线。严格控制地下水开采，实施最严格的水资源管理，建立取用水总量控制指标体系。二是提高工业用水效率。制订国家鼓励和淘汰落后的用水技术、工艺、产品和设备目录，完善高耗水行业取用水定额标准。三是提高城镇节水和农业节水水平。严格落实国家节水型城市标准要求，制定节水型产品名录，禁止生产、销售不符合节水标准的产品和设备。同时，鼓励居民家庭选用节水器具。四是在涉农区推广渠道防渗、管道输水、喷灌、微灌等节水灌溉技术，优先推进粮食产区、蔬菜产区、严重缺水地区的节水灌溉发展，加强设施农业取用水管理，完善灌溉用水计量设施。推进规模化高效节水灌溉，推广农作物节水抗旱技术（严定中等，2019）。

四、治理大气环境，保障社会经济健康发展

（一）多措并举治理空气污染

2013 年 9 月天津启动实施"美丽天津·一号工程"（即主要内容为清新空气行动、清水河道行动、清洁村庄行动、清洁社区行动和绿化美化行动的"四清一绿"行动)，并把清新空气行动列为首要任务，制订实施了《天津市清新空气行动方案》，确定了 10 条 66 项措施 462 项任务 2055 个工程。2014 年 5 月，天津又制定实施了《贯彻落实京津冀及周边地区大气污染防治协作会议精神 12 条措施》及任务分解表，在《天津清新空气行动方案》基础上，强化和新增了 53 项具体任务。2014 年底，天津开始采取"五、四、三、一"的措施治理大气污染，五控包括控车、控尘、控煤、控工业污染、控新上项目污染，四种手段包括法律手段、行政手段、经济手段、科技手段，"三无"管理包括管理无死角、监测无盲区、检测无空白。《天津市大气污染防治条例》已自 2015 年 3 月 1 日起实施。天津的环保、公安已经建立了联动机制，自 2014 年 7 月起将二氧化硫等 4 种污染物平均收费提高 9 倍。《2020 年天津市生态环境状况公报》数据显示，经过多年的治理，天津市空气治理得到了明显改善。

（二）京津冀区域大气污染联防联控

区域联防联控是治理雾霾天气成本相对低、环境收益大的重要举措。为了

改善空气质量和保护公众健康，2013年9月环境保护部联合国家发改委、工业和信息化部、财政部联合发布了《京津冀及周边地区落实大气污染防治行动计划实施细则》（以下简称《行动计划》），京津冀地区也积极响应，北京市、天津市、河北省政府先后发布了相应的清新空气行动计划和高污染天气应急预案，以保障在未来的五年内实现PM2.5浓度持续下降和空气质量不断改善。为切实促进京津冀区域大气污染联防联控，应从以下两方面着手：

第一，推动建立京津冀大气污染联防联控合作机制。

要切实落实《行动计划》，达到控制区域PM2.5污染的目的，关键是需要推动建立京津冀大气污染联防联控合作机制。虽然河北与北京、天津分别签订了合作协议，研究成立大气污染防控合作工作机构，并在区域排放总量控制、煤炭消费总量控制、联合执法监管、重大项目环评会商、PM2.5污染成因分析和治理技术等方面将全面加强合作，但在实际执行过程中，联防联控实际上是发展与保护的博弈，是对区域发展不协调的挑战，这也成为联防联控最大的难点。因为地缘关系，历史上河北成了北京产业转移的最大消纳方。如何在当前联防联控形势下，合理调整河北、天津产业布局，同时又能兼顾污染物总量减排和区域经济发展之间的平衡，这就需要以现有研究为基础，研究京津冀地区排放污染物的最佳减排模式和方案，寻求减排和发展的最佳平衡点，以期实现区域社会、环境和经济的协调发展。随着京津冀一体化上升为国家战略，京津冀三地应打破行政区域化界限，进一步深化联动工作机制，创新管理思路，统一规划、统一监测、统一监管、统一评估、统一协调，针对重点污染物、重点行业、重点问题，标本兼治，共同破解京津冀区域大气污染治理的难题。由此可见，京津冀三地在区域发展上达成了"区域间大气污染联防势在必行"的思想共识。

第二，要有落实京津冀区域大气污染联防联控的保障措施。

一是成立专门的区域性协调小组，并形成定期会商机制。将京津冀及周边地区视为一个整体，以区域环境容量为制约因素，充分依托区域内各省市的资源优势、区位优势，统筹规划京津冀区域内各城市的功能定位、产业结构和产业布局，调整能源结构。二是加强区域联动，建立区域性信息共享和监测机制。针对大气污染具有相互传输影响的特性，建立京津冀区域空气质量预报预警及应急联动工作机制，搭建区域预报预警平台，共享监测、气象等预报预警信息，积极会商，统一启动，联合应对。三是构建跨界合作的科学平台。构建京津冀大气环境科学研究中心，利用科学技术对京津冀区域大气污染进行实时监测并做相关的科学研究。四是构建"统一监测、统一监管、统一规划、统一评估、统一协调"的工作机制。从京津冀区域整体的需要出发，遵循环境保护与经济发展相结合、属地管理与区域联动相结合、先行先试与整体推行相结合的基本原则，以地位平等、优势互补、共治共享为基础，统筹京津冀区域大气污染防治工作，综合考虑三省市各自的经济发展和环境质量现状，制定和执行改善区域空气质量的措施。五是建立一套完善的保障机制。京津冀在加大第三产业比例的基础上，降低高耗能第二产业比例，尤其是河北和天津应当重点控制高能耗高污染产业发展。严格控制污染物的排放量，加大环境执法力度，排查和监控重大污染源。大力发展公共交通，制订区域机动车污染联防联控方案，减少机动车辆尾气排放，完善公共交通。积极倡导使用清洁能源，推行清洁生产，通过采用先进的工艺技术、改善管理、综合利用等措施，提高能源利用率，减少污染物的排放（孟庆欢，2017）。

参考文献

［1］侯小菲．能源消费与产业结构演化转型的迪氏对数平均指数分解研究——以天津为例［J］．城市，2019（3）：27-40.

［2］孟广文，杨开忠，朱福林，毛艳华，曾智华，董晓峰．中国海南：从经济特区到综合复合型自由贸易港的嬗变［J］．地理研究，2018，37（12）：2363-2382.

［3］孟庆欢．实施"煤改燃"对天津空气质量的改善效果研究［J］．中国环境管理干部学院学报，2017，27（1）：30-52.

［4］天津市发展和改革委员会．关于天津市2018年国民经济和社会发展计划执行情况与2019年国民经济和社会发展计划草案的报告［R］．2019.

［5］天津市人民政府．天津市2018年政府工作报告［R］．2018.

［6］天津市人民政府．天津市城市总体规划（2015—2030年）文本（送审稿）［Z］.2018.

［7］天津市人民政府．天津市国民经济和社会发展第十三个五年规划纲要［Z］.2016.

［8］严定中，宋兵魁，温娟，甄明泽，李思倩，李泽利．天津市水资源水环境可持续发展策略研究［J］．环境保护，2019，47（14）：47-51.